跨境电子商务基础与管理

主　编　郑建辉　陈庆盛　卢友东　陈江生
副主编　戴　玉　陈婷婷　邹姝丽　李庚敏

北京理工大学出版社
BEIJING INSTITUTE OF TECHNOLOGY PRESS

内容简介

本书分为基础篇和管理篇，共有八个项目。基础篇包括项目一（跨境电子商务概述）和项目二（跨境电子商务平台介绍与选择），管理篇包括项目三（跨境电子商务平台基本操作）、项目四（跨境网络营销推广与数据分析）、项目五（跨境支付）、项目六（采购及国际物流）、项目七（客户服务与维护）和项目八（跨境电商法律法规及监管）。通过对本书的学习，学生能够根据国际市场需求和不同的跨境电商平台，进行跨境网络调研、独立寻求货源并采购，能够在外贸第三方电商平台建立、运营、维护和管理店铺，掌握平台基本操作，具备订单处理流程等业务的操作能力和从事跨境电商运营与策划工作的基础技能。

本书适合高等院校跨境电子商务、电子商务、国际贸易、物流管理、市场营销、网络营销国际商务等专业的学生使用。

图书在版编目（CIP）数据

跨境电子商务基础与管理／郑建辉等主编. —北京：北京理工大学出版社，2023. 4

ISBN 978-7-5763-2299-6

Ⅰ. ①跨… Ⅱ. ①郑… Ⅲ. ①电子商务-高等学校-教材 Ⅳ. ①F713. 36

中国国家版本馆 CIP 数据核字（2023）第 067505 号

出版发行／北京理工大学出版社有限责任公司
社　　址／北京市海淀区中关村南大街 5 号
邮　　编／100081
电　　话／(010) 68914775（总编室）
　　　　　(010) 82562903（教材售后服务热线）
　　　　　(010) 68944723（其他图书服务热线）
网　　址／http：//www. bitpress. com. cn
经　　销／全国各地新华书店
印　　刷／三河市天利华印刷装订有限公司
开　　本／787 毫米×1092 毫米　1/16
印　　张／13. 75
字　　数／322 千字
版　　次／2023 年 4 月第 1 版　2023 年 4 月第 1 次印刷
定　　价／82. 00 元

责任编辑／王晓莉
文案编辑／王晓莉
责任校对／刘亚男
责任印制／李志强

前言

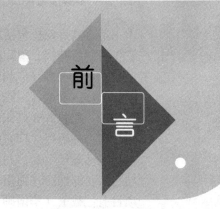

跨境电子商务是近些年兴起的商业模式，为我国传统外贸和传统产业的升级转型提供各种契机。《跨境电子商务基础与管理》顺应时代潮流成书，为跨境电子商务勾画出一个基本的雏形，介绍一些新的跨境电子商务发展和业务模式。

本书为跨境电子商务赋予了较为完整的理解框架，这反映在了本书的各个项目中。本书共有基础篇两个项目（项目一和项目二）和管理篇六个项目（项目三、项目四、项目五、项目六、项目七、项目八），大致结构如下。

项目一：跨境电子商务概述。本项目介绍跨境电子商务的概念、特点，包括发展趋势及存在问题。

项目二：跨境电子商务平台介绍与选择。本项目介绍跨境电商平台概述、特点、分类以及平台盈利模式、平台选择。

项目三：跨境电子商务平台基本操作。

项目四：跨境网络营销推广与数据分析。

项目五：跨境支付。

项目六：采购及国际物流。

项目七：客户服务与维护。

项目八：跨境电商法律法规及监管。

本书之所以对跨境电子商务采取宽泛的理解，是因为新时代信息技术的飞速发展让国际贸易的方式发生了转型，我们应该把这些新知识和新概念概括到跨境电子商务的框架下。本书作为教材试图在这个方向上做有益的探索。

对新生事物的总结需要汗水，更需要洞察力和高度概括的能力。几次线上或电话讨论，我们都认真对待，根据讨论反复修改教材初稿。我们甚至还组织部分作者调研了阿里巴巴速卖通、敦煌网、广州岭南国际电子商务产业园、广州 211 跨境电商产业园、深圳展涛电子商务产业园等，还专门邀请亚马逊广州公司、广州跨国易电子商务公司、深圳头狼电子商务公司、敦煌网广州运营中心等企业的专家讨论相关跨境电子商务的业务模式和操作方法。企业实践给了我们很多的启发，对教材内容的形成起到了关键作用。

本书由郑建辉、陈庆盛、卢友东、陈江生担任主编，戴玉、陈婷婷、邹姝丽、李庚敏担任副主编。全书由郑建辉、陈庆盛负责统筹。

本书适合高等院校包括本科和专科跨境电子商务、电子商务、国际贸易、物流管理、市场营销、网络营销、国际商务等专业的学生使用。撰写本书各部分的主要人员包括：

项目一：陈庆盛（广州华立学院）。

项目二：卢友东（广东白云学院）。

项目三：郑建辉（广东外语外贸大学南国商学院）。

项目四：陈婷婷（广东铁路职业学院）。

项目五：陈江生（广州美迪电商有限公司总经理）。

项目六：邹姝丽（河南黄淮学院）。

项目七：戴玉（华南师范大学附属教学单位）。

项目八：李庚敏（广东外语艺术职业学院）。

在本书撰写过程中，编者不断试图列出每个项目的知识点，但还是没有能够在短时间内很好地对知识点进行总结和提取。这可能与跨境电子商务领域的业务发展太快、太新，而且具有复合型学科的特点相关。这也许就是我们未来继续修订本书的方向。

本书撰写比较匆忙，难免存在疏漏和不妥之处，恳请读者批评指正。

编　者

2022. 10. 23

目录

基础篇

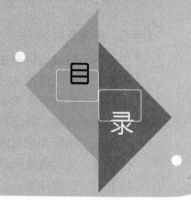

管理篇

基础篇

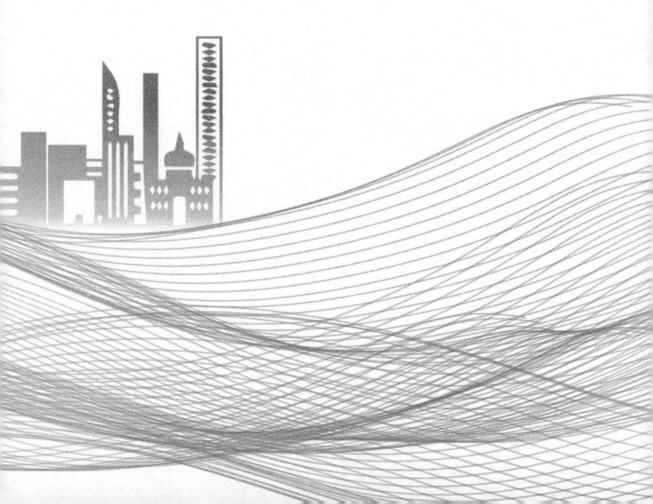

项目一 跨境电子商务概述

学习目的

通过对本项目的学习，学生应了解跨境电子商务的基本概念、特点及发展趋势。

重点难点

了解跨境电子商务的概念、发展趋势及存在的问题。

案例导入

亚马逊差别化定价策略

一、亚马逊公司实施差别定价策略的背景

1994 年，当时在华尔街管理着一家对冲基金的杰夫·贝佐斯（Jeff Bezos）在西雅图创建了亚马逊公司。该公司从 1995 年 7 月开始正式营业，1997 年 5 月股票公开发行上市。从 1996 年夏天开始，亚马逊成功地实施了联属网络营销战略，在数十万家联属网站的支持下，亚马逊迅速崛起，成为网上销售的第一品牌。到 1999 年 10 月，亚马逊的市值达到了 280 亿美元，超过了西尔斯（Sears Roebuck&Co）和卡玛特（Kmart）两大零售巨人的市值之和。亚马逊的成功可以用以下数字来说明。

根据 Media Metrix 的统计资料，亚马逊于 2000 年 2 月在访问量最大的网站中排名第 8，共吸引了 1 450 万名独立的访问者。亚马逊还是排名进入前 10 的唯一一个纯粹的电子商务网站。根据 PC Data Online 的数据，亚马逊是 2000 年 3 月最热门的网上零售目的地，共有 1 480 万独立访问者，独立的消费者也达到了 120 万人。亚马逊 1999 年 12 月完成的销售额相当于排名第 2 的 CDNow 和排名第 3 的 Ticketmaster 完成的销售额的总和。亚马逊已经成为互联网上最大的图书、唱片和影视碟片的零售商，其经营的其他商品类别包括玩具、电器、家居用品、软件、游戏等，品种有 1 800 多万种。此外，亚马逊还提供在线抽

奖业务和免费的电子贺卡服务。

但是，亚马逊的经营也暴露出不少的问题。虽然亚马逊的业务在快速扩张，但亏损额也在不断增加，在2000年第一季度，亚马逊完成的销售额为5.74亿美元，较前一年同期增长95%，第二季度的销售额为5.78亿美元，较前一年同期增长84%。但是，亚马逊第一季度的总亏损达到了1.22亿美元，相当于每股亏损0.35美元，而前一年同期的总亏损仅为3 600万美元，相当于每股亏损0.12美元，亚马逊2000年第二季度的主营业务亏损达8 900万美元。亚马逊公司的经营危机也反映在股票的市场表现上。亚马逊的股票价格自1999年12月10日创下历史高点106.687 5美元后开始持续下跌，到2000年8月10日，亚马逊的股票价格已经跌至30.438美元。在业务扩张方面，亚马逊也开始遭遇一些老牌门户网站（如美国在线、雅虎等）的有力竞争。在这一背景下，亚马逊迫切需要实现盈利，而最可靠的盈利项目是它经营最久的图书、音乐唱片和影视碟片，实际上，在2000年第二季度亚马逊就从这三种商品上获得了1 000万美元的营业利润。

二、亚马逊公司的差别定价试验

作为一个缺少行业背景的新兴网络零售商，亚马逊不具有巴诺（Barnes&Noble）公司那样卓越的物流能力，也不具备像雅虎等门户网站那样大的访问流量。亚马逊最有价值的资产就是它拥有的2 300万注册用户，亚马逊必须设法从这些注册用户身上实现尽可能多的利润。因为网上销售并不能增加市场对产品的总需求量，为提高在主营产品上的盈利，亚马逊在2000年9月中旬开始了著名的差别定价试验。亚马逊选择了68种DVD碟片进行动态定价试验，试验当中，亚马逊根据潜在客户的人口统计资料、在亚马逊的购物历史、上网行为以及上网使用的软件系统确定对这68种碟片的报价水平。例如，名为《泰特斯》（Titus）的碟片对新顾客的报价为22.74美元，而对那些对该碟片表现出兴趣的老顾客的报价则为26.24美元。通过这一定价策略，部分顾客付出了比其他顾客更高的价格，亚马逊因此提高了销售的毛利率。但是好景不长，这一差别定价策略实施不到一个月，就有细心的消费者发现了这一秘密。通过在名为DVDTalk的音乐爱好者社区的交流，成百上千的DVD消费者知道了此事，那些付出高价的顾客怨声载道，纷纷在网上以激烈的言辞对亚马逊的做法进行口诛笔伐，有人甚至公开表示以后绝不会在亚马逊购买任何东西。更不巧的是，由于亚马逊前不久才公布了它对消费者在网站上的购物习惯和行为进行了跟踪和记录，因此，这次事件曝光后，消费者和媒体开始怀疑亚马逊是否利用其收集的消费者资料作为其价格调整的依据，这样的猜测让亚马逊的价格事件与敏感的网络隐私问题联系在了一起。

为挽回日益凸显的不利影响，亚马逊的首席执行官贝佐斯只好亲自出马进行危机公关。他指出，亚马逊的价格调整是随机进行的，与消费者是谁没有关系，价格试验的目的仅仅是测试消费者对不同折扣的反应，亚马逊“无论是过去、现在或未来，都不会利用消费者的资料进行动态定价”。贝佐斯为这次事件给消费者造成的困扰向消费者公开表示道歉。不仅如此，亚马逊还试图用实际行动挽回人心，答应给所有在价格测试期间购买这68部DVD的消费者以最大的折扣。据不完全统计，至少有6 896名没有以最低折扣价购得DVD的顾客，获得了亚马逊退还的差价。

至此，亚马逊差别定价试验以完全失败而告终，亚马逊不仅在经济上蒙受了损失，而且声誉也受到了严重的损害。

案例来源：eMarketing案例——亚马逊公司的差别定价策略。

选择理由：亚马逊的差别定价策略是电子商务经济学非常典型的一个失败案例，它可以作为反面教材来凸显经济学的重要性。通过对它的分析，大家可以了解在学习经济学时需要注意的问题。

任务导入

小李是一名电子商务专业的应届毕业生，毕业后应聘到一家专做跨境电子商务的出口企业，该企业的主营产品是假发。企业的王经理告诉小李，要想快速进入工作状态，就必须了解和掌握跨境电子商务相关的知识点。那么，跨境电子商务究竟是什么？有什么特点？发展现状是怎样的呢？

任务一　跨境电子商务的概念及特点

一、跨境电子商务的概念

跨境电子商务（简称“跨境电商”）是一种新型的贸易方式，指不同国家或地区的交易双方通过互联网或快递等形式通关，将传统贸易中的展示、洽谈和成交环节数字化，实现产品进出口的一种贸易模式。随着我国跨境电子商务的快速发展，交易方式有了变化，交易规模不断扩大，跨境电子商务的概念又有所延伸。现在的跨境电子商务是指不同国别或地区的交易主体通过电子商务平台达成交易、进行支付结算，并通过跨境物流送达商品、完成交易的一种国际性商务活动。

二、跨境电子商务的特点

（一）全球性

传统的国际贸易主要表现为两国之间的双边贸易，即使有多边贸易，也是通过多个双边贸易实现的，呈线状结构。跨境电子商务与传统的交易方式相比，一个重要特点在于跨境电子商务是一种无边界交易，不受传统交易所具有的地理因素的影响。

跨境电子商务可以通过一国的交易平台，实现其他国家间的直接贸易，贸易过程相关的信息流、商流、物流、资金流由传统的双边逐步向多边的方向演进，呈现出网状结构，可以说，跨境电子商务正在重构世界经济新秩序。任何人只要具备了一定的技术手段，在任何时候、任何地方都可以让信息进入网络，相互联系，进行交易。

（二）数字化

网络的发展使数字化产品和服务的传输盛行。随着信息网络技术的深化应用，数字化产品（如游戏、软件、影视作品等）的品类和贸易量快速增长，且通过跨境电子商务进行销售或消费的趋势日趋明显，而传统应用于实物产品或服务的国际贸易监管模式已经不适用，尤其是数字化产品的跨境贸易，更是没有纳入海关等政府部门的有效监管、统计和关税收缴范围。电子商务是数字化传输活动的一种特殊形式，其无形性的特性使得税务机关很难控制和检查销售商的交易活动，税务机关面对的交易记录都是数据代码的形式，使税务核查员无法准确计算销售所得和利润所得，从而给税收计算带来困难。

（三）即时性

对于网络而言，传输的速度和地理距离无关。传统交易中的信息交流方式如信函、电报、传真等，在信息的发送与接收间，存在着长短不同的时间差。而电子商务中的信息交流，无论实际距离远近，一方发送信息与另一方接收信息几乎是同时的，就如同生活中面对面交谈。某些数字化产品（如音像制品、软件等）的交易，还可以即时清结，订货、付款、交货在瞬间完成。

电子商务交易的即时性提高了人们交往和交易的效率，免去了传统交易中的中介环节，但也隐藏了法律危机。在税收领域表现为：电子商务交易的即时性往往会导致交易活动的随意性，电子商务主体的交易活动可能随时开始、随时终止、随时变动，这就使税务机关难以掌握交易双方的具体交易情况，使依法治税变得苍白无力。

（四）直接性

传统的国际贸易主要由一国的进/出口商通过另一国的出/进口商集中进/出口大批量货物，然后经过境内流通企业多级分销，最后到达有进/出口需求的企业或者消费者，通常进出口环节多、时间长、成本高。而跨境电子商务可以通过电子商务交易与服务平台，实现多国企业之间、企业与最终消费者之间的直接交易，进出口环节少、时间短、成本低、效率高。

（五）小批量、高频率

跨境电子商务通过电子商务交易与服务平台，实现多国企业之间、企业与最终消费者之间的直接交易，由于是单个企业之间或单个企业与单个消费者之间的交易，相对于传统贸易而言，大多是小批量，甚至是单件。而且一般是即时按需采购、销售和消费，相对于传统贸易而言，交易的次数和频率高。

任务二　跨境电子商务发展阶段及趋势

跨境电子商务已成为外贸产业中一匹“黑马”，成为推动中国外贸增长的重要力量。在快速增长的跨境电商行业中，除了中国自己研发电商平台，更多的中小型外贸企业通过eBay、阿里巴巴、亚马逊、敦煌网等大型电商平台，尝试网上外贸出口。据不完全统计，2022 年，我国境内各类平台企业已超过 5 000 家，通过平台开展跨境电子商务的外贸企业超过 20 万家。跨境电子商务的发展经历了以下三个阶段。

第一阶段：跨境电子商务 1.0 阶段（1999—2003 年）。

1999—2003 年是跨境电子商务发展的第一阶段，即跨境电子商务发展起步阶段，其主要商业模式是网上展示、线下交易的外贸信息服务模式。跨境电子商务平台在这个发展阶段中，主要是为企业信息以及产品提供网络展示平台，并没有网上交易的环节，主要通过向信息展示的企业收取会员费来盈利。

第二阶段：跨境电子商务 2. 0 阶段（2004—2012 年）。

这一阶段是跨境电子商务发展的一大跨越时期，是一个更能体现电子商务本质的跨境电商发展阶段。在 2. 0 阶段中，跨界电商开始采取线下交易、支付、物流等流程，来实现跨境贸易的电子化，从而逐步实现在线交易。

第三阶段：跨境电子商务 3. 0 阶段（2013 至今）。

2013 年对于跨境电商来说，可谓意义非凡，已然成为跨境电商的转型年。这一年，跨境电商全产业链都出现了商业模式的变化。用户群体由初创企业向工厂、外贸公司转变，且具有极强的生产设计管理能力。平台的销售产品也发生了转变，由网商、二手货源向一手货源转变，跨境电子商务发展迎来了一个全新的时期。

跨境电子商务的发展有如下标志事件。

（1）1999 年阿里巴巴的成立标志着中国跨境电商行业正式开启。最初，阿里巴巴只是以网络信息服务为主，将中国企业的产品信息向全球客户展示，主要定位于 B2B 交易，是中国最大的贸易信息黄页平台之一。

（2）2004 年敦煌网上线，并脱离了传统的线下交易模式，开始将线下交易、支付、物流等流程电子化，逐步实现在线交易，主要业务集中在小额 B2B 贸易。

（3）2007 年兰亭集势成立，整合国内的供应链向国外销售产品，主要是 B2C 交易。

（4）2009 年速卖通的成立开启了国内跨境电商的新时代，速卖通以 B2C 和 C2C 为主要跨境交易模式。

一、跨境电商的发展现状

1. 市场规模

我国跨境电子商务产业的发展远远领先于全球其他国家和地区，跨境电商成为支持“外循环”的重要引擎。跨境电商的发展使整个产业链条发生变化，以跨境电商为代表的贸易数字化转型将给产业带来深远的影响。《2021 年度中国跨境电商市场数据报告》（根据网经社“电数宝”（data. 100ec. cn）电商大数据库编写而成）显示，2021 年中国跨境电商市场规模达 14. 2 万亿元，较 2020 年的 12. 5 万亿元同比增长 13. 6%。有业内人士表示，国内消费者对品质商品的日益关注，使得从母婴商品兴起的“海淘”浪潮，逐渐扩充到美妆、数码、百货、服饰箱包等全品类，在更多年龄层次和需求的消费者进入的同时，“海淘”电商的业务量也随之增长。2021 年，海淘用户规模达 1. 55 亿人，个性化消费趋势明显。2021 年中国跨境电商产业链图谱如图 1-1 所示。

跨境电商的最大优势，是基于互联网的网络化营运方式，这种新型的电子贸易方式正在重塑中小企业国际贸易流程。跨境电商破除了传统对外贸易中海外渠道上的垄断，如进口商、批发商、分销商等，使得出口企业可以直接面对最终的商品需求方，如零售商，甚至是最终的消费者，成功缩减了贸易中间环节和商品渠道成本，大幅提升了企业的获利能力，同时也使消费者能从中获得实惠。

自 2011 年开始，在进出口增速放缓的情况下，跨境电子商务凭借新型的贸易模式，反而取得了高速的发展。很多企业发现了这一优势，从 2013 年开始，很多传统企业开始进入跨境电商领域。“触电”跨境电商成为传统企业发展的重要举措。

2021年中国跨境电商产业链图谱
B2B类
B2C类
B2B类
进口跨境电商
出口跨境电商
B2C类（平台）
B2C类（独立站）
物流类
综合类
支付类
SaaS类
营销类
跨境电商服务商
制图：网经社
数据来源：WWW.100EC.CN

图 1-1　跨境电商产业链图谱

近年，中国的电子商务市场呈现出井喷式的增长，发展潜力非常大。

2. 主要发展形式

当前的跨境电子商务主要有三种发展形式，一是传统制造业、商贸企业、经纪人通过大型跨境电商平台网站发布商品信息，寻找商机，开展网站大额或小额在线支付国际贸易批发业务。二是在第三方跨境电商平台上开设店铺，通过这些平台以在线零售的方式销售商品到国外的企业和终端消费者。三是企业建立一个独立的跨境网站，如兰亭集势、大龙网等，以在线零售的方式将商品直接销售给全球终端消费者。

跨境电商中按大的销售平台区分，可分为 B2C 形式和 B2B 形式。通过两种形式在现金流、盈利模式、盈利能力等层面的对比，可以发现未来 B2C 模式将出现爆发式增长，这种模式将占据中国跨境电商市场中越来越多的份额，成为中国中小企业新的盈利增长点。

为什么 B2C 模式将出现如此快速的增长呢？首先，在开放的互联网环境里，B2C 模式更容易突破国境的制约，充分发展细分商品市场、小众商品市场、长尾商品市场，与在有限的区域市场内进行激烈的市场竞争相比，无疑能够创造更多的商业机会；其次，B2C 直接接触消费者，可以有效掌握市场信息，把握经营产品流行趋势，同时，通过 B2C 网站可以更好地塑造企业品牌形象，在国际市场中成为一种品牌的象征；最后，与传统的外贸交易相比，通过 B2C 模式可以让制造商直接与最终消费者交易，避开中间的加价环节，因此顾客可以享受更优惠的价格，企业可以赚取更高额的利润。

3. 更加多元化的跨境支付结算方式

在跨境电子商务中，在线批发多采用传统的通关物流和结算方式，如邮政汇款、银行转账、信用证等，近两年出现了线上的大额第三方支付模式。在线零售以商业快件和个人行邮为主要的通关物流方式，并由此衍生出包裹集中后以百家货方式清关到香港转运以及批量货物海外仓转运的模式；在线零售结算则采取网络结算方式，包括第三方支付、信用卡支付、邮政汇款、银行转账等。

跨境电子支付业务发生的外汇资金流动，必然涉及收付汇与资金结售汇。从目前的支付业务发展情况看，中国跨境电子支付结算的方式主要有跨境收入结汇方式（含第三方收结汇、以结汇或个人名义拆分结汇流入、通过国内银行汇款等）和跨境支付购汇方式（含第三方购汇支付、通过国内银行购汇汇出、境外电商接受人民币支付等）。

之前，受监管政策、人民币全球地位以及非金融机构业务处理能力等因素影响，没有国内支付业务许可证的外资支付机构一直垄断中国的跨境电子商务的支付环节，但自2010年9月和12月央行分别颁布实施《非金融机构支付服务管理办法》（中国人民银行令〔2010〕第2号）和《非金融机构支付服务管理办法实施细则》（中国人民银行公告〔2010〕第17号）以来，国内已经发放了250张支付牌照，并于2010年开始从政策层面逐步放开跨境支付市场。相较于国内在线支付市场白热化的竞争现状，跨境电子支付八成为中国第三方支付企业争夺的下一片蓝海市场。同时，第三方非金融机构的加入，一方面为跨境电商支付市场引入竞争，促进行业快速发展；另一方面也极大地拓展了跨境电子支付的结算方式，推动跨境电子商务发展。

4. 目前跨境电商行业的政策背景

跨境电商政策支持力度的不断加大、跨境电商政策和规范的建立，以及开放程度的规定，是跨境电商发展的重要基础。我国跨境电商政策发展经历了三大阶段：政策起步期（2004—2007年）、政策发展期（2008—2012年）和政策爆发期（2013年至今）。2020年受新冠疫情影响，国家将跨境电商作为推动外贸转型升级、打造新经济增长点的重要突破口，不断出台政策加持跨境电商的发展。国家支持跨境电商发展的相关政策，主要体现在以下几个方面。

一是试点布局进一步扩大。2022年2月，国务院批复了同意在27个城市和地区设立跨境电子商务综合试验区（以下简称综试区），这是自2015年设立首个跨境电商综合试验区以来的第六批综试区。

二是发展跨境电商新模式。支持市场采购贸易和跨境电商融合发展，指导综试区帮助企业充分利用海外仓扩大出口，新增17个市场采购贸易方式试点，积极探索保税维修、离岸贸易等新业务。

三是大力推进贸易便利化。具体政策如下。

政策一：海关总署组织示范城市开展跨境贸易电子商务服务试点工作，以解决使用邮件或者快件通关的跨境业务所存在的通关慢、结汇不规范及退税等问题。通过这些试点工作，海关总署开始着手制定跨境电子商务相关的管理制度和标准规范，以提高通关管理和服务水平。

2012年12月至2013年10月，跨境电子商务城市试点开始在全国有条件的地方全面铺展，致力于解决跨境电商中快件或邮件方式通关监管等问题。

试点工作主要从两个方面进行创新：一是着手制定新的政策业务，建立适应跨境电子商务发展的管理制度。二是使用新的信息化技术，建立数据共享机制。依托电子口岸协调机制和平台建设优势，实现口岸相关部门与电商、支付、物流等企业的业务协同及数据共享，解决跨境电子商务存在的问题。

2012年12月，海关总署在郑州召开跨境贸易电子商务服务试点工作启动部署会，上海、重庆等5个试点城市成为承建单位，标志着跨境贸易电子商务服务试点工作的全面启动。2013 年 10 月，我国跨境电子商务城市试点开始在全国有条件的地方全面铺展。从试点城市的特点来看，试点城市主要集中在物流集散地、口岸或产品生产地等。

跨境电商试点城市共有四种可申报的业务模式，不同城市的业务试点模式范围有明显的限定。目前，海关总署明确可以做跨境电商进口试点的城市有重庆、广州、上海等 6 个城市，其他获批的试点城市均只有出口试点的资格。

政策二：积极探索跨境电商进口试点业务，目前，跨境电商业务模式的探索大致可以分为出口和进口两方面。

①出口方面，目前主要采用“清单核放、汇总申报”的管理模式，解决电商出口退税、结汇问题。根据海关总署的数据，近年来，我国跨境电商规模快速增长。根据海关数据，2020 年通过海关跨境电子商务管理平台验放的进出口清单达到 24. 5 亿票，同比增长 63. 3%，进出口额达 1. 7 万亿元，同比增长 31. 1%，与 2015 年相比，5 年增长了 10 倍。另据商务部有关信息，我国外贸综合服务企业已超过 1 500 家，海外仓数量超过 1 900 个。

②进口方面，各试点城市充分发挥海关特殊监管区域的功能和优势，建立网购保税进口模式和直购进口模式。进口业务已在上海、宁波、杭州、郑州、重庆等地开展，跨境电商进口业务试点城市进行了较多尝试，各政府指导下的跨境电商平台先后上线，如上海的跨境通、宁波的跨境购等。而保税进口在政策支持下取得了比较明显的成绩。

保税进口模式，指境外商品入境后暂存保税区内，消费者购买后以个人物品出区，包裹通过国内物流的方式送达境内消费者，如上海的“跨境通”、郑州的“E 贸易”平台、宁波的“跨境购”、重庆的“爱购保税”。根据上海及宁波海关信息，2013 年年底“跨境通”上线。2021 年 10 月 28 日，“跨境通”发布 2021 年第三季度报告。报告显示，第三季度实现营业收入 19. 34 亿元，同比下降 50. 32%；订单商品主要为奶粉、咖啡、包装饮料等进口食品。

二、跨境电商的发展趋势

中国电子商务作为一个新兴行业，从快速发展期逐渐过渡到成熟稳定期。当下，网络购物出现新生态：电商品牌意识增强，移动电商爆发式发展，消费中国全时互联。

1. 仍将继续保持高速增长

从出口看，跨境电商出口卖家正在从广东、江苏、浙江向中西部拓展，正在由 3C 产品（指 Computer、Communication、Consumer Electronics，即计算机、通信和消费类电子产品）等低毛利率标准品向服装、户外用品、健康美容、家居园艺和汽配等新品类扩展，这将为我国出口电商发展提供新的空间。

从进口看，随着巴西、俄罗斯等新兴市场的不断加入，以及互联网技术的普及、基础设施的不断完善、政策的不断放开，我国出口电商的空间进一步拓展。研究表明，随着国际人均购买力不断增强、网络普及率提升、物流水平进步、网络支付改善，未来几年我国跨境电商仍将保持 30%的复合年均增长率。

2. 出口占主导

2021 年我国跨境电商中出口占比达到 86. 7%，考虑到我国作为世界工厂的地位，预计出口电商占比仍将保持在 80%以上，2023 年将达到 6. 64 万亿的规模。随着我国进出口税收体系的进一步理顺和进口物流配套的持续升级，市场需要更多进口满足消费者需求的方向，预计未来 3 年，跨境电商进口的份额占比可提升至 16.2%，将成为跨境电商的重要增长点。

3. “自营+平台”类是主流

保障正品、有价格优势、物流体验好、售后完善是跨境电商企业的核心竞争领域。跨境电商平台类企业的综合竞争力主要体现在产品丰富等方面，其不参与交易，只是为平台上的买卖双方提供撮合机会。而自营类企业由于需要先采购海外商品，对企业资金实力和选择商品水平都提出了更高要求，其综合竞争力主要体现在正品保障、售后服务响应迅速等方面。对于母婴用品、3C 产品、服饰等标准化、易于运输的重点消费产品，如果自营类企业能够把握市场热点，则能够在细分市场中形成较强的竞争力。综合考虑，下一阶段跨境电商企业的发展方向应是“自营+平台”类企业，融合产品丰富、正品保障等多项优势。

4. B2C 模式将迅速发展

全球跨境电商 B2C 市场的规模不断壮大是重要的背景因素。埃森哲预计全球跨境电商 B2C 到 2025 年达到近 1 万亿美元，年均增长高达 27%；全球跨境 B2C 电商消费者总数也将超过 9 亿人，年均增幅超过 21%。我国将成为全球最大的跨境 B2C 电商消费市场，预计 2025 年我国 B2C 出口交易额将超过 7 000 亿元，跨境 B2C 电商将拉高消费品进口额年均增速。

5. 阳光化将是大势所趋

随着跨境电商规模的扩大，开正门、堵偏门，将灰色清关物品纳入法定行邮监管范畴的必要性不断增强。《关于跨境电子商务零售进口税收政策的通知》的实施，影响最严重的就是海淘电商，新政策对跨境电子商务零售进口商品按照货物征收关税和进口环节增值税、消费税。跨境电商阳光化有助于保障正品销售、降低物流成本、完善售后制度，是未来跨境电商发展的必然方向。未来随着跨境电商试点“阳光化”的不断推进，监管经验不断累积丰富，“阳光模式”将流程化、制度化。

6. 保税模式潜力巨大

保税模式是商家通过大数据分析，将可能热卖的商品通过海运等物流方式提前进口到保税区，国内消费者通过网络下单后，商家直接从保税区发货，更类似于 B2B2C。相比于散、小、慢的国际直邮方式，保税模式可以通过集中进口采用海运等物流方式，降低物流成本。同时，商家从保税区发货的物流速度较快，几乎与国内网购无差别，缩短了等待时间，从而使消费者有更好的网购体验。

从监管角度讲，保税模式也有利于提高税收监管的便利性。虽然保税模式会对商家的资金实力提出更高要求，但目前来看保税模式是最适合跨境电商发展的集货模式，也是国内电商平台选用的主要模式。但是，通过保税模式进入仓库的货物能以个人物品清关，无须缴纳传统进口贸易的增值税，可能会对传统进口贸易带来冲击，监管部门因此也正在制定和完善相应的监管政策。

7. 移动电商场景化和社交化

得益于智能手机终端的普及，中国移动购物市场保持高速发展态势，移动端交易额占比已近半成，2021 年一季度移动端交易占比达 65.9%。主要的移动端网购人群分布在 26~35 岁（53%），学历多为本科以上（80%）。移动端的消费与 PC 端最大的不同，在于其场景化和社交化的特质。

任务三　跨境电子商务的优势及存在的问题

一、跨境电子商务的优势

随着时代的发展以及经济全球化的趋势，国内跨境电商行业迎来了春天，跨境电商企业犹如雨后春笋般纷纷涌现，“一带一路”倡议的推出推动了跨境电商热，越来越多的创业者开始加入这个行业。那么，跨境电商的优势体现在哪些方面呢？

1. 信息交流的便捷

一些喜欢网上购物但受地理限制而无法实现的购物行为，随着跨境电子商务的发展得以实现。大多数跨境电子商务平台搜索引擎使用方便，平台可根据每位顾客购买的购物记录，找到相似的产品并推荐给顾客。这种周到实用的功能不仅方便消费者购物，也方便商家在后台记录消费者的习惯。

2. 消费者的需求

在跨境电子商务发展之前，许多消费者选择以自己的名义购买海外产品。然而，这种通过个人非正式渠道购买海外产品的方式存在风险，并经常引发问题。电子商务改变了消费者的购物习惯，网上购物突破了地域限制，能够满足传统外贸模式无法实现的个性化定制需求。消费者的选择对跨境电子商务的发展产生了巨大的推动作用。

3. 内贸竞争大而选跨境电商

各国电商经过快速发展后，可能卖家在国内销售产品数量和利润都不太理想，因而不满足于在国内销售，需要开辟国外市场。

4. 政府鼓励、跨境政策好

“一带一路”倡议给国内商家提供了极大的鼓励和做跨境销售的信心。在国家发改委、海关总署以及国家标准委员会的参与和制定下，跨境电商优惠政策体系越来越完善。

二、跨境电子商务存在的问题

与此同时，跨境电子商务在发展过程中也存在以下问题。

1. 逃税

小额外贸经常利用样品或广告品，或者利用个人邮政免税政策来避税。当发展到一定程度，必然对各国海关收入造成影响，对自由港和低关税国家或经济共同体相对影响较小，但对以海关收入为主要财政收入的国家则影响甚大，推广的阻力也就大。

2. 管理漏洞

跨境电子商务是一种新型的交易方式，在通关监管、检验检疫、外汇管理、税收管理、专项统计等环节，均没有针对性的通关模式和标准规范。例如，跨境电子商务为网上小额批发与零售，若逐票申报，企业申报和海关审批的工作量均很大。为提高进出口货物通关效率，海关总署制定了《中华人民共和国海关进出口货物集中申报管理办法》，但跨境电子商务不属于“集中申报”货物范畴，不能享受此特殊申报政策。国家市场监督总局针对进出口商品检验制定了《中华人民共和国进出口商品检验法实施条例》，规定法检出口商品的发货人应持合同等必要凭证办理报检，且出口商品应在生产地检验。跨境电子商务没有纸质合同，电商货物多为市场采购，多数商品未在或来不及在生产地办理检验手续。

在管理体系方面，由于跨境电子商务货物批量小、批次多、种类多、申报数据量大、审批工作烦琐，目前的管理系统均不适用于跨境电子商务的申报与审批，管理部门无法针对性地接收、分析数据，进行监控与管理。同时在服务体系方面，跨境电子商务按现有的业务模式申报，没有统一的服务平台提供针对性的数据传输与交换服务，运作效率低，邮政渠道甚至采用纸质申报，无法满足跨境电子商务快速运转的要求。

3. 跨境电商物流业虽取得进步，但是部分地区仍然滞后

跨境电子商务发展快速，但是相应的物流服务却跟不上，从而成为阻碍跨境电子商务发展的重要原因。跨境电子商务商品的运输至少需要两家快递企业共同承担。运输时间长，运输过程中信息无法进行有效追踪，包裹丢失、损毁严重，使企业在提升用户体验方面遇到很大困难。国内网购商品的平均到货时间为 4 天，跨境购物一般需要 7 天以上，有时甚至要两三个月，波动范围大。

跨境电商物流一直存在配送时间长、包裹无法全程追踪、不支持退换货等问题，甚至会出现清关障碍和破损或丢包的情况。如使用中邮小包到俄罗斯和巴西等地，普遍的送达时间为 40 天到 90 天，通过国际 e 邮宝，发往欧美的货物一般是 7～12 天送达。这些长达一周、两周甚至数月的配送时间，极大地考验着海外用户的耐心。

而在破损甚至丢包方面存在的问题表现为，在跨境物流的邮政系统中，从揽件到最终货物送达客户，往往需要经过四五道甚至更多次的转运，很容易出现包裹的破损。而无论是邮政包裹还是使用专线物流，都存在一定的丢包率。这些带来的不仅是客户糟糕的购物体验，也使卖家不得不承担运费、货品以及客户流失等损失。另外，以私人包裹方式出境，不便于海关统计，也无法享受正常的出口退税。

4. 信用危机

网络虚拟性及开放性导致的参与者信用不确定性已经成为电子商务发展中的桎梏。相关调研显示，有能力网购而不进行网购的消费者中，80%是出于信用及安全方面的担忧。网络欺诈、假冒伪劣、侵权成为小额外贸的顽疾。小额垂直外贸平台信用建设之路任重道远。

5. 支付机构外汇管理与监管职责问题

首先，支付机构在跨境外汇收支管理中承担了部分外汇政策执行及管理职责，其与外汇指定银行类似，是外汇管理政策的执行者与监督者；其次，支付机构主要为电子商务交易主体提供货币资金支付清算服务，属于支付清算组织的一种，又不同于金融机构。如何对此类非金融机构所提供的跨境外汇收支服务进行管理与职能定位，需要外汇管理局在法规中加以明确，制度上规范操作。

6. 法律问题

虽然我国近些年来陆续出台了一系列旨在规范、促进跨境电子商务发展的政策，但是我国跨境电子商务尚处于起步阶段，国家既没有完善的理论依据也没有成熟的实践基础，

跨境电子商务法律也只能在发展中逐渐完善。由此存在大量的灰色地带，既破坏了国家的税务结构，也使消费者权益受到损害。跨境电商未来的发展方向必然是有利于降低交易成本、促进全球贸易便利化，有利于提升国内居民福祉，有利于营造良好的营商环境，促进经济长期健康发展。

《2020 年中国网络购物安全报告》的数据显示，2020 年国内约 1 亿在线消费者受到虚假网络信息侵害，诈骗金额高达 180 亿元。

国内电子商务交易信用问题突出的同时，跨境电子商务信用问题也难于幸免，对于跨境电子商务服务业，目前我国只有《互联网信息服务管理办法》《中华人民共和国电子签名法》《中华人民共和国电子商务法》等几部法律法规，在跨境电子商务涉及的交易、税收以及消费者权益保障等方面都没有专门的规范和标准。我国电商企业通过电子商务平台进行虚假宣传、销售假冒伪劣商品、侵犯知识产权、非法交易及欺诈行为时有发生，海外消费者投诉众多，影响了我国跨境电商的集体形象。国外一些电子商务平台甚至针对中国卖家制定了歧视性的规定，如更高的佣金、更严厉的处罚措施等。此外，国内外的商品、商标体系不互认，标准体系不同步等问题，也制约着跨境电子商务的发展。

任务四　跨境电子商务的分类

跨境电商的种类和贸易模式非常多，主要可以分为以下几类。

一、为不同的贸易对象服务——B2B/B2C/C2C/O2O 类平台

按贸易的对象来分，可以分为 B2B 网站、B2C 网站、C2C 网站及 O2O 网站四种，分别是企业面向企业的跨境贸易平台、企业面向最终消费者的跨境平台、商户面对最终消费者的跨境贸易平台以及商品面对最终顾客的线下体验店平台。从贸易规模上来看，2021 年 B2B 跨境电商交易的占比达到 93.9%，占据绝对优势。这主要是由于 B2B 交易的量级较大，且多为稳定性订单。预计未来几年，B2B 跨境电商交易仍然是主力。

随着跨境贸易对象越来越细分，跨境交易中的订单不断趋向碎片化和小额化。而物流、金融、互联网等技术的不断发展，也改善了国际贸易基础设施，商品从工厂到消费者的方式越来越多元化。B2C 跨境电商这种业务模式出现了爆发式增长，主要是因为 B2C 平台对跨境电商而言具有一些明显的优势：①利润空间大。与传统的进出口模式相比，跨境 B2C 平台可以打造从工厂到产品的最短路径，跨过传统贸易所有的中间环节，从而赚取高额利润。②有利于企业树立品牌形象。特别是对国内的工贸型企业而言，可以借此改变单纯代加工的情况，熟悉和适应海外市场，将中国生产、设计和自主研发的产品带向全球。③对市场更快速的反应。B2C 平台的商家直接面对终端消费者，对于市场的需求更为敏感，并且可以提供各种个性化定制服务。④更广阔的市场。大额贸易通常为传统产品且对象市场单一，而 B2C 平台的小额贸易更为灵活，销售不受地域限制，可以面向全球 200 多个国家和地区，单一市场的竞争压力得到有效分散。

由此可推测，B2C 跨境电商交易占比将得到相当程度的提升。

二、跨境电商的品类偏好

从销售商品的品类看，跨境电商企业销售的商品类型基本为汽车配件、服装服饰、家居园艺、3C 电子、计算机及配件、珠宝等物流便利的小型产品，近年来有逐渐向汽车、大型家居等大件商品扩展的趋势。根据 eBay 数据，2017 年在 eBay 平台上增速最快的三大品类依次为时尚类、汽车配件类及家居园艺，且 71%的大卖家计划对现存商品品类进行扩充，超过 64%的大卖家计划延伸到其他产品线。跨境电商企业业务扩张的重要手段之一，就是不断拓展销售商品品类，这有助于跨境电商企业抓住更多具有消费力的网购群体。随着电子商务对人们日常生活的影响不断加深，以及物流解决方案与科技手段的不断创新，跨境电商零售商们将不断扩充所覆盖的商品品类。

三、跨境电商的目标市场

从销售目标市场看，对于现在的出口跨境电商而言，美国、英国、德国、澳大利亚是比较有代表性的成熟市场，这里的顾客已经非常熟悉跨境网购，整体商业文明规范程度较高，当地的物流配套设施完善，在今后的一段时间内，这些成熟市场仍是跨境出口电商的主要目标市场，并且仍有较大的成长空间。与此同时，不断崛起的新兴市场正成为跨境电商零售出口产业的新动力。如俄罗斯、巴西、印度等国家的本土电商企业并不发达，消费需求旺盛，中国制造的产品物美价廉，在这些国家的市场上优势巨大。同时大量企业也在拓展东南亚市场，印度尼西亚是东南亚人口最多的国家，全球人口排名位居第四，具有巨大的消费潜力，目前，eBay、亚马逊、日本乐天等电商平台巨头都开始进入印度尼西亚市场。而在拉丁美洲、中东欧、非洲和中东等地区，电子商务和跨境网购依然是一个比较陌生的概念，对于跨境电商企业来说，这是需要花费较多时间和精力来开垦和培养的市场。

进口跨境电商的争夺战场则聚焦于中国本土的市场。

海关统计数据显示，2021 年我国综合保税区、自由贸易试验区、海南自由贸易港进出口分别增长了 24.3%、26.4%和 57.7%，呈现出蓬勃发展的态势。在新兴贸易业态方面，我国跨境电商、市场采购规模迅速扩大，2021 年我国跨境电商进出口规模达到 1.98 万亿元，增长 15%；市场采购出口增长 32.1%。

中国电子商务研究中心的监测数据表明，从 2008 年到 2021 年，跨境进口电商交易额年复合增长率高达 31%，最为热门的五类消费品分别是护肤美妆、婴幼儿食品、服饰、保健品、电子产品。

跨境电商真正的蓝海在进口。中国消费者对海外商品的需求巨大，各大国内电商企业纷纷进入跨境电商行业。2014 年 2 月，天猫国际正式上线，为国内消费者直供海外原装进口商品；2014 年 7 月，苏宁易购成立跨境电商项目组，此后，在全球范围内展开招商；此前，中粮我买网已经长期培养了海外直采的食品频道；2015 年亚马逊中国宣布开通海外六大站点直邮中国服务，同时在国内“双 11”当天，宣布全中文版亚马逊海外购商店上线。

项目小结

本项目主要介绍跨境电子商务的基本概念、特点、发展现状及发展趋势，跨境电子商务的发展模式及存在问题、目标市场等，使学生能掌握跨境电子商务的基本概念。

练习题

一、单选题

1. 跨境电子商务的特点不包括（　　）。

A. 全球化　　B. 直接化　　C. 即时性　　D. 盈利性

2. 按贸易的对象来分，跨境电商不包括以下（　　）网站。

A. B2B　　B. B2C　　C. C2C　　D. D2P

3. 从销售目标市场看，对于现在的出口跨境电商而言，（　　）不是代表性的成熟市场。

A. 美国　　B. 伊朗　　C. 德国　　D. 澳大利亚

二、思考题

1. 什么是跨境电子商务？
2. 跨境电子商务存在哪些问题？
3. 当前的跨境电子商务主要存在哪三种发展形式？
4. 跨境电商有哪些优势？

项目二 跨境电子商务平台介绍与选择

学习目的

通过对本项目的学习，学生应了解跨境电子商务平台的盈利方式、服务种类，了解目前国内外主要的跨境电商平台及选择。

重点难点

掌握跨境电商的主要服务平台及盈利方式。

案例导入

案例：小米的系统化网络营销

1. 企业概况

北京小米科技有限责任公司（简称“小米”）成立于2010年4月，是一家专注于智能硬件和电子产品研发的移动互联网公司。“为发烧而生”是小米的产品概念。小米创造了用互联网模式开发手机操作系统、发烧友参与开发改进的模式，同时也是继苹果、三星、华为之后第四家拥有手机芯片自研能力的科技公司。

“让每个人都能享受科技的乐趣”是小米的愿景。小米应用了互联网开发产品的模式，用极客精神做产品，省掉中间环节，致力于让全球每个人都能享用来自中国的优质科技产品。

自创办以来，小米保持了令世界惊讶的增长速度，小米在2012年全年售出手机719万台，2013年售出手机1 870万台。数据显示，2021年小米手机销量为1.9亿台左右，排名全球第三，同比增长28%左右，是前5名中增长最多的。

2. 小米在手机市场崛起的主要因素

第一，国内出现了寡头化。手机是个充分竞争的领域，整个市场只有四家公司。寡头化以后，释放出大量的边缘市场——原本 360、格力、乐视都在做手机，现在它们的市场都释放出来了。

第二，海外市场的变化。三星在全球式微，在海外各个市场退出 30%的份额，这些份额基本上都被中国公司占据。这是一场中国手机公司跟三星的拉锯战，直接影响中国手机能不能在欧洲、南美、北美做大做强品牌。

第三，印度市场的爆发。任何事情都要在对的时间去做，如果没有在对的时间入场，很难有事半功倍的回报。小米在印度市场进入时间偏早，投入巨大、损失惨重，但也捕捉到了它的爆发期。

3. 营销目标

小米作为一个全新的产品，在上市前知名度不高。所以，小米的前期目标是利用网络进行宣传、拓展市场，为产品准确定位，突出企业形象和产品特色，采取差异化的网络营销竞争策略；为产品提供有力的展示平台，突出小米手机特色和优点以及企业的优质服务，在消费者中树立良好的企业形象；致力于打造顶级智能手机，以占领国内中端手机市场，并逐步走向全球。

4. 市场定位

小米手机只在小米网上零售，而且小米手机的界面 MIUI 首次使用了互联网来开发手机 OS 的模式，50 万发烧友直接参与了手机的开发改进，而小米手机本身比较大众化的外观以及强悍的配置也暗示了其目标市场：爱刷机的手机用户、追求高性价比的潮流玩家。

5. 营销方式

（1）建立门户网站。小米官方网站通过网络，将小米公司的良好形象、经营理念、公司资讯、产品信息及服务信息进行了全面展示，通过及时有效的信息发布与客服互动，在客户心中树立起良好的企业形象，为取得更好的社会效益及经济效益打下了基础。完善的企业网站解决方案的优点在于，它会成为信息发布、信息收集、信息处理及信息共享的最有效工具。小米手机网站充分考虑网站未来信息流量大、信息密度高、信息面广的特点，将信息服务有序、实时、准确地完成。同时，借助网站的互动能力广泛地收集来自顾客的反馈信息，并加以整理和分析，充分融合，然后以 Internet 的形式让信息自外向内再自内向外有序流动，形成一个闭环的信息系统，真正将信息服务提高一个层次。

（2）饥饿营销。在小米手机正式发售后不久，小米科技公司开始限制出售手机，市场供不应求，达到控制市场的目的，利用消费者“得不到的才是最好的”的心理因素，有意降低产量，以期达到调控供求关系、制造供不应求“假象”、维持商品较高售价和利润率，同时维护品牌形象、提高产品附加值的目的。而采用这样的做法，才出现了在发售当天短短 3 小时内 10 万台小米机便销售一空的结果。通过一步步的产品控制，小米科技公司的促销策略非常到位。

（3）微博营销。除电视、报纸、杂志、广播这些传统的传播媒介之外，微博营销被誉为第五大传播媒介。小米团队发挥了微博营销的优势，在小米手机发布之前，通过与微博用户的互动，策划人员就使很多人对小米手机表示很感兴趣。产品发布后，小米又策划了发微博送手机的活动。在小米手机发布之前，总裁雷军每天发微博的数量控制在两三条，但在小米手机发布前后，他不仅利用自己微博高密度宣传小米手机，还频繁参与新浪微访

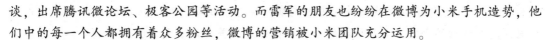

谈，出席腾讯微论坛、极客公园等活动。而雷军的朋友也纷纷在微博为小米手机造势，他们中的每一个人都拥有着众多粉丝，微博的营销被小米团队充分运用。

（4）制造媒体炒作的话题。“小米手机是偷来的”这一传闻一直在流传，小米方面对这类传闻没有予以澄清或者辟谣，引起了米粉与魅族支持者的“口水战”，这样小米又出现在网民的视线之内，也给小米手机蒙上了一层“神秘”的色彩。

（5）客户关系策略。为客户发布最新的产品信息及相关资讯，建立客户个人信息数据库，提供积分制服务，提供个性化服务，保持客户对公司继产品类的关注度。保持与客户的联系，及时响应客户请求，制作电子刊物和相关视屏并进行发放。保持客户良好的消费体验。

（6）小米全球发展战略。2017 年，小米已经将业务拓展到了俄罗斯、沙特阿拉伯和印度等国家，甚至开始在印度和印度尼西亚生产。负责小米全球发展战略的副总裁表示，下一年小米计划将主要精力集中在菲律宾等南亚国家以及东欧。

虽然小米产品的低售价让其在发展中国家更占优势，但小米不愿意放弃西欧发达国家市场。除了在海外打响品牌知名度外，小米的低价智能机及其他小米产品还有一个特性，小米想要向大众证明，不需要花上一大笔钱你也可以拥有高质量产品。

同时，这也是小米设立这么多零售点的原因——眼见为实。实体店虽然看似与小米的电商策略背离，但小米认为，为顾客制造无缝衔接的线上线下体验将会为其带来巨大成功。

（7）物联网。小米希望通过物联网让自家产品在国外也火起来，将智能机和像电视或咖啡机这样的家电联系起来。这种联系可以让台灯在用户陷入深睡眠时自动关闭，让电饭煲在主人回家前开始运行。

6. 销售渠道

（1）线上销售。小米手机在分销渠道上模仿了苹果在美国的渠道政策，主要采取电子渠道加物流公司合作的分销模式。首先，小米手机全部依靠小米科技旗下 B2C 网站小米网的网络直销，规避了与实体店和分销商的利润分割，避免了网络诈骗和多余的成本，又很有时尚感，很吸引年轻顾客，同时更强化了自身的品牌影响力。在库存和物流上，小米科技利用其入资公司凡客的物流网进行发货。

（2）与中国联通达成协议出售合约机。小米手机一开始是仅仅通过电商的形式销售的，而在 2017 年 12 月 20 日之后，小米科技与中国联通达成了协议，一起出售合约手机，合约计划推出预存话费送手机和购机入网送话费两种方式。这又为小米机的分销增加了新的渠道。而电信版小米手机已于 2012 年 4 月 26 日上市。如此，小米手机能够拥有更多的用户群且仍然能够保持优惠的价格和便捷的服务。

（3）电子商务销售模式。小米摒弃了传统的销售模式，而通过网络和运营商进行销售，中间省去了传统销售的诸多环节，节约了大量人力财力，降低了产品的成本，使产品更具竞争力。通过网络发售形成一种炙手可热的气氛，通过有节奏地对放货进行控制，造成市面上大面积缺货的现象，延长了产品的生命周期。

（4）通过 IT 网站评测吸引消费者。一般消费者在购买一款手机产品的时候会事先去网站查询价格配置参数等，小米便抓住了这一点，在新产品还没有上市的时候，在诸如中关村在线、IT168等网站上找相关的评测文章，会对手机从外观、功能使用效果再到内部元器件进行详细的介绍，当然评测的内容往往都是赞美之词。大多数消费者会参考这些评测的结果来进行购买和选择。

7. 小米手机存在的问题分析及建议

（1）问题分析。

①品牌价值低。小米手机生产企业的品牌意识还不是很强，没有设置专门部门和专门人员研究品牌价值，没有多渠道进行品牌宣传和品牌提升，在顾客心中没有树立起鲜明、独特的企业品牌形象，没有运用品牌价值来拓展市场的思路。

②缺少硬件管控经验。小米并非硬件厂商，对于上游成本压缩能力有限，产能的稳定与市场需求的结合是很大的挑战。

③销售渠道覆盖能力有限。由于网购人群以一线城市为主，其线上销售模式难以全面覆盖二、三线城市。

④上网购买手机是基于对手机品牌的足够了解及信任，而现阶段小米的用户以技术发烧友为主，用户群体单一，对大众消费者能否产生足够吸引力仍需观察。整体来看，小米在智能手机的市场表现未必理想，单独依靠手机终端很难赚钱。

⑤小米手机营销未能细分市场。市场细分是指营销者通过市场调研，依据消费者的需要和欲望、购买行为和购买习惯等方面的差异，把某一产品的市场整体划分为若干消费者群的市场分类过程。每一个消费者群就是一个细分市场，每一个细分市场都是具有类似需求倾向的消费者构成的群体。小米手机营销缺乏对目标消费者年龄职业特点、生活形态、购买习惯、消费心理、购买决策等方面的进一步研究，不能确定他们的价值追求，也就不能确定作出品牌概念定位以及相应的营销方式。

⑥售后服务。售后服务在国产手机中一直是一个较大的问题。小米手机刚开始进入市场，售后服务系统并不健全。

（2）产品建议。

①发展建议。以发掘用户潜在需求从而更好地服务用户为理念。小米应该更多地关心手机能干什么，而不是手机是什么。单纯的以用户为中心的概念已经落后，要像苹果一样，通过发掘用户的潜在需求来占领市场。小米最大的优势是那些关联公司（金山软件、优视科技、多玩、凡客诚品、乐淘等）。

②产品建议。多样化和用户自定义的MIUI系统是极大的扩充。MIUI是个不错的系统，能吸引不少用户。小米应该为尽可能多的用户定制适合他们的MIUI系统系统界面和操作方式（商务机、娱乐机、学生机、白领机、发烧机、老年机等），同时各种模式能自由切换和智能切换（如视工作性质、时间、日期、亮度、电池等情况自动转换），降低用户进入的门槛，让更多的用户加入小米互动开发模式里。

小米可以吸收用户优秀的设计方案并给予一定奖励，再把这些亮点加入自己的系统，设计出个性的、自由的、更适合每个用户的系统。

案例分析：

1. 小米成功的因素有哪些？

2. 小米在网络营销方面还有哪些不足之处？有何建议？

任务导入

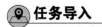

小王在一家跨境电子商务出口企业做运营，该企业的主营产品是假发。企业的李经理告诉小李，要想做好运营工作，就必须了解和掌握跨境电商平台和盈利模式。那么，跨境电子商务平台有哪些盈利模式呢？有哪些服务平台可供选择呢？

任务一 跨境电商平台的盈利方式

盈利模式是对企业经营要素进行价值识别和管理，在经营要素中找到盈利机会，即探求企业利润来源、生产过程以及产出方式的系统方法。跨境电商平台的盈利模式是一种动态的模式，是企业的核心竞争力。

跨境电商平台盈利模式分为自发的盈利模式和自觉的盈利模式两种，前者的盈利模式是自发形成的，企业对如何盈利以及对未来能否盈利缺乏清醒的认识，企业虽然盈利但盈利模式不明确、不清晰，这种盈利模式具有隐蔽性、模糊性，灵活性较差；后者，也就是自觉的盈利模式，是企业通过对盈利实践的总结和对盈利模式进行自觉调整和设计而成的，它具有清晰性、针对性、相对稳定性、环境适应性和灵活性的特征。

在市场竞争的初期和电商企业成长的不成熟阶段，电商平台的盈利模式大多是自发的。当网站发展到具有一定影响力，无形中已经在为自身做项目招商时，可以通过授权给加盟者，让加盟者在网络平台上进行运营，形成一种无形的品牌推广，在获得加盟费的同时也加大自身在电商市场的影响力。随着市场竞争的加剧和电子商务的不断发展，电商开始重视对市场竞争和自身盈利模式的研究，即便如此，也并不是所有企业都可以找到正确的跨境电商平台盈利模式。

如今，跨境电商平台盈利模式已经越来越受到广大学者的关注，相信在不久的将来，新的盈利模式会让所有的电商平台得到更快、更好的发展。

任务二 跨境电商平台提供的服务种类

2014 年 8 月海关总署相继出台的 56 号、57 号文件中，明确提到电商企业或个人可运用跨境电商通关服务平台进行分送集报、结汇退税。至此，“跨境电商服务平台”一词开始受到业内的广泛关注。到目前为止，主要出现了三种跨境电商服务平台，分别是跨境电商通关服务平台、跨境电商公共服务平台以及跨境电商综合服务平台。

虽然这三种平台都服务于传统中小型外贸企业及跨境进出口电商企业，却是分别由海关、政府和企业建设的，在整个进出口流程中把控着不同的环节、承担着不同的职能。三种平台之间相互联系，形成信息数据之间的统一交换和层层传递。为此，前瞻产业研究院发布的《站在跨境电商的风口——中国传统商贸企业转型方向与策略研究报告》对这三种服务平台进行了总结和对比。

一、跨境电商通关服务平台：海关总揽全局

全国首个统一版海关总署跨境电商通关服务平台于 2014 年 7 月在广东东莞正式上线运营，这是一个为外贸企业进出口通关提供便利服务的系统平台，意在统一报关流程。该平台上传的数据可直接对接海关总署内部系统，节省报关时间，提升通关效率。

在跨境电商通关服务平台上，货物通关采用“三单对比”的方式进行监管，“三单”指电商企业提供的报关单、支付企业提供的支付清单、物流企业提供的物流运单。“三单”数据确认无误后即可放行。通过企业数据与海关数据进行匹配，海关达到监管统计目的。

从目前的统一版通关服务平台来看，服务对象主要集中在小包裹的出口领域。但从实际操作上看，小包裹主要是个人或小卖家习惯使用的进出口方式，这类卖家大多存在“捞一票就走”的心理，使得通关服务平台会在短时间内成本增加，作用微乎其微。因此，通关服务平台真正服务的对象应该是进出口规模较大的外贸企业小订单业务。

二、跨境电商公共服务平台：政府企业面对面

跨境电商公共服务平台由政府投资兴建，其含义具有双向性，一方面为各地政府的职能部门之间搭建公共信息平台，另一方面是服务于大众（主要指外贸企业）。

阳光化的外贸环节众多，涉及国检（检验检疫）、国税（纳税退税）、外管局（支付结汇）、商委或外经贸委（企业备案、数据统计）等政府职能部门及银行结汇等，传统外贸企业需一一对接。而跨境电商行业多是碎片化订单，若每笔订单都重复与职能部门对接，将成为极其繁重的工作。另外，政府职能部门之间也需要一个公共平台共享企业上传的数据，并开展数据采集、交换对比、监管等工作。

目前，公共服务平台均由各地政府自行建设，并无全国统一版本，服务内容有所差异，界面操作也有所不同。这些地方性公共服务平台普遍采用“三单对比”的方式进行监管，“三单”手续齐全并监管认可，才可享受正常的结汇退税。跨境电商公共服务平台在政府各职能部门之间形成了一个交集圈，也在政府与外贸企业之间搭建了一座沟通的桥梁。

三、跨境电商综合服务平台：新兴代理服务

由于一些传统中小型外贸企业和跨境电商平台个人卖家在面对新出现的监管政策时，产生了不适应和紧迫感，而一些大型跨境电商企业在对接政府、海关等部门，处理跨境电商长链条环节上出现的问题上比较有经验，于是孕育出了跨境电商综合服务平台。

跨境电商综合服务平台一般由大型跨境电商企业建设，意在为中小企业和个人卖家提供代理服务，囊括了金融、通关、物流、退税、外汇等方面。目前业内知名的综合服务平台主要有阿里巴巴建设的一达通、大龙网建设的海通易达等。

跨境电商综合服务平台在降低外贸门槛、处理外贸问题、降低外贸风险等方面为相关企业提供便利和解决方案。目前，这类平台适用于小包裹、小订单等多种业态，也将随着跨境电商的发展拓展出更深层次、更专业的服务。

从以上分析可以看出，跨境电商通关服务平台、公共服务平台、综合服务平台是从三个不同层面出发建设的平台（通关服务平台对应的是海关，公共服务平台对应的是政府，综合服务平台对应的是企业）。三种平台之间相互联系，形成信息数据之间的统一交换和

层层传递，无论是跨境电商企业还是个人卖家，都需要对这些平台进行充分的了解。随着跨境电商相关扶持政策的落实，各地的跨境电商通关服务和公共服务平台将会更加高效和完善，而市场上跨境电商综合服务平台也将朝着多样化和专业化的趋势发展，围绕跨境电商的配套服务将成为跨境电商“升级版”的入口。

任务三 跨境电商平台的选择

跨境电商目前主要平台有以下几个。

一、全球速卖通

全球速卖通（AliExpress）创建于2009年，正式上线于2010年4月，是阿里巴巴旗下唯一面向全球市场打造的在线交易平台，被广大卖家称为“国际版淘宝”。

全球速卖通面向海外买家，目前已成为全球大型跨境电商平台，拥有近20个语言分站，已覆盖全球200多个国家和地区的买家。覆盖服装服饰、3C、家居、饰品等共30个一级行业类目。尤其是服装服饰、手机通信、鞋包、消费电子、家居等，十分有优势。海外买家流量超过5 000万/日，最高峰值达到1亿；交易额年增长速度持续超过400%。

2014年阿里巴巴开展的“双11”活动当日成交680万个订单，比上一年增长60%，订单客户涵盖俄罗斯、西班牙、巴西、以色列、美国、加拿大、乌克兰、法国等国家。此次活动奠定了2015年跨境电商“元年”的地位。

全球速卖通的核心优势是在全球贸易的新形势下，打造融订单、支付、物流于一体的国际小额批发在线交易平台，让没有外贸经验的人能够轻松实现全球跨境交易。

二、eBay

eBay创立于1995年9月4日，创立之初是一个拍卖网站，如今eBay在销售方式上依然延续了拍卖的模式，这是它与其他平台最大的区别。

拍卖和一口价为该平台的主要销售方式。网站会根据这两种方式向卖家收取不同的佣金。拍卖模式是卖家通过设定物品的起拍价及在线时间开始拍卖物品，然后以下线时竞拍金额最高者胜出。

2021年eBay数据为：13亿商品listing，1.82亿用户，GMV（Gross Merchandise Volume，商品交易总额）120亿美元。有来自全球29个国家的卖家，每天都有涉及几千个分类的几百万件商品销售，是世界上最大的电子集市。

2015年4月10日，PayPal从eBay分拆，协议规定，eBay在5年内不得推出支付服务，而PayPal则不能为实体产品开发自主的在线交易平台。

目前eBay的站点分布已遍及美国、英国、澳大利亚、中国、阿根廷、奥地利、比利时、巴西、加拿大、德国、法国、爱尔兰、意大利、马来西亚、墨西哥、荷兰、新西兰、波兰、新加坡、西班牙、瑞典、瑞士、泰国、土耳其。

三、亚马逊

亚马逊公司（Amazon）创立于1995年，是美国最大的网络电子商务公司，并且是网络上最早开始经营电子商务的公司之一，一开始主要经营网络的书籍销售业务，现在产品扩及了相当广的范围，已成为全球商品品种最多的网上零售商和全球第二大互联网企业。亚马逊及其他销售商为客户提供数百万种独特的全新、翻新及二手商品，如图书、影视、音乐和游戏、数码下载、电子和电脑、家居园艺用品、玩具、婴幼儿用品、食品、服饰、鞋类和珠宝、健康和个人护理用品、体育及户外用品、玩具、汽车及工业产品等。

2004 年 8 月亚马逊全资收购卓越网，使亚马逊全球领先的网上零售专长与卓越网深厚的中国市场经验相结合，进一步提升客户体验，并促进中国电子商务的成长。日前，英国某机构公布了“2021 年全球品牌价值百强”最新榜单。在新冠疫情危机中，2021 年前 100 强品牌价值增长了 42%。其中，亚马逊再度蝉联冠军宝座，品牌价值 6 840 亿美元（约 4.4 万亿人民币），品牌价值成长率高达 64%，稳居全球最有价值的品牌。苹果则是以达 6 120 亿美元品牌价值紧追其后，相比 2020 年增长了 74%。排在第三的是搜寻引擎巨头谷歌，品牌价值达 4 580 亿美元。

四、敦煌网

敦煌网是全球领先的在线外贸交易平台，创立于 2004 年，致力于帮助中国中小企业通过跨境电子商务平台走向全球市场，开辟一条全新的国际贸易通道，让在线交易变得更加简单、安全、高效。敦煌网是国内首个为中小企业提供 B2B 网上交易的网站。它采取佣金制，免注册费，只在买卖双方交易成功后收取费用。据 PayPal 交易平台数据显示，敦煌网是在线外贸交易额中亚太排名第一、全球排名第六的电子商务网站，其在 2011 年的交易达到 100 亿元规模。

在敦煌网，买家可以根据卖家提供信息来生成订单，可以选择直接批量采购，也可以选择先小量购买样品，再大量采购。这种线上小额批发一般使用快递，快递公司一般在一定金额范围内代理报关。举例来说，敦煌网与 DHL、联邦快递等国际物流巨头保持密切合作，以网络庞大的业务量为基础，可使中小企业的同等物流成本至少下降 50%。一般情况下，这类订单的数量不会太大，有些可以省去报关手续。以普通的数码产品为例，买家一次的订单量在十几个到几十个不等。这种小额交易比较频繁，不像传统的外贸订单，可能是半年下一次订单，而一个订单几乎就是卖家一年的“口粮”。

五、Wish

Wish 是一款基于移动端 APP 的商业平台，其和其他电商平台最大的区别是基于手机端 APP 的应用，买家都是通过移动端进行浏览和购物的。

2011 年 12 月 Wish 创建于美国，最初它只是向用户推送信息，并不涉及商品交易。2013 年 3 月升级为购物平台，同年 6 月推出移动 APP，当年经营收入就超过 1 亿美元。

Wish 销售的类目主要是服装服饰，同时也销售美妆、配饰、3C 配件、母婴用品、家居产品等。Wish 平台设置倾向于随意浏览，因此，该平台有 60%以上的用户来自美国和加拿大，其余主要来自欧洲国家。在促销方面，Wish 会根据买家的行为偏好数据，推送相应的商品信息，以促成交易。正因为这种特殊的交易模式，所以买家要注意商品的差异性，并且在平台上以展示图片为主。

该平台根据用户在注册时填写的基本信息，加上后期的浏览、购买行为，为用户做标签，并且根据客户的行为不断地更新标签，根据用户多维度的标签推算买家用户可能感兴趣的商品。Wish 平台淡化了店铺的概念，注重商品本身的区别和用户体验的质量。在商品相同的情况下，以往服务记录好的卖家会得到更多的推广机会。该平台目前没有付费推广，在发展中 Wish 会根据买家的体验来优化计算方法和推送产品。

项目小结

本项目主要介绍了跨境电子商务的盈利模式、跨境电子商务的服务提供模式，最后介绍了目前主要的跨境电子商务服务平台。

练习题

一、单选题

1. 目前主要的跨境电子商务平台主要有（　　）。

A. 敦煌网　　B. 亚马逊　　C. 淘宝　　D. Wish

E. AliExpress

2. 到目前为止，主要出现了三种跨境电商服务平台，分别是（　　）。

A. 跨境电商通关服务平台　　B. 跨境电商公众服务平台

C. 以及跨境电商综合服务平台　　D. 跨境电商公共服务平台

E. 以及跨境电商综合税务服务平台

二、思考题

1. 跨境电商平台盈利模式有哪些？

2. 亚马逊平台提供哪些大类产品？

管理篇

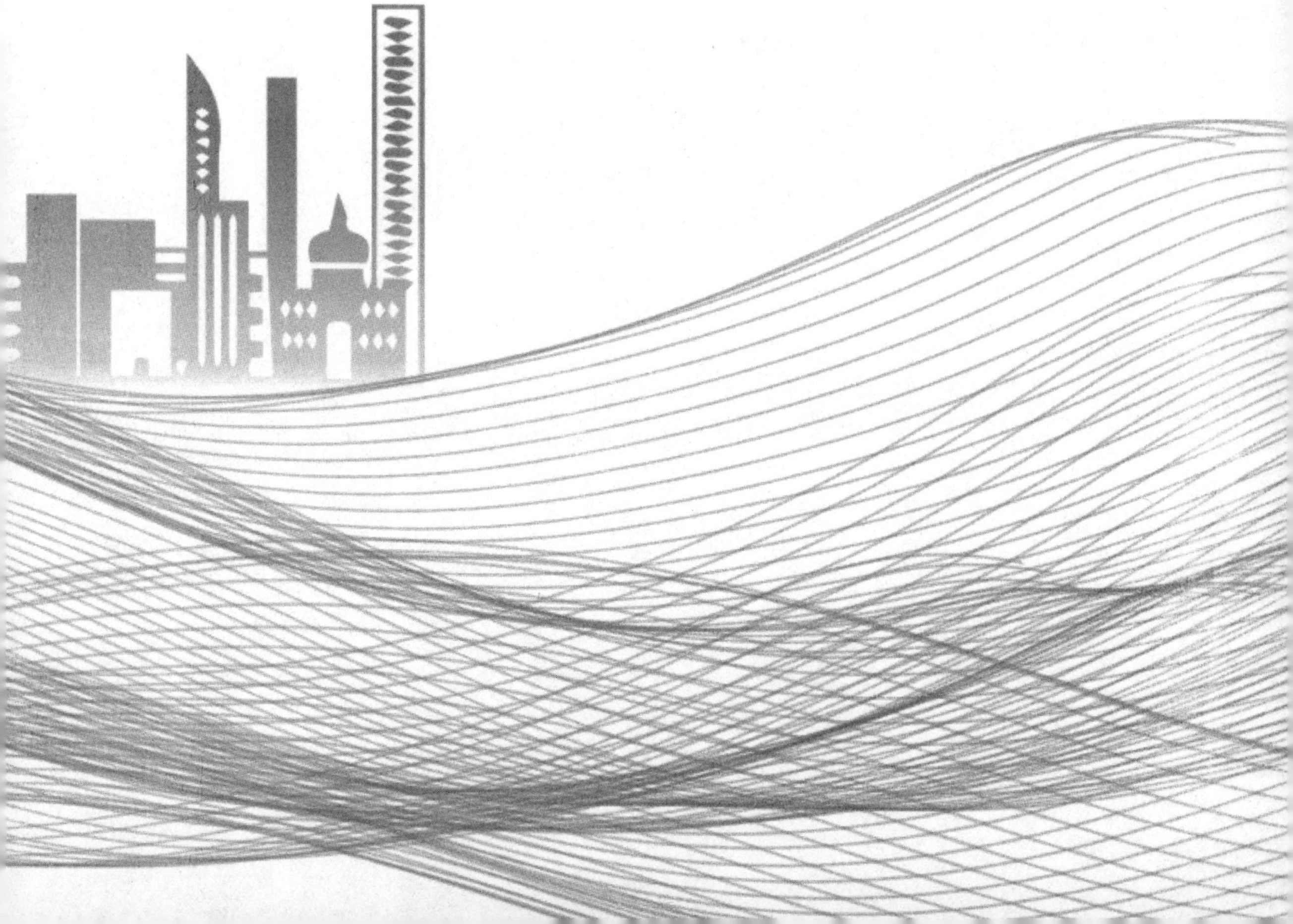

项目三 跨境电子商务平台基本操作

学习目的

通过对本项目的学习，学生应了解目前各大跨境电子商务平台的网店注册流程、方法与注意事项，要明白各个平台网店注册的不同之处。

重点难点

了解并掌握敦煌网平台卖家、Wish 店铺注册的基本操作流程，了解各大平台选品策略及产品发布策略。

案例导入

星巴克 APP 开发

Starbucks 星巴克这个覆盖全球的连锁咖啡店，对于都市白领来说并不陌生，星巴克早已成为他们生活的一部分。星巴克售给顾客的并不仅仅是咖啡，还有人们在店内轻松愉快的享受。星巴克的咖啡豆质量不算是市场上最好的，但它一直在创造迎合顾客的环境，利用现代的科技提供服务。从 2009 年开始，星巴克就开始支持移动支付并更新 APP 营销模式。星巴克抓住顾客习惯的变化，提供更加便于使用移动装置的环境，不但能吸引顾客继续购买它们的咖啡，还试图迈进年轻人的市场。根据数据显示，美国星巴克的 10%交易是来源于星巴克的 APP，便利的 APP 服务使星巴克在 2021 年第 3 季度创下了历年来最佳的季度财报，净利较去年同期增加了 25%。星巴克的 APP 有（购买或赠送）电子礼品卡、在线储值/支付等功能，除了移动支付，还可以下载免费的歌曲，提供相应查看营业时间和菜单、追踪喜爱的饮品、了解最近的门店等服务。这些便捷的服务，大幅度减少了人们在店里等待的时间，还增加了顾客的忠诚度，带来可观的盈利收入。在节日，星巴克开发了一个新的 APP，发布最新活动，提供星巴克电子贺卡，利用手机摄像头增强实景。人们在这个 APP 下用摄像头拍摄星巴克的产品和咖啡店的相关活动，能使其变成动画。新的体验方式使人们对星巴克更加热爱。星巴克还推出了别出心裁的APP闹铃“Early Bird”，用户在设定的起床时间闹铃响后，只要按一下“起床”按钮，就可以得到一颗星的积分。若在一个小时内走进任何一家星巴克的店，就可以买到一杯打折咖啡。对于这样的一个APP，不但好玩，而且很实用。星巴克的APP是星巴克多年来积极与客户建立对话渠道的缩影，可使客户从睁开眼睛便联想到这个品牌，在服务客户的同时巧妙促销，也将品牌深深植入用户的心里。星巴克的敏锐触角使它在APP中的营销做得相当出色。若零售商也能将APP与现有的计划、资源等相整合，就可以让更多人认识自己的品牌，实现品牌推广，同时拥有一群忠实客户。

任务导入

任务导入：如果你想经营好一家跨境电商店铺，有两种实现途径，一种是独立建站，另一种是在第三方电商平台注册账号。出于经济因素考虑，我们选择在敦煌网、Wish等第三方跨境电商平台注册账号，并在这两个大平台做好选品策略及产品发布策略。

任务一　敦煌网卖家开店基本操作

敦煌网目前允许企业或者个人卖家进行注册，其开店基本流程如下。

一、注册及认证

（1）登录卖家首页。网址为“http：//seller. dhgate. com/”，卖家首页如图3-1所示。

DHgate.com
敦煌网
买全球，卖全球
敦煌网卖家
成长计划
登录卖家后台
帮助
用户名:
密 码:
忘记登录密码?
立即登录
还没有成为会员？马上注册
“掌”握商机,生意随行！尽在卖家 手机版

图3-1　卖家首页

（2）注册。点击“免费注册”或者“免费开店”，进入注册页面（https://seller.dhgate.com/merchant/register/pageLoad.do），按照页面提示，填写真实的注册信息并提交，如图 3-2 所示。

DHgate.com
敦煌网
买全球，卖全球
[简体中文]
我的DHgate | 上传产品 | 轻松注册 | 帮助 | 手机版 | Buyer Home
1、填写商户信息
2、激活账号
3、开启赚美金之旅
卖家注册
用户名及登录密码是您登录敦煌网的重要凭证
* 用户名：
* 登录密码：
* 确认密码：
* 手机号码：
中国大陆
* 常用邮箱：
* 主营行业：
请选择
* 用户类型：
大陆企业
提交注册信息并继续

图 3-2 注册页面

（3）验证邮箱，激活账号。在提交信息后您的注册邮箱会收到一封激活邮件，请登录邮箱并打开邮件，点击激活链接，如图 3-3 所示。

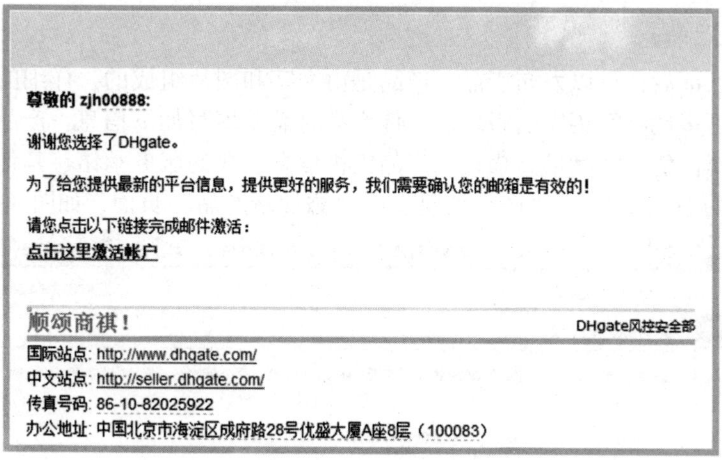
尊敬的 zjh00888:
谢谢您选择了DHgate。
为了给您提供最新的平台信息，提供更好的服务，我们需要确认您的邮箱是有效的！
请您点击以下链接完成邮件激活：
点击这里激活帐户
顺颂商祺！
DHgate风控安全部
国际站点：http://www.dhgate.com/
中文站点：http://seller.dhgate.com/
传真号码：86-10-82025922
办公地址：中国北京市海淀区成府路28号优盛大厦A座8层（100083）

图 3-3 激活账号

在通过手机和邮箱验证后，您将成功开启您的赚钱之旅。为更好地保障您在网络交易中的安全，防止网络交易欺诈，请根据要认证的身份类型提交对应的身份认证资料。您可以通过如下方式开始认证，具体如图 3-4 和图 3-5 所示。

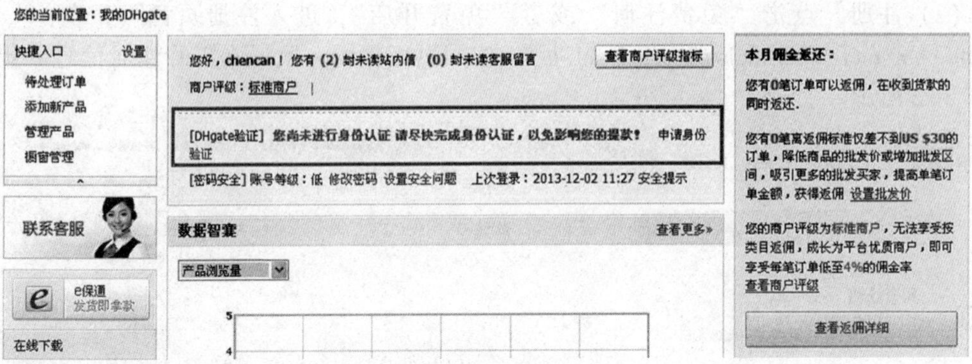
您的当前位置：我的DHgate
快捷入口 设置
待处理订单
添加新产品
管理产品
橱窗管理
联系客服
e保通 发货即拿款
在线下载
您好，chencan！您有 (2) 封未读站内信 (0) 封未读客服留言
查看商户评级指标
商户评级：标准商户
[DHgate验证] 您尚未进行身份认证 请尽快完成身份认证，以免影响您的提款！ 申请身份验证
[密码安全] 账号等级：低 修改密码 设置安全问题 上次登录：2013-12-02 11:27 安全提示
数据智囊
查看更多»
产品浏览量
本月佣金返还：
您有0笔订单可以返佣，在收到货款的同时返还。
您有0笔离返佣标准仅差不到US $30的订单，降低商品的批发价或增加批发区间，吸引更多的批发买家，提高单笔订单金额，获得返佣 设置批发价
您的商户评级为标准商户，无法享受按类目返佣，成长为平台优质商户，即可享受每笔订单低至4%的佣金率
查看商户评级
查看返佣详细

图 3-4 DHgate 验证

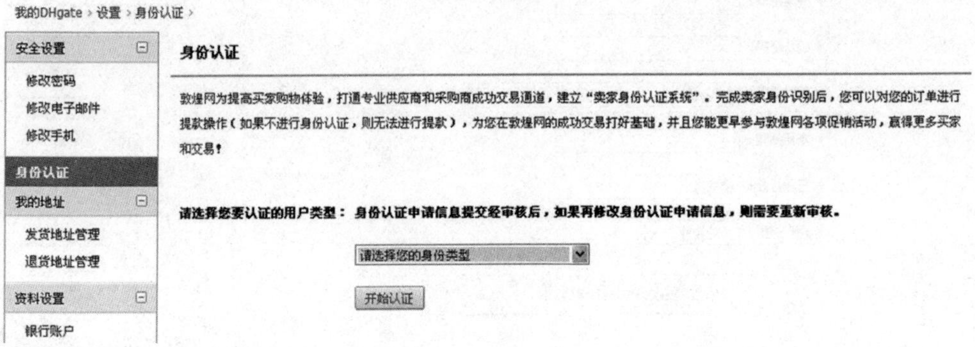
我的DHgate › 设置 › 身份认证 ›
安全设置
修改密码
修改电子邮件
修改手机
身份认证
我的地址
发货地址管理
退货地址管理
资料设置
银行账户
身份认证
敦煌网为提高买家购物体验，打通专业供应商和采购商成功交易通道，建立"卖家身份认证系统"。完成卖家身份识别后，您可以对您的订单进行提款操作（如果不进行身份认证，则无法进行提款），为您在敦煌网的成功交易打好基础，并且您能更早参与敦煌网各项促销活动，赢得更多买家和交易！
请选择您要认证的用户类型： 身份认证申请信息提交经审核后，如果再修改身份认证申请信息，则需要重新审核。
请选择您的身份类型
开始认证

图 3-5 身份认证

二、发布产品

1. 添加新产品

通过身份认证后，可以发布产品。产品是由文字和图片组成的，详细的文字描述和清晰的图片可以更多地吸引买家的眼球。上传产品时需要填写如下信息：产品名称、产品简短描述、产品属性值、产品信息描述、产品销售信息、我的服务承诺、其他信息。首先请您登录到“我的 DHgate”—“产品管理”—“添加新产品”页面，如图 3-6 所示。

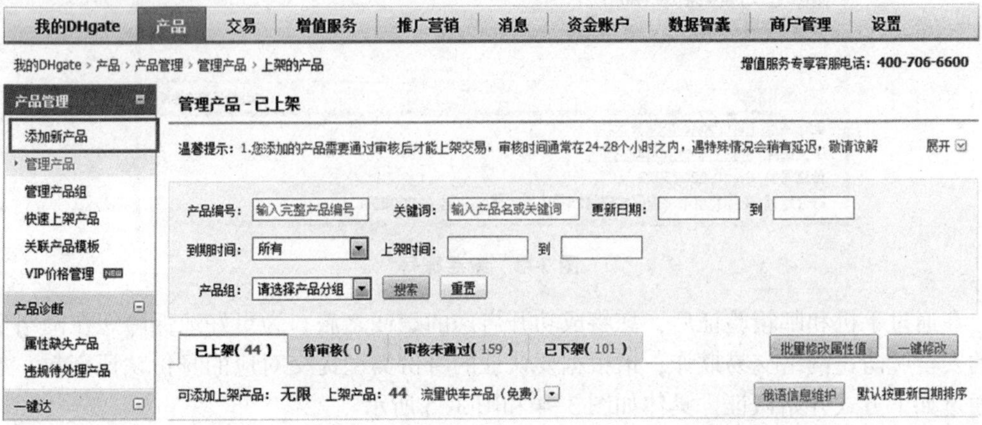
我的DHgate
产品
交易
增值服务
推广营销
消息
资金账户
数据智囊
商户管理
设置
我的DHgate › 产品 › 产品管理 › 管理产品 › 上架的产品
增值服务专享客服电话：400-706-6600
产品管理
添加新产品
管理产品
管理产品组
快速上架产品
关联产品模板
VIP价格管理
产品诊断
属性缺失产品
违规待处理产品
一键达
管理产品 - 已上架
温馨提示：1.您添加的产品需要通过审核后才能上架交易，审核时间通常在24-28个小时之内，遇特殊情况会稍有延迟，敬请谅解
展开
产品编号：
输入完整产品编号
关键词：
输入产品名或关键词
更新日期：
到
到期时间：
所有
上架时间：
到
产品组：
请选择产品分组
搜索
重置
已上架(44)
待审核(0)
审核未通过(159)
已下架(101)
批量修改属性值
一键修改
可添加上架产品：无限 上架产品：44 流量快车产品（免费）
俄语信息维护
默认按更新日期排序

图 3-6 添加新产品

添加新产品需要选择产品类目，如图 3-7 所示。图 3-7 上传的是“伴娘服、女士正式礼服”。

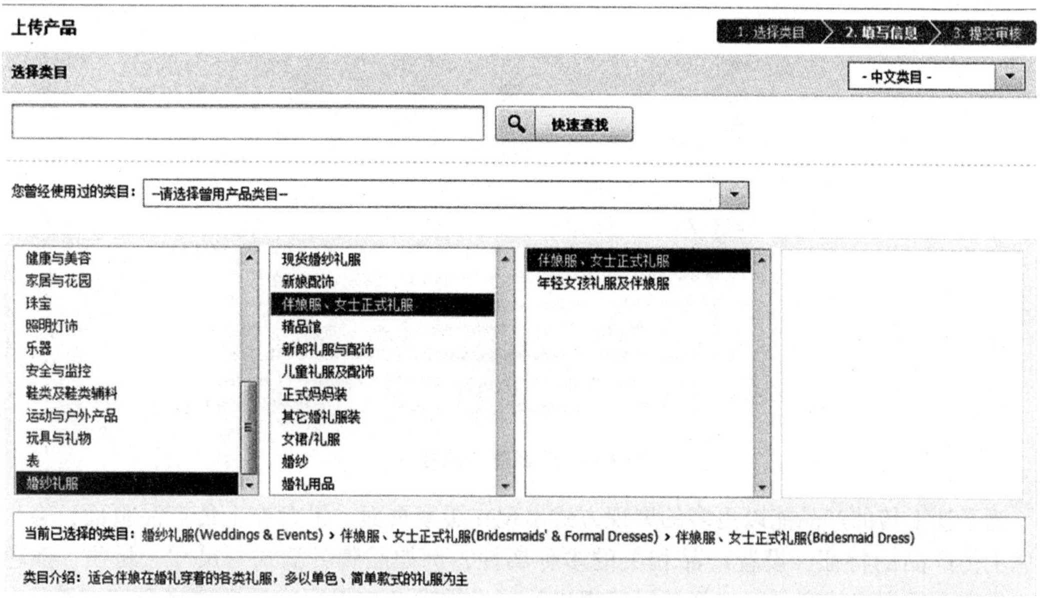
上传产品
1. 选择类目
2. 填写信息
3. 提交审核
选择类目
- 中文类目 -
快速查找
您曾经使用过的类目：
--请选择曾用产品类目--
健康与美容
家居与花园
珠宝
照明灯饰
乐器
安全与监控
鞋类及鞋类辅料
运动与户外产品
玩具与礼物
表
婚纱礼服
现货婚纱礼服
新娘配饰
伴娘服、女士正式礼服
精品馆
新郎礼服与配饰
儿童礼服及配饰
正式妈妈装
其它婚礼服装
女裙/礼服
婚纱
婚礼用品
伴娘服、女士正式礼服
年轻女孩礼服及伴娘服
当前已选择的类目：婚纱礼服(Weddings & Events) > 伴娘服、女士正式礼服(Bridesmaids' & Formal Dresses) > 伴娘服、女士正式礼服(Bridesmaid Dress)
类目介绍：适合伴娘在婚礼穿着的各类礼服，多以单色、简单款式的礼服为主

图 3-7　上传产品

2. 产品基本信息设置

（1）产品标题设置。产品标题要清楚、完整、形象，最多可输入 140 个字符，如图 3-8 所示。

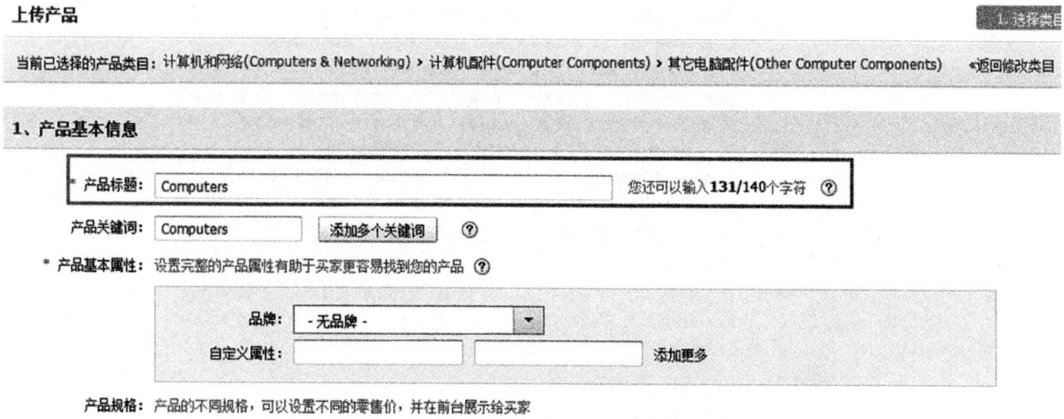
上传产品
1. 选择类目
当前已选择的产品类目：计算机和网络(Computers & Networking) > 计算机配件(Computer Components) > 其它电脑配件(Other Computer Components)
«返回修改类目
1、产品基本信息
* 产品标题：
Computers
您还可以输入131/140个字符
产品关键词：
Computers
添加多个关键词
* 产品基本属性：设置完整的产品属性有助于买家更容易找到您的产品
品牌：
- 无品牌 -
自定义属性：
添加更多
产品规格：产品的不同规格，可以设置不同的零售价，并在前台展示给买家

图 3-8　产品标题设置

（2）产品基本属性。填写完“产品标题”后，需要添加“产品基本属性”，如图 3-9 所示。

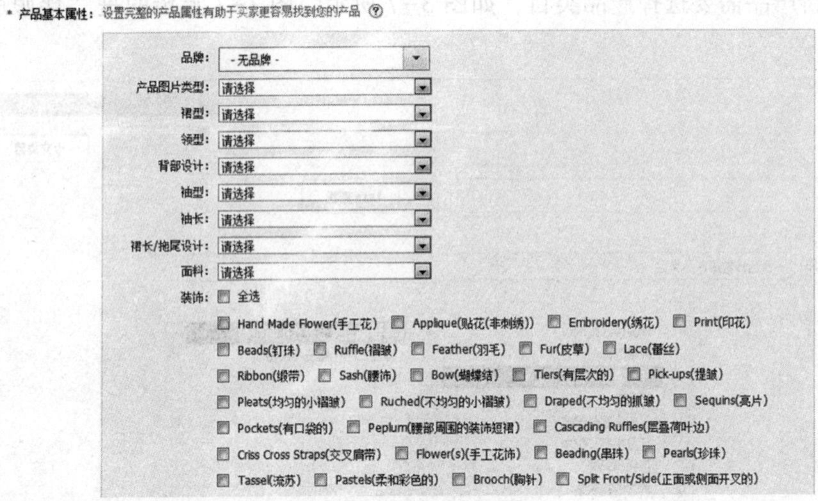
* 产品基本属性：设置完整的产品属性有助于买家更容易找到您的产品
品牌：- 无品牌 -
产品图片类型：请选择
裙型：请选择
领型：请选择
背部设计：请选择
袖型：请选择
袖长：请选择
裙长/拖尾设计：请选择
面料：请选择
装饰：全选
Hand Made Flower(手工花) Applique(贴花(非刺绣)) Embroidery(绣花) Print(印花)
Beads(钉珠) Ruffle(褶皱) Feather(羽毛) Fur(皮草) Lace(蕾丝)
Ribbon(缎带) Sash(腰饰) Bow(蝴蝶结) Tiers(有层次的) Pick-ups(提皱)
Pleats(均匀的小褶皱) Ruched(不均匀的小褶皱) Draped(不均匀的抓皱) Sequins(亮片)
Pockets(有口袋的) Peplum(腰部周围的装饰短裙) Cascading Ruffles(层叠荷叶边)
Criss Cross Straps(交叉肩带) Flower(s)(手工花饰) Beading(串珠) Pearls(珍珠)
Tassel(流苏) Pastels(柔和彩色的) Brooch(胸针) Split Front/Side(正面或侧面开叉的)

图 3-9　产品基本属性

为了让上传的产品能以更多的展现方式出现在买家页面，平台在上传产品页面，会根据您上传产品的特征，设置产品相关的多种属性，例如品牌、款式、尺寸、材质、颜色等。您需要根据您的产品，选择页面所提供的属性选项。您填写的属性值将会直接显示在买家页面。带＊号标志的属性都是需要认真填写的，否则将会直接影响产品的上传及发布。

（3）产品规格。产品的不同规格，可以设置不同的零售价，并在前台展示给买家，如图 3-10 所示。

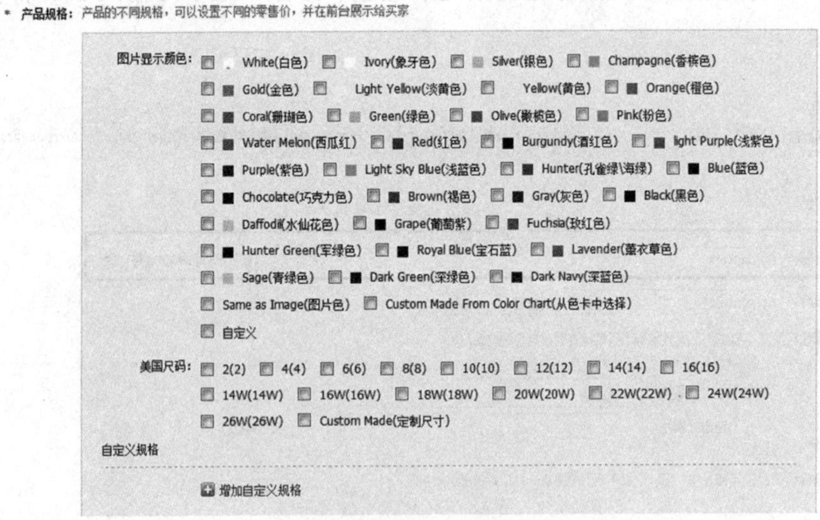
* 产品规格：产品的不同规格，可以设置不同的零售价，并在前台展示给买家
图片显示颜色：White(白色) Ivory(象牙色) Silver(银色) Champagne(香槟色)
Gold(金色) Light Yellow(淡黄色) Yellow(黄色) Orange(橙色)
Coral(珊瑚色) Green(绿色) Olive(橄榄色) Pink(粉色)
Water Melon(西瓜红) Red(红色) Burgundy(酒红色) light Purple(浅紫色)
Purple(紫色) Light Sky Blue(浅蓝色) Hunter(孔雀绿\海绿) Blue(蓝色)
Chocolate(巧克力色) Brown(褐色) Gray(灰色) Black(黑色)
Daffodil(水仙花色) Grape(葡萄紫) Fuchsia(玫红色)
Hunter Green(军绿色) Royal Blue(宝石蓝) Lavender(薰衣草色)
Sage(青绿色) Dark Green(深绿色) Dark Navy(深蓝色)
Same as Image(图片色) Custom Made From Color Chart(从色卡中选择)
自定义
美国尺码：2(2) 4(4) 6(6) 8(8) 10(10) 12(12) 14(14) 16(16)
14W(14W) 16W(16W) 18W(18W) 20W(20W) 22W(22W) 24W(24W)
26W(26W) Custom Made(定制尺寸)
自定义规格
增加自定义规格

图 3-10　产品规格

注意：

①如果系统所供选择的规格不能满足您的需要，您可以选择“自定义规格”选项后进行自主设置；

②如果您希望能在买家页面呈现其他属性（主要指系统未设置的），您可以通过“自定义属性”进行自主添加您所特有的属性，如图 3-11 所示。

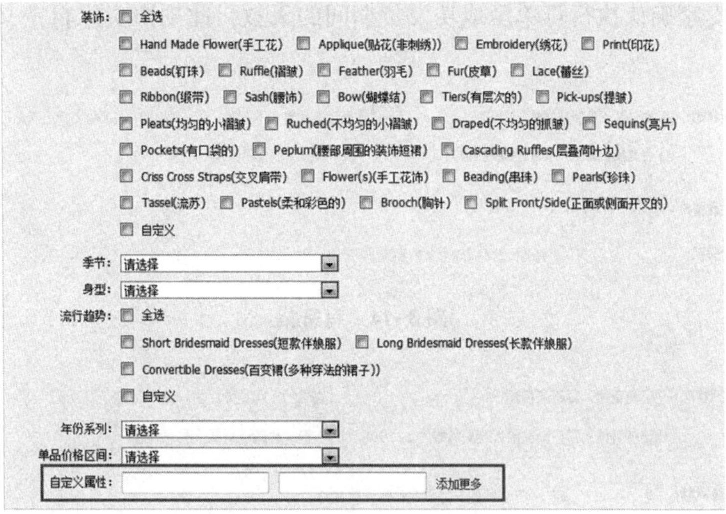
装饰：
全选
Hand Made Flower(手工花)
Applique(贴花(非刺绣))
Embroidery(绣花)
Print(印花)
Beads(钉珠)
Ruffle(褶皱)
Feather(羽毛)
Fur(皮草)
Lace(蕾丝)
Ribbon(缎带)
Sash(腰饰)
Bow(蝴蝶结)
Tiers(有层次的)
Pick-ups(提皱)
Pleats(均匀的小褶皱)
Ruched(不均匀的小褶皱)
Draped(不均匀的抓皱)
Sequins(亮片)
Pockets(有口袋的)
Peplum(腰部周围的装饰短裙)
Cascading Ruffles(层叠荷叶边)
Criss Cross Straps(交叉肩带)
Flower(s)(手工花饰)
Beading(串珠)
Pearls(珍珠)
Tassel(流苏)
Pastels(柔和彩色的)
Brooch(胸针)
Split Front/Side(正面或侧面开叉的)
自定义
季节：
请选择
身型：
请选择
流行趋势：
全选
Short Bridesmaid Dresses(短款伴娘服)
Long Bridesmaid Dresses(长款伴娘服)
Convertible Dresses(百变裙(多种穿法的裙子))
自定义
年份系列：
请选择
单品价格区间：
请选择
自定义属性：
添加更多

图 3-11　自定义属性

3. 产品销售信息设置

（1）销售方式。可以选择按件销售或按包销售。如选择按包卖，请您输入每包产品的数量，其中单位为“件”，也可以点击下拉菜单选择其他销售单位，如图 3-12 所示，选择其他销售单位后，会出现双、套、打等单位，如图 3-13 所示。

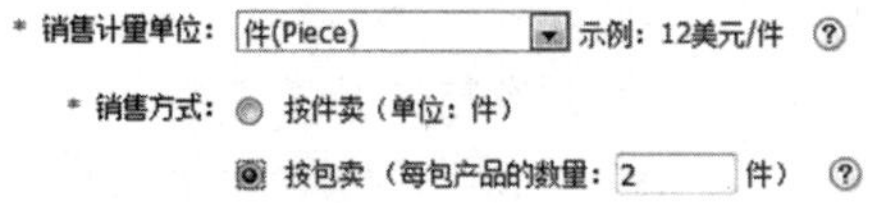
* 销售计量单位：
件(Piece)
示例：12美元/件
* 销售方式：
按件卖（单位：件）
按包卖（每包产品的数量：
2
件）

图 3-12　选择销售单位

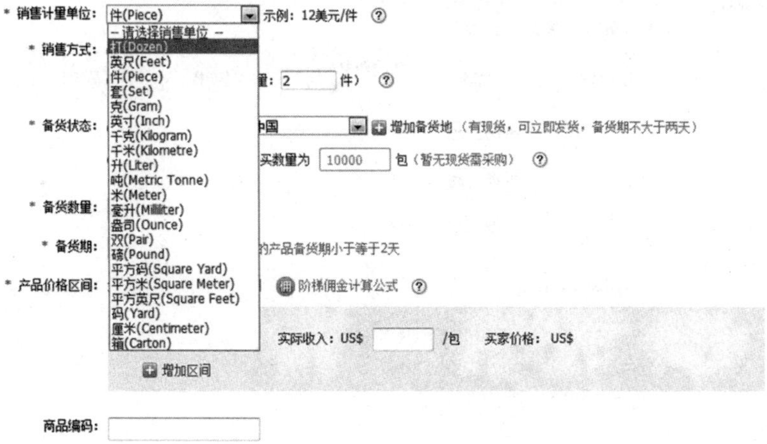
* 销售计量单位：
件(Piece)
示例：12美元/件
-- 请选择销售单位 --
打(Dozen)
英尺(Feet)
件(Piece)
套(Set)
克(Gram)
英寸(Inch)
千克(Kilogram)
千米(Kilometre)
升(Liter)
吨(Metric Tonne)
米(Meter)
毫升(Milliliter)
盎司(Ounce)
双(Pair)
磅(Pound)
平方码(Square Yard)
平方米(Square Meter)
平方英尺(Square Feet)
码(Yard)
厘米(Centimeter)
箱(Carton)
* 销售方式：
2
件）
* 备货状态：
中国
增加备货地（有现货，可立即发货，备货期不大于两天）
买数量为
10000
包（暂无现货需采购）
* 备货数量：
* 备货期：
的产品备货期小于等于2天
* 产品价格区间：
阶梯佣金计算公式
实际收入：US$
/包
买家价格：US$
增加区间
商品编码：

图 3-13　选择其他销售单位

（2）备货状态设置。产品可以选择有备货，或者待备货。其中，有备货可以补充备货地、备货数量，备货期 2 天（有备货的产品备货期小于等于 2 天），如图 3-14 所示。待备货的产品可以设置客户一次最大购买数量，并且备货期可以设置 1～60 天，如图 3-15 所示。备货期是卖家确认执行订单至成功发货期间的天数，此项由卖家自定义，这里不含国际运输时间。

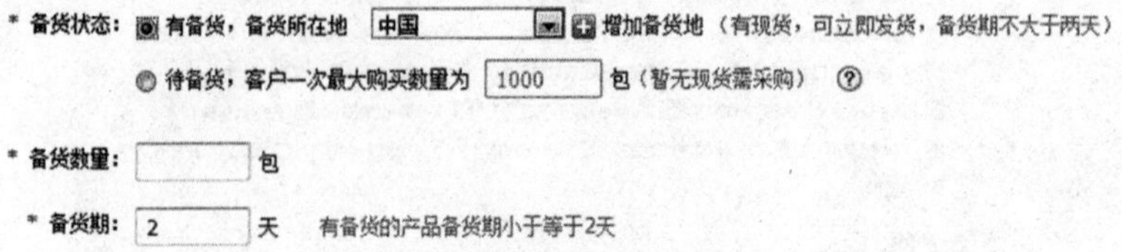
* 备货状态：
有备货，备货所在地
中国
增加备货地（有现货，可立即发货，备货期不大于两天）
待备货，客户一次最大购买数量为
1000
包（暂无现货需采购）
* 备货数量：
包
* 备货期：
2
天
有备货的产品备货期小于等于2天

图 3-14　有备货

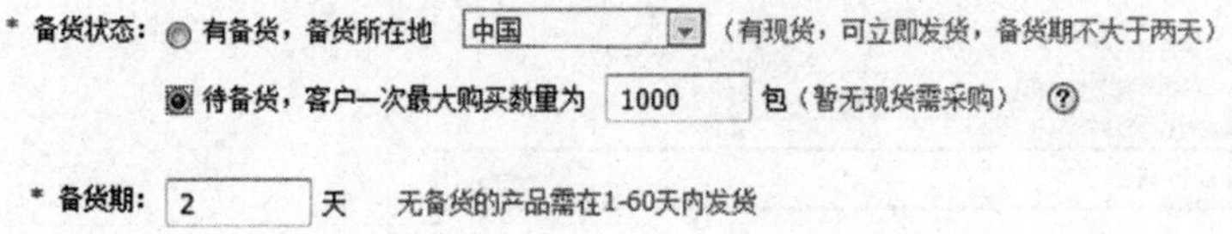
* 备货状态：
有备货，备货所在地
中国
（有现货，可立即发货，备货期不大于两天）
待备货，客户一次最大购买数量为
1000
包（暂无现货需采购）
* 备货期：
2
天
无备货的产品需在1-60天内发货

图 3-15　待备货

（3）产品价格区间设置。在敦煌网，您可以针对同一产品的不同数量区间，分别设置各个数量区间的不同报价，如图 3-16 所示；如果同一产品还有不同的规格，您也可以对不同的规格在不同的数量区间设置各自的价格，如图 3-16 和图 3-17 所示。

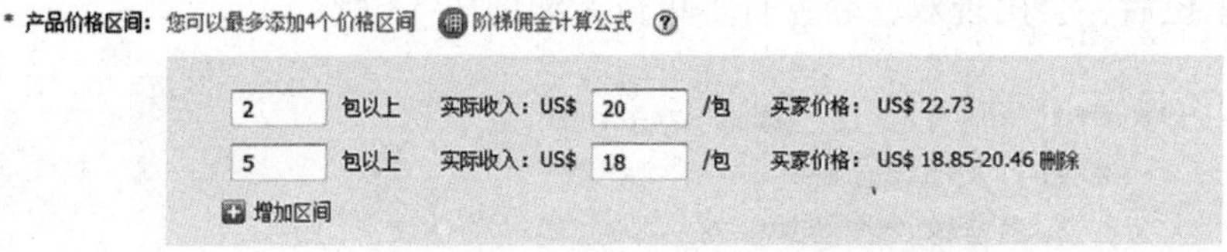
* 产品价格区间：您可以最多添加4个价格区间
阶梯佣金计算公式
2　包以上　实际收入：US$　20　/包　买家价格：US$ 22.73
5　包以上　实际收入：US$　18　/包　买家价格：US$ 18.85-20.46 删除
增加区间

图 3-16　产品价格区间设置（根据数量不同）

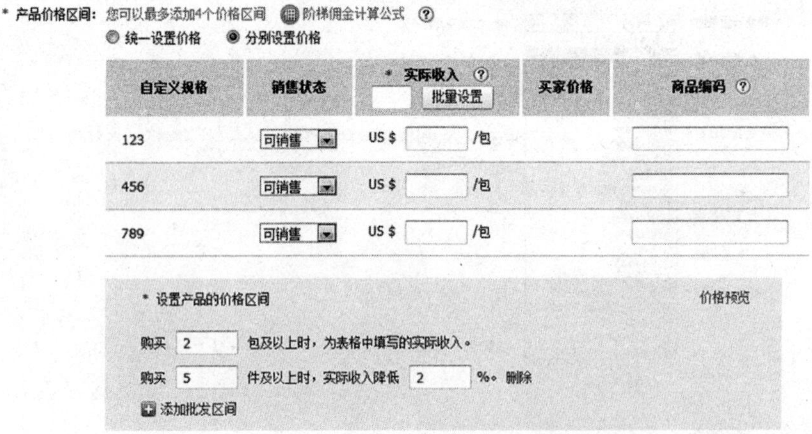
* 产品价格区间：您可以最多添加4个价格区间
阶梯佣金计算公式
统一设置价格
分别设置价格
自定义规格
销售状态
* 实际收入
批量设置
买家价格
商品编码
123　可销售　US $　/包
456　可销售　US $　/包
789　可销售　US $　/包
* 设置产品的价格区间
价格预览
购买　2　包及以上时，为表格中填写的实际收入。
购买　5　件及以上时，实际收入降低　2　%。删除
添加批发区间

图 3-17　产品价格区间设置（根据规格不同）

自定义规格：如果产品分为不同的规格，如 U 盘产品有 8G、16G 等规格，那么可以在此处填写不同规格的名称，并为它们设置不同的产品价格；如果产品不需要区分规格，此项可以不用填写。

销售状态：即这个规格是否展示到买家页面来销售。如果暂时没有此规格，那么可以选择“不可销售”。

实际收入：指的是产品实际的销售价格，由卖家填写。此数目为卖家最后收到货款的数目。

买家价格：指的是买家所看到的价格，是系统根据实际收入和类目佣金自动计算出来的。同时可以将鼠标放到“佣”字上来具体查看该类目的佣金比率，如图 3-18 所示。

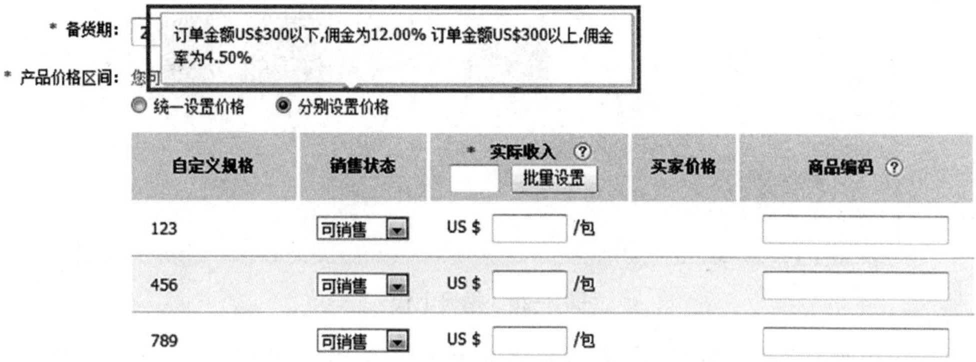
* 备货期:
订单金额US$300以下,佣金为12.00% 订单金额US$300以上,佣金率为4.50%
* 产品价格区间:
统一设置价格
分别设置价格
自定义规格
销售状态
* 实际收入
批量设置
买家价格
商品编码
123
可销售
US $
/包
456
789

图 3-18　查看佣金比率

商品编码：您可以为产品设置商品编码，从而区分不同厂家、不同类目、不同规格的产品。

4. 产品内容描述设置

（1）产品图片。用生动真实的图片展示您的产品，上传产品之前要准备好图片，如图 3-19 所示。

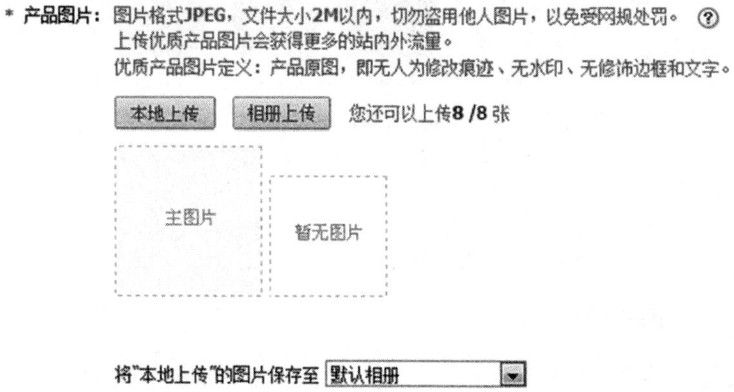
* 产品图片：图片格式JPEG，文件大小2M以内，切勿盗用他人图片，以免受网规处罚。
上传优质产品图片会获得更多的站内外流量。
优质产品图片定义：产品原图，即无人为修改痕迹、无水印、无修饰边框和文字。
本地上传
相册上传
您还可以上传8 /8 张
主图片
暂无图片
将"本地上传"的图片保存至
默认相册

图 3-19　上传产品图片

您可以根据自身意愿选择“本地上传”或“相册上传”的方式添加图片，这两种方式都较为简单。现在以“相册上传”的方式来为您介绍上传图片的操作。点击“相册上传”，您将进入原先设置好的产品相册中，如图 3-20 所示。

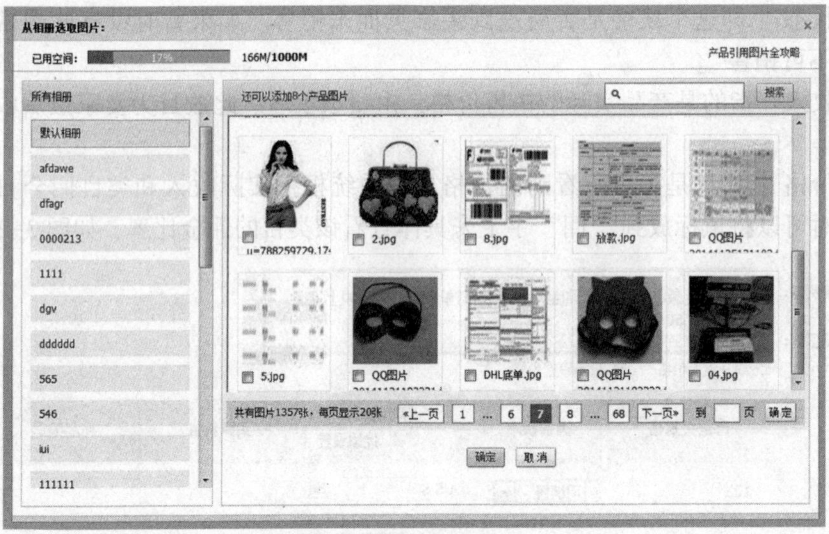
从相册选取图片：
已用空间：
17%
166M/1000M
产品引用图片全攻略
所有相册
默认相册
afdawe
dfagr
0000213
1111
dgv
dddddd
565
546
iui
111111
还可以添加8个产品图片
搜索
2.jpg
8.jpg
放款.jpg
QQ图片
5.jpg
QQ图片
DHL底单.jpg
QQ图片
04.jpg
共有图片1357张，每页显示20张
«上一页
1
...
6
7
8
...
68
下一页»
到
页
确定
确定
取消

图 3-20　相册上传

在相应相册中选择您想要的图片（最多为 8 张），点击“确定”，如图 3-21 所示。

从相册选取图片：
已用空间：
17%
166M/1000M
产品引用图片全攻略
所有相册
默认相册
afdawe
dfagr
0000213
1111
dgv
dddddd
565
546
iui
111111
还可以添加0个产品图片
搜索
28.jpg
43.jpg
提交后的页
品牌.jpg
234.jpg
1.jpg
1_0x0.jpg
共有图片1357张，每页显示20张
«上一页
1
...
64
65
66
67
68
下一页»
到
页
确定
确定
取消

图 3-21　选择图片

图片上传后可以删除，如图 3-22 所示。

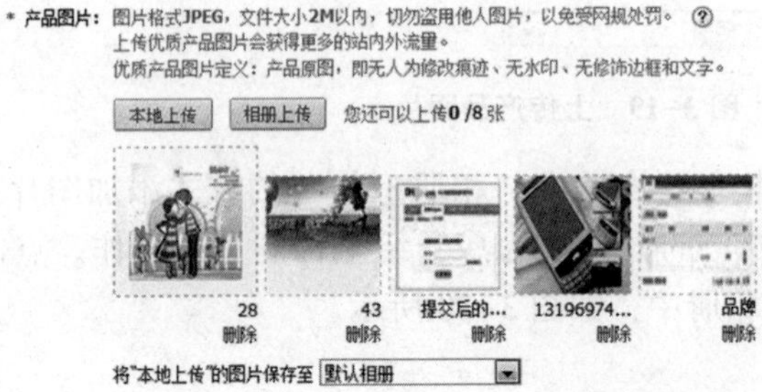
* 产品图片：图片格式JPEG，文件大小2M以内，切勿盗用他人图片，以免受网规处罚。
上传优质产品图片会获得更多的站内外流量。
优质产品图片定义：产品原图，即无人为修改痕迹、无水印、无修饰边框和文字。
本地上传
相册上传
您还可以上传0 /8 张
28
43
提交后的...
13196974...
品牌
234
13195336...
12779704...
删除
将"本地上传"的图片保存至
默认相册

图 3-22　上传后删除

温馨提示：上传产品时，同一产品内容描述中，可以使用 8 张图片展示。建议您在上传图片时，尽量从相册中选取，这样可以使您的产品通过审核的概率更大。

（2）站内外推广图片。请上传一张高质量的图片用于站内外推广（例如 google shopping），图片上无人为修改，无促销、产品属性、名称等信息，无 PS 修改涂痕，如图 3-23 所示。

* 站内外推广图片：请上传一张高质量的图片用于站内外推广(例如google shopping)，图片上无人为修改，无促销、产品属性、名称等信息，无PS修改涂痕 了解更多
产品图片中选
本地上传
相册上传
推广图片

图 3-23 站内外推广图片

（3）产品组设置。为方便卖家自己管理产品，可以创建产品组，将同一类别的产品添加到同一个产品组中，如图 3-24 所示。

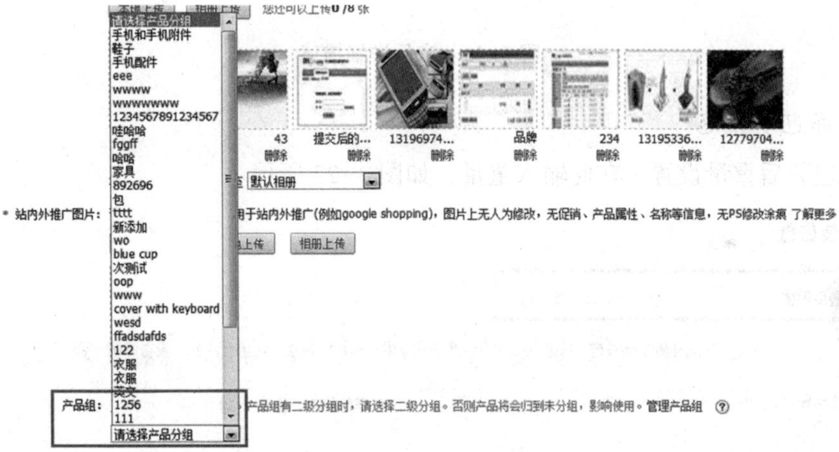
请选择产品分组
手机和手机附件
鞋子
手机配件
eee
wwww
wwwwwww
1234567891234567
哇哈哈
fggff
哈哈
家具
892696
包
tttt
新添加
wo
blue cup
次测试
oop
www
cover with keyboard
wesd
ffadsdafds
122
衣服
衣服
1256
111
请选择产品分组
43
提交后的...
13196974...
品牌
234
13195336...
12779704...
删除
默认相册
* 站内外推广图片：
用于站内外推广(例如google shopping)，图片上无人为修改，无促销、产品属性、名称等信息，无PS修改涂痕 了解更多
相册上传
产品组：
产品组有二级分组时，请选择二级分组。否则产品将会归到未分组，影响使用。管理产品组

图 3-24 创建产品组

（4）产品简短描述。建议在产品简短描述栏目中多填入便于买家在查找物品时搜索到的词语。可以输入中文标点符号，它会自动转化成英文标点符号。最多可输入 500 个字符，如图 3-25 所示。

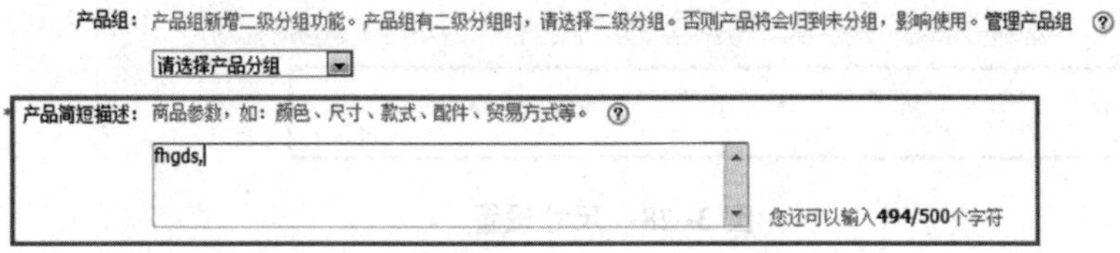
产品组：产品组新增二级分组功能。产品组有二级分组时，请选择二级分组。否则产品将会归到未分组，影响使用。管理产品组
请选择产品分组
* 产品简短描述：商品参数，如：颜色、尺寸、款式、配件、贸易方式等。
fhgds,
您还可以输入494/500个字符

图 3-25 产品简短描述

（5）产品详细描述设置。把在产品名称和规格说明中不能涵盖的产品信息进一步详细展示给买家；将买家比较关注的产品特色、功能、服务、包装及运输信息等展示出来，让买家尽可能多地了解产品相关信息；还可以通过一些个性化的描述展现卖家的专业性，如制作模板、敦煌网相关产品的站内链接，向买家展示更多的相关产品，进行自我促销，引起买家的兴趣，等等。详细描述中 8 万个字符空间，支持 HTML 语言。

温馨提示：详细描述中不能出现敦煌网以外的链接，禁止出现任何形式的联系方式，如邮箱、公司网址、SKYPE 等。

考虑到敦煌网面对的是国外的买家，所以需要使用英文填写一切产品信息，以便买家在搜索产品时可以准确地了解产品的各种情况。您也可以登录敦煌网，点击“在线翻译”，将您的产品信息翻译为英文。产品详细描述如图 3-26 所示。

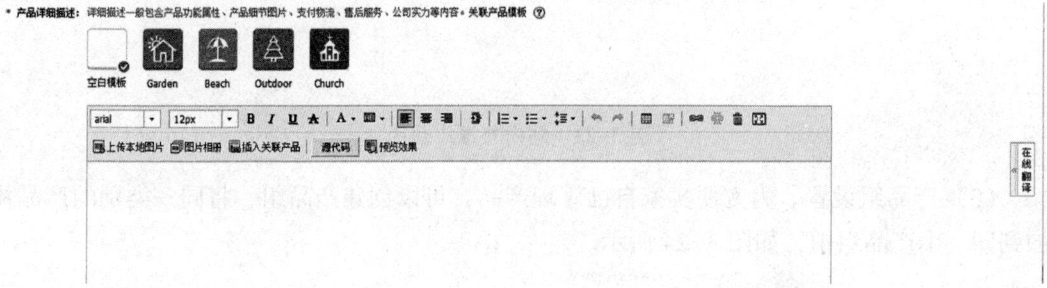
* 产品详细描述：详细描述一般包含产品功能属性、产品细节图片、支付物流、售后服务、公司实力等内容。关联产品模板
空白模板
Garden
Beach
Outdoor
Church
arial
12px
上传本地图片
图片相册
插入关联产品
源代码
预览效果
在线翻译

图 3-26　产品详细描述

5. 产品包装信息

（1）包装后重量设置。在此输入重量，如图 3-27 所示。

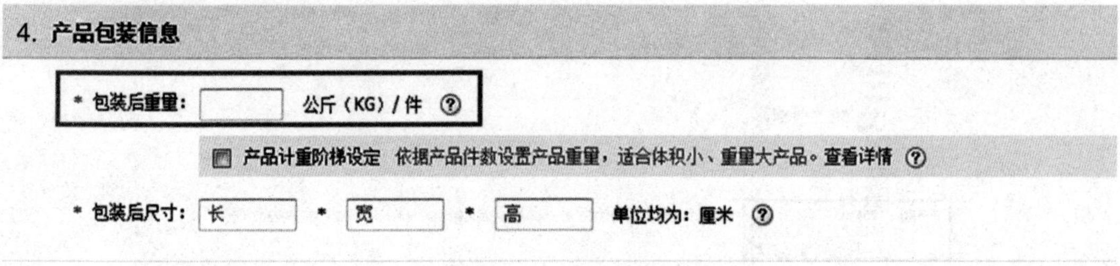
4. 产品包装信息
* 包装后重量：
公斤（KG）/ 件
产品计重阶梯设定　依据产品件数设置产品重量，适合体积小、重量大产品。查看详情
* 包装后尺寸：
长
宽
高
单位均为：厘米

图 3-27　重量设置

（2）包装后尺寸。在此输入长、宽、高，如图 3-28 所示。

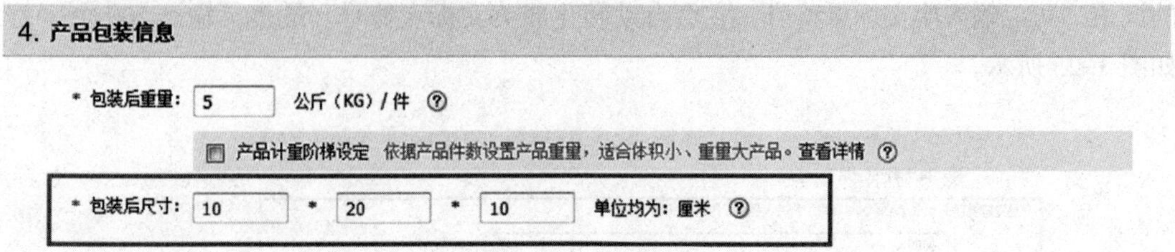
4. 产品包装信息
* 包装后重量：
5
公斤（KG）/ 件
产品计重阶梯设定　依据产品件数设置产品重量，适合体积小、重量大产品。查看详情
* 包装后尺寸：
10
20
10
单位均为：厘米

图 3-28　尺寸设置

考虑到部分产品的包装重量不是完全根据产品的数量等比增加，所以平台对于包装重量比较大、体积比较小的产品，特别提供了自定义重量计算功能，如图 3-29 所示。

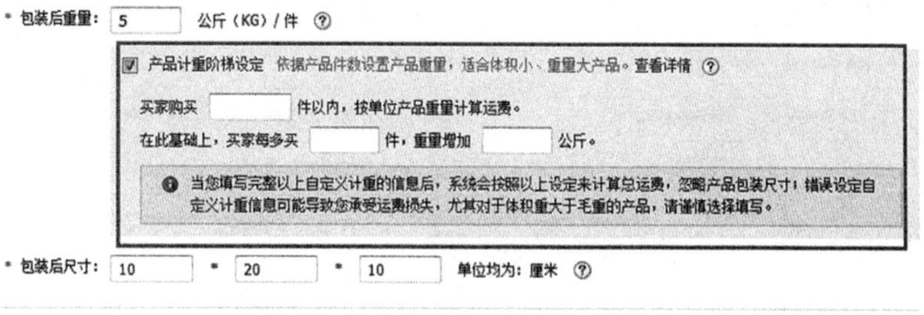
* 包装后重量: 5 公斤（KG）/ 件
产品计重阶梯设定 依据产品件数设置产品重量，适合体积小、重量大产品。查看详情
买家购买 件以内，按单位产品重量计算运费。
在此基础上，买家每多买 件，重量增加 公斤。
当您填写完整以上自定义计重的信息后，系统会按照以上设定来计算总运费，忽略产品包装尺寸！错误设定自定义计重信息可能导致您承受运费损失，尤其对于体积重大于毛重的产品，请谨慎选择填写。
* 包装后尺寸: 10 * 20 * 10 单位均为: 厘米

图 3-29　自定义重量计算功能

6. 设置运费

第一步，打开运费模板管理。如果您是第一次上传产品，需要创建一个运费模板，如图 3-30 所示。

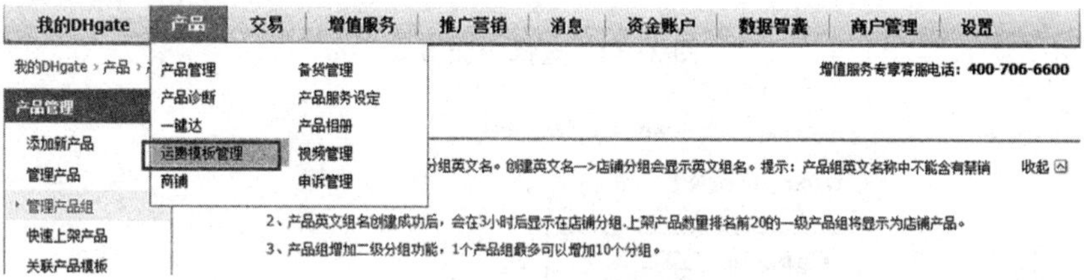
我的DHgate
产品
交易
增值服务
推广营销
消息
资金账户
数据智囊
商户管理
设置
产品管理
产品诊断
一键达
运费模板管理
商铺
备货管理
产品服务设定
产品相册
视频管理
申诉管理
增值服务专享客服电话: 400-706-6600
添加新产品
管理产品
管理产品组
快速上架产品
关联产品模板
2、产品英文组名创建成功后，会在3小时后显示在店铺分组.上架产品数量排名前20的一级产品组将显示为店铺产品。
3、产品组增加二级分组功能，1个产品组最多可以增加10个分组。

图 3-30　运费模板

第二步，点击“运费模板管理”链接，会在新窗口打开添加运输模板页面，如图 3-31 所示。

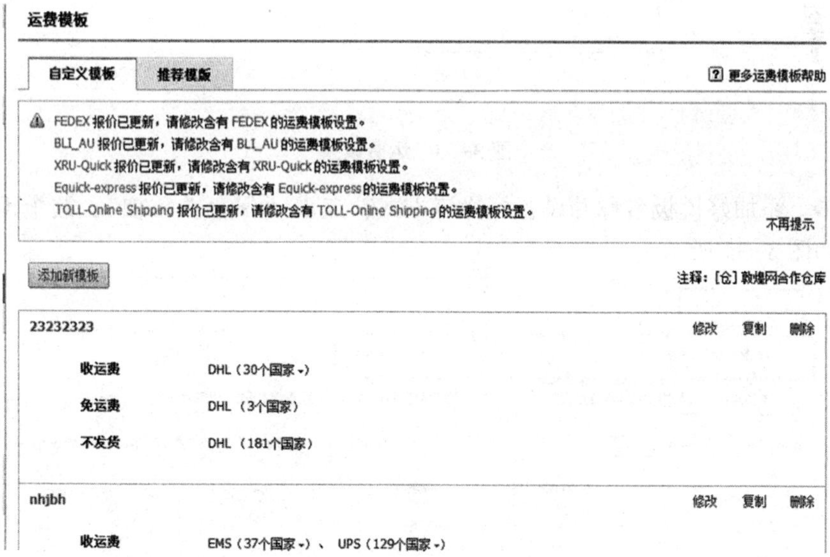
运费模板
自定义模板
推荐模版
更多运费模板帮助
FEDEX 报价已更新，请修改含有 FEDEX 的运费模板设置。
BLI_AU 报价已更新，请修改含有 BLI_AU 的运费模板设置。
XRU-Quick 报价已更新，请修改含有 XRU-Quick 的运费模板设置。
Equick-express 报价已更新，请修改含有 Equick-express 的运费模板设置。
TOLL-Online Shipping 报价已更新，请修改含有 TOLL-Online Shipping 的运费模板设置。
不再提示
添加新模板
注释: [仓] 敦煌网合作仓库
23232323
修改 复制 删除
收运费 DHL（30个国家）
免运费 DHL（3个国家）
不发货 DHL（181个国家）
nhjbh
修改 复制 删除
收运费 EMS（37个国家）、UPS（129个国家）

图 3-31　添加运输模板

第三步，点击“添加新模板”，添加“运费模板名称”，选择想要使用的物流方式并进行运费设置，如图 3-32 和图 3-33 所示。

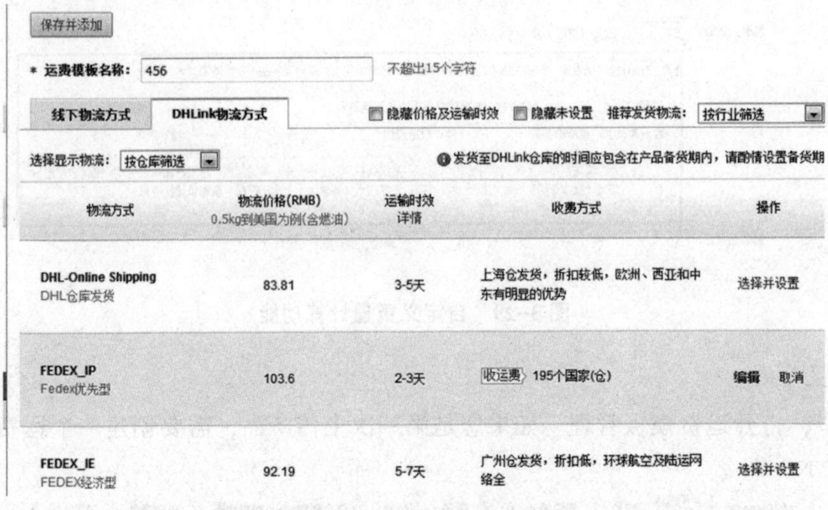
保存并添加
* 运费模板名称： 456
不超出15个字符
线下物流方式
DHLink物流方式
隐藏价格及运输时效
隐藏未设置
推荐发货物流： 按行业筛选
选择显示物流： 按仓库筛选
发货至DHLink仓库的时间应包含在产品备货期内，请酌情设置备货期
物流方式
物流价格(RMB) 0.5kg到美国为例(含燃油)
运输时效 详情
收费方式
操作
DHL-Online Shipping
DHL仓库发货
83.81
3-5天
上海仓发货，折扣较低，欧洲、西亚和中东有明显的优势
选择并设置
FEDEX_IP
Fedex优先型
103.6
2-3天
收运费 195个国家(仓)
编辑 取消
FEDEX_IE
FEDEX经济型
92.19
5-7天
广州仓发货，折扣低，环球航空及陆运网络全
选择并设置

图 3-32　选择物流方式

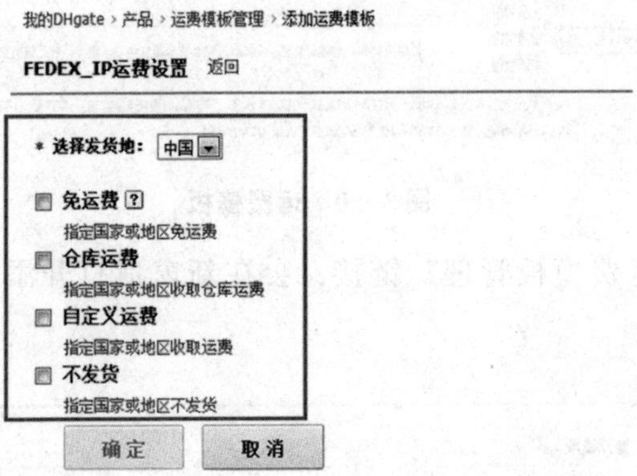
我的DHgate › 产品 › 运费模板管理 › 添加运费模板
FEDEX_IP运费设置 返回
* 选择发货地： 中国
免运费
指定国家或地区免运费
仓库运费
指定国家或地区收取仓库运费
自定义运费
指定国家或地区收取运费
不发货
指定国家或地区不发货
确 定
取 消

图 3-33　运费设置

第四步，添加好模板名称并设置好物流方式，点击“保存并添加”，这个模板就创建完成了，如图 3-34 所示。

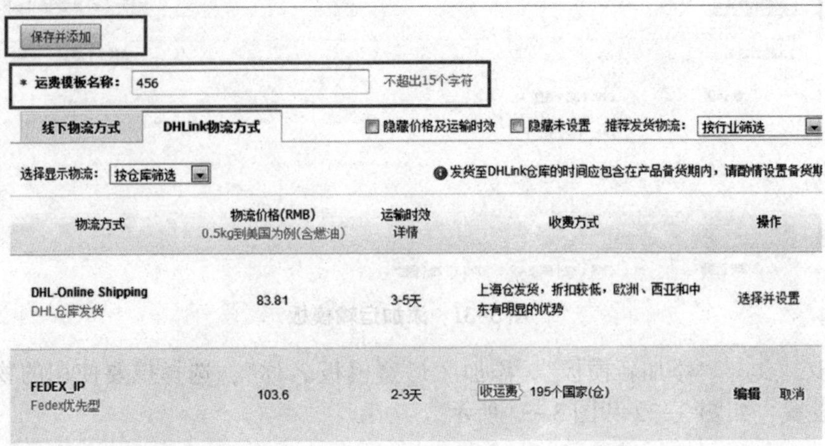
保存并添加
* 运费模板名称： 456
不超出15个字符
线下物流方式
DHLink物流方式
隐藏价格及运输时效
隐藏未设置
推荐发货物流： 按行业筛选
选择显示物流： 按仓库筛选
发货至DHLink仓库的时间应包含在产品备货期内，请酌情设置备货期
物流方式
物流价格(RMB) 0.5kg到美国为例(含燃油)
运输时效 详情
收费方式
操作
DHL-Online Shipping
DHL仓库发货
83.81
3-5天
上海仓发货，折扣较低，欧洲、西亚和中东有明显的优势
选择并设置
FEDEX_IP
Fedex优先型
103.6
2-3天
收运费 195个国家(仓)
编辑 取消

图 3-34　完成创建

第五步，如果您需要修改某个运费模板的信息，可以点击“运费模板管理”，到“运费模板”页面去进行修改，如图 3-35 所示。

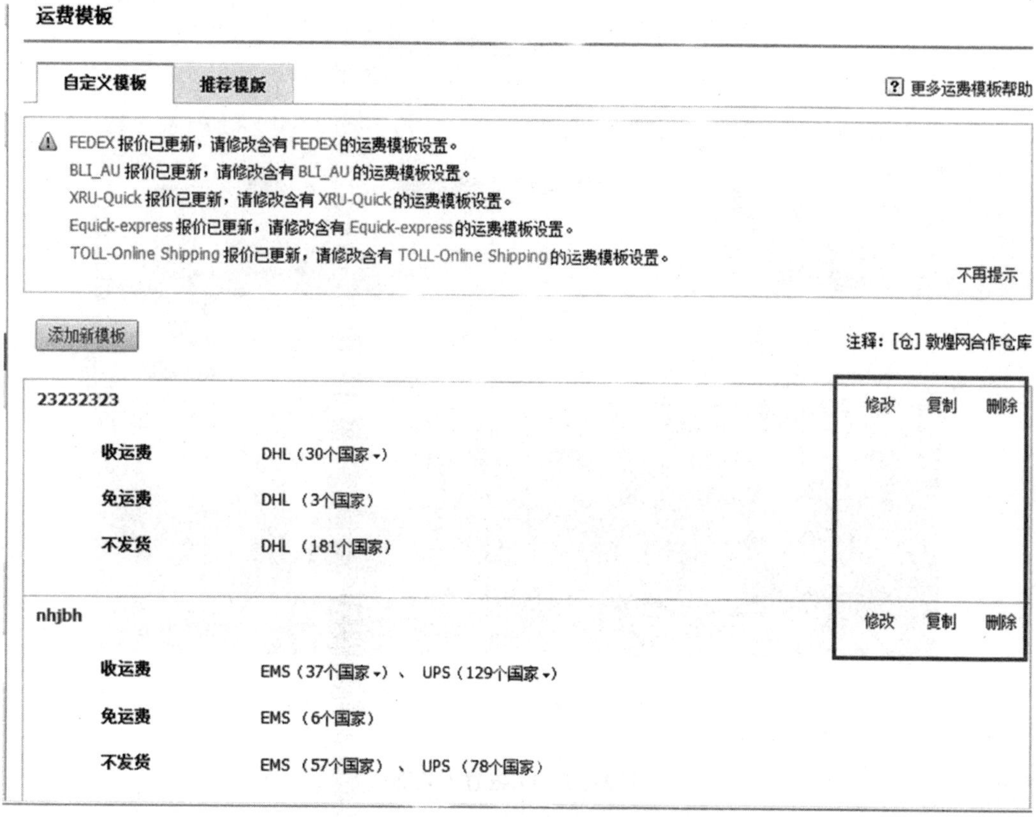
运费模板
自定义模板
推荐模版
更多运费模板帮助
FEDEX 报价已更新，请修改含有 FEDEX 的运费模板设置。
BLI_AU 报价已更新，请修改含有 BLI_AU 的运费模板设置。
XRU-Quick 报价已更新，请修改含有 XRU-Quick 的运费模板设置。
Equick-express 报价已更新，请修改含有 Equick-express 的运费模板设置。
TOLL-Online Shipping 报价已更新，请修改含有 TOLL-Online Shipping 的运费模板设置。
不再提示
添加新模板
注释：[仓] 敦煌网合作仓库
23232323
修改　复制　删除
收运费　DHL（30个国家）
免运费　DHL（3个国家）
不发货　DHL（181个国家）
nhjbh
修改　复制　删除
收运费　EMS（37个国家）、UPS（129个国家）
免运费　EMS（6个国家）
不发货　EMS（57个国家）、UPS（78个国家）

图 3-35　修改页面

7. 其他信息设置

其他信息主要是产品有效期。产品有效期指的是产品成功提交那天起，到产品停止在网上展示那天的时间段。产品有效期默认为 90 天，如图 3-36 所示。

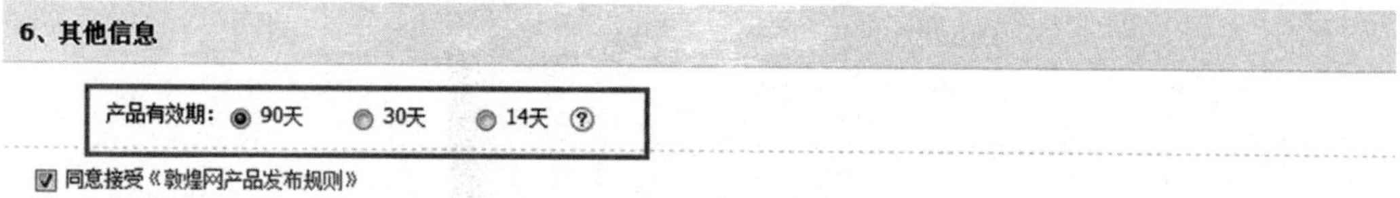
6、其他信息
产品有效期：90天　30天　14天
同意接受《敦煌网产品发布规则》

图 3-36　产品有效期

任务二　Wish 卖家操作——开通商铺

跨境电商平台 Wish 注册地址为“https：//merchant. wish. com/welcome-invite-only?”。

第一步：进入 Wish 商户平台注册页面，填写问卷调查，如图 3-37 所示。

wish 商户平台
登录
填写问卷调查
中文
Wish 邀请企业商户入驻
在问卷中提供您的公司和业务信息。随后，我们将
联系您，跟进有关入驻 Wish 商户平台的相关事宜。
填写问卷调查
wish商户平台
首页
入驻Wish
平台服务
成功案例
登录
立即开店
Wish助力商户
真正实现业务增长
立即开店
商户评价

图 3-37　Wish 注册页面

第二步：进入您的创建账户页面，填写相关信息。然后选择已阅读并同意商户服务条款和 Wish 的商户政策，如图 3-38 所示。

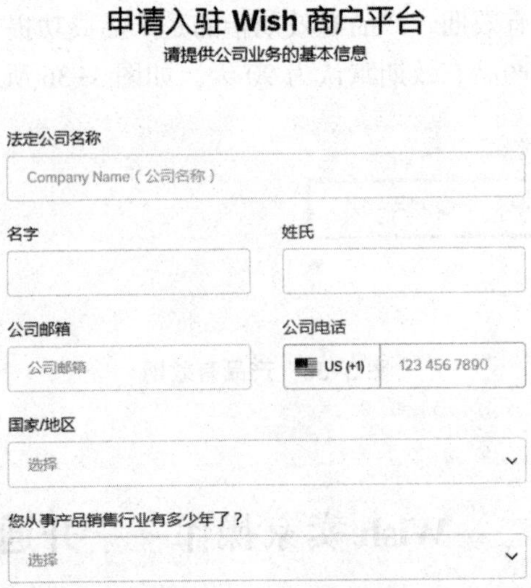
申请入驻 Wish 商户平台
请提供公司业务的基本信息
法定公司名称
Company Name（公司名称）
名字
姓氏
公司邮箱
公司邮箱
公司电话
US (+1)
123 456 7890
国家/地区
选择
您从事产品销售行业有多少年了？
选择

图 3-38　创建账户页面

第三步：添加联系方式和更多店铺情况，如图 3-39、图 3-40 和图 3-41 所示。

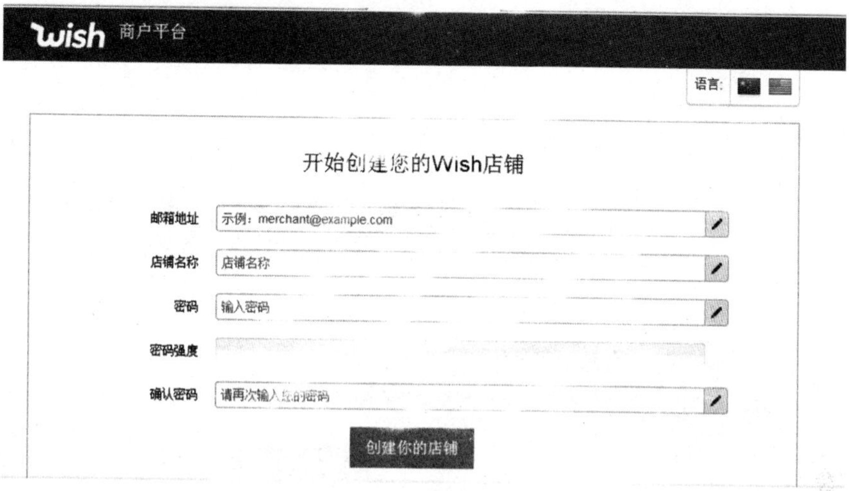
wish 商户平台
语言:
开始创建您的Wish店铺
邮箱地址
示例：merchant@example.com
店铺名称
店铺名称
密码
输入密码
密码强度
确认密码
创建你的店铺

图 3-39　创建您的店铺

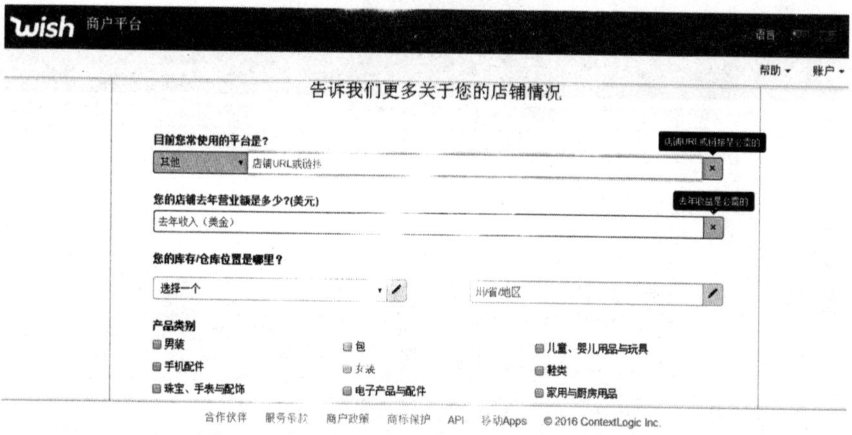
wish 商户平台
帮助
账户
告诉我们更多关于您的店铺情况
目前您常使用的平台是？
其他
店铺URL或链接
您的店铺去年营业额是多少?(美元)
去年收入（美金）
您的库存/仓库位置是哪里？
选择一个
州/省/地区
产品类别
男装
包
儿童、婴儿用品与玩具
手机配件
鞋类
珠宝、手表与配饰
电子产品与配件
家用与厨房用品
API
© 2016 ContextLogic Inc.

图 3-40　补充信息

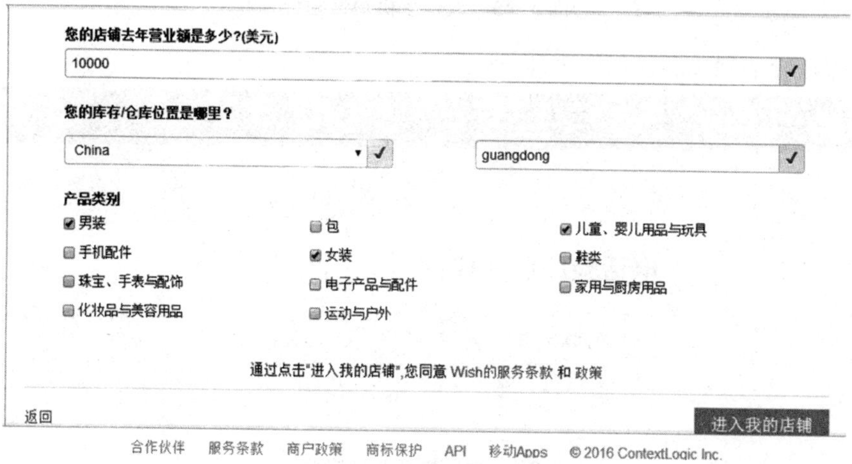
您的店铺去年营业额是多少?(美元)
10000
您的库存/仓库位置是哪里？
China
guangdong
产品类别
男装
包
儿童、婴儿用品与玩具
手机配件
女装
鞋类
珠宝、手表与配饰
电子产品与配件
家用与厨房用品
化妆品与美容用品
运动与户外
通过点击"进入我的店铺",您同意 Wish的服务条款 和 政策
返回
进入我的店铺
合作伙伴
服务条款
商户政策
商标保护
API
移动Apps
© 2016 ContextLogic Inc.

图 3-41　补充信息设置

第四步：注册邮箱并确认邮箱地址，如图 3-42 所示，进入邮箱确认。

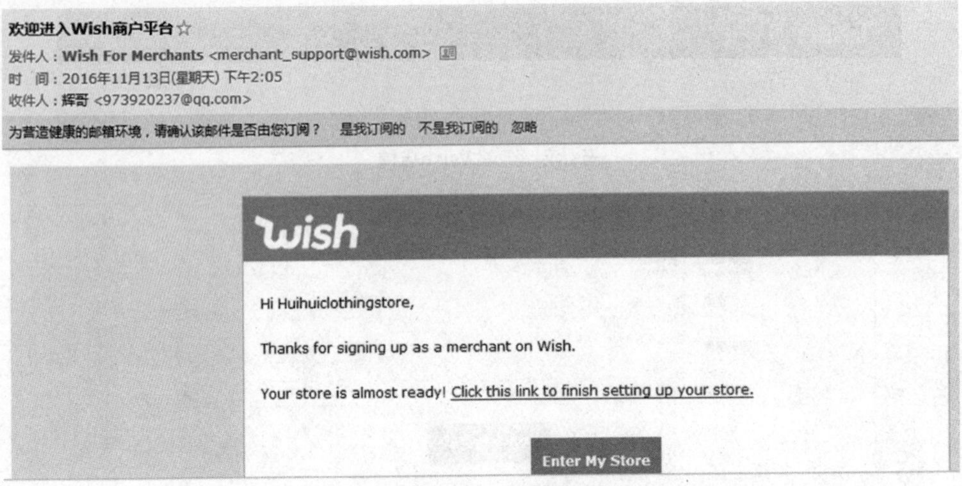
欢迎进入Wish商户平台
发件人：Wish For Merchants <merchant_support@wish.com>
时　间：2016年11月13日(星期天) 下午2:05
收件人：辉哥 <973920237@qq.com>
为营造健康的邮箱环境，请确认该邮件是否由您订阅？　是我订阅的　不是我订阅的　忽略
wish
Hi Huihuiclothingstore,
Thanks for signing up as a merchant on Wish.
Your store is almost ready! Click this link to finish setting up your store.
Enter My Store

图 3-42　进入邮箱确认

第五步：进入我的店铺后，设置个人信息，通过手机短信验证，如图 3-43 所示。

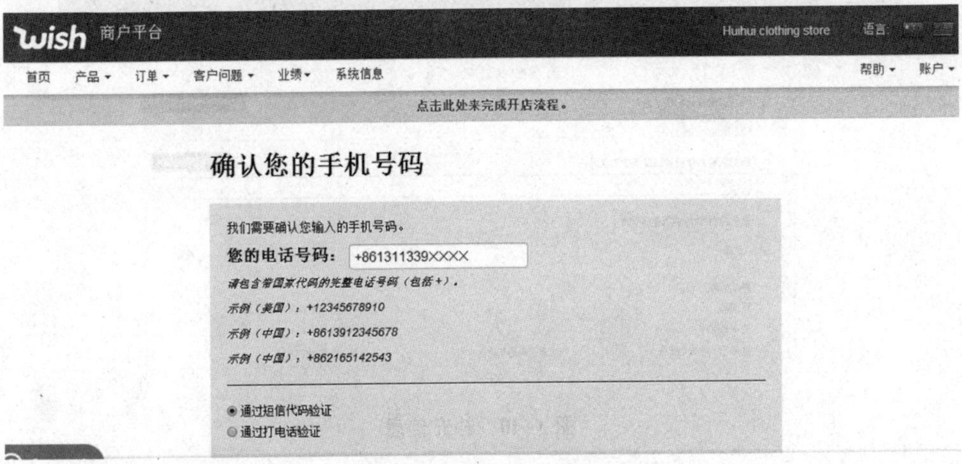
wish 商户平台
Huihui clothing store
语言:
首页　产品▾　订单▾　客户问题▾　业绩▾　系统信息
帮助▾　账户▾
点击此处来完成开店流程。
确认您的手机号码
我们需要确认您输入的手机号码。
您的电话号码：+861311339XXXX
请包含带国家代码的完整电话号码（包括+）。
示例（美国）：+12345678910
示例（中国）：+8613912345678
示例（中国）：+862165142543
通过短信代码验证
通过打电话验证

图 3-43　通过手机短信验证

手机短信验证完成后，如图 3-44 所示。

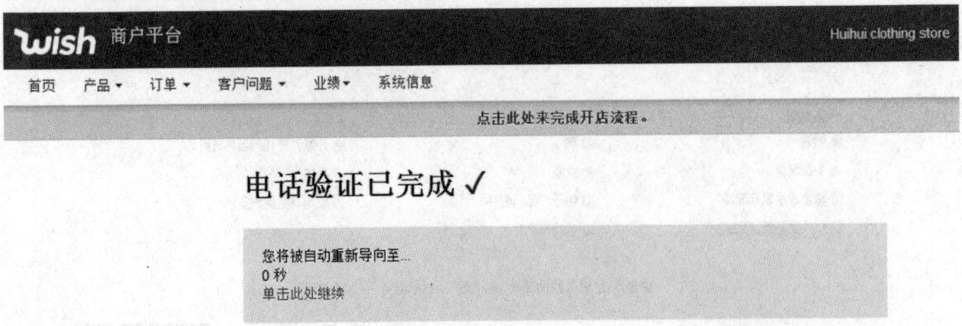
wish 商户平台
Huihui clothing store
首页　产品▾　订单▾　客户问题▾　业绩▾　系统信息
点击此处来完成开店流程。
电话验证已完成 ✓
您将被自动重新导向至...
0 秒
单击此处继续

图 3-44　电话验证完成

第六步：支付设置。在添加您的支付信息中点击“开始”，如图 3-45、图 3-46 和图 3-47 所示。

wish 商户平台
Huihui clothing store
首页
产品
订单
客户问题
业绩
系统信息
系统更新
November 09, 2016
Wish Express开放入驻啦
我们很高兴地宣布，您现在可以申请加入Wish Express了。您可以通过登陆商户后台，在"Wish Express"栏中点击"了解更多"申请加入Wish Express。
为帮助您更好地管理Wish Express产品，了解详情
November 04, 2016
新的付款提供商：PayPal中国
您现在可以使用PayPal中国账号接收款项了。如需设置PayPal中国账号为付款方式，请访问您的付款设置页面，并通过邮箱件进行注册。
如有任何疑问，请访问常见问题解答页了解详情
October 25, 2016
添加联系人信息
完成
告诉我们更多关于您的店铺情况
完成
确认您的邮箱地址
完成
确认您的电话号码
完成
添加您的支付信息
开始
增加产品到您的店铺
开始
帮助我们验证您的店铺
开始
Support

图 3-45　支付设置 1

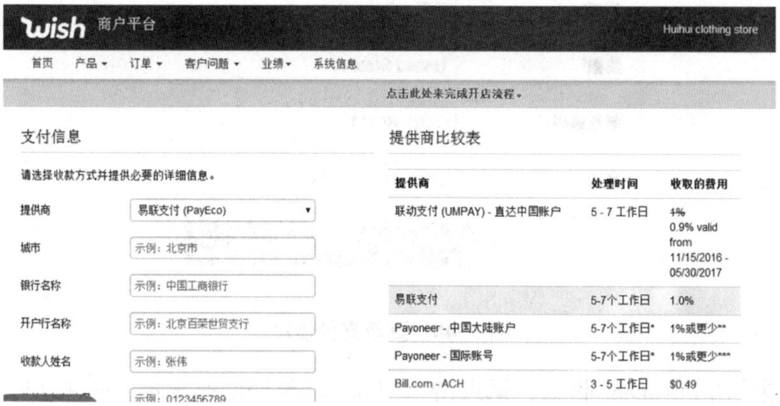
wish 商户平台
Huihui clothing store
首页
产品
订单
客户问题
业绩
系统信息
点击此处来完成开店流程。
支付信息
请选择收款方式并提供必要的详细信息。
提供商
易联支付 (PayEco)
城市
示例：北京市
银行名称
示例：中国工商银行
开户行名称
示例：北京百荣世贸支行
收款人姓名
示例：张伟
示例：0123456789
提供商比较表
提供商
处理时间
收取的费用
联动支付 (UMPAY) - 直达中国账户
5 - 7 工作日
1%
0.9% valid from 11/15/2016 - 05/30/2017
易联支付
5-7个工作日
1.0%
Payoneer - 中国大陆账户
5-7个工作日*
1%或更少**
Payoneer - 国际账号
5-7个工作日*
1%或更少***
Bill.com - ACH
3 - 5 工作日
$0.49

图 3-46　支付设置 2

支付信息
请选择收款方式并提供必要的详细信息。
提供商
易联支付 (PayEco)
城市
深圳市
银行名称
中国工商银行
开户行名称
收款人姓名
收款人银行账号
更新支付信息
提供商比较表
提供商
处理时间
收取的费用
易联支付 (PayEco)
1 - 3 工作日
1.2%
Bill.com - ACH
3 - 5 工作日
$0.49
5 - 7 工作日
$1.49
14 - 21 工作日
$1.49
提供商帮助
易联支付 (PayEco)
不需要 PayEco 账户。

图 3-47　支付设置 3

此处我们将会展示如何添加收款信息，以便 Wish 业务开展后能正常收到货款。点击“开始”之后您将会跳转到页面 https：//www. merchant. wish. com/payment-settings，若您希望使用 Bills. com 收款，请输入您的 Bills. com 账户信息并点击“更新支付信息”，如图 3-48 所示。

请选择收款方式并提供必要的详细信息。
提供商
Bill.com
邮箱
示例：email@bill.com
收款人
示例： Peter Hualla
地址（第 1 行）
示例：20 California st
地址（第 2 行）
示例：4th Floor
城市
示例：San Francisco
州/省
示例：CA
国家
United States
邮政编码
示例：94111
电话
示例：000-000-0000
更新支付信息

图 3-48　更新支付信息

若您希望使用 Payoneer 收款，请点击“登录”。若您已有 Payoneer 账户，请登录。若您尚无 Payoneer 账户并希望开通 Payoneer 账户，请登录 Payoneer 的官网进行注册。当登录或注册成功之后，您会看到如图 3-49 所示的界面。

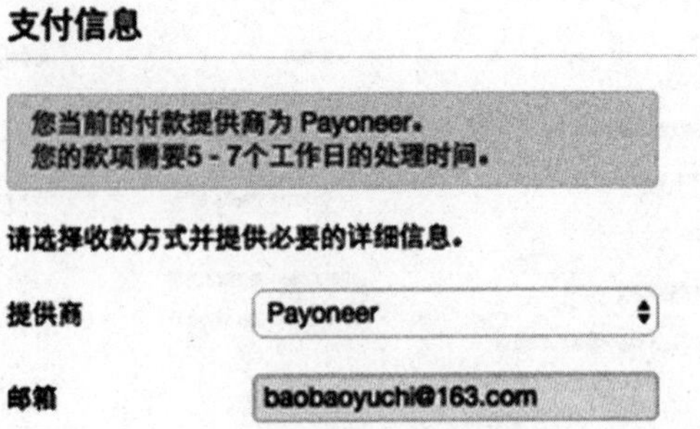
支付信息
您当前的付款提供商为 Payoneer。
您的款项需要5 - 7个工作日的处理时间。
请选择收款方式并提供必要的详细信息。
提供商
Payoneer
邮箱
baobaoyuchi@163.com

图 3-49　Payoneer 登录或注册成功

若您希望使用易联（PayEco）收款，在填写开户行名称时，请输入关键词后从下拉菜单里选择正确的银行。若想了解更多关于如何正确填写开户行的信息，请点击 this article。您也可以从总表 here 内找到您的开户行信息。易联收款设置如图 3-50 所示。

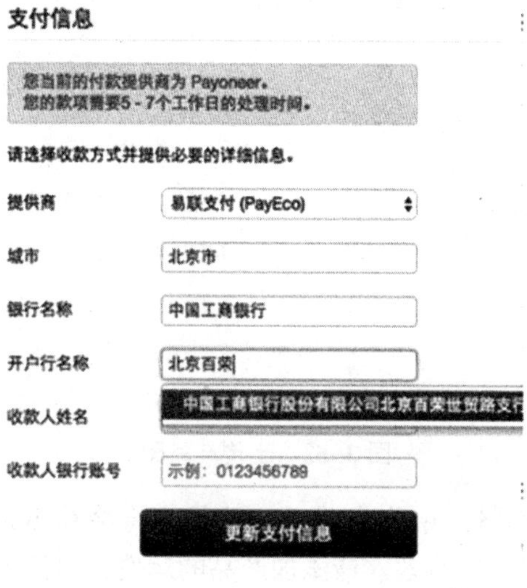
支付信息
您当前的付款提供商为 Payoneer。
您的款项需要5 - 7个工作日的处理时间。
请选择收款方式并提供必要的详细信息。
提供商
易联支付 (PayEco)
城市
北京市
银行名称
中国工商银行
开户行名称
北京百荣
中国工商银行股份有限公司北京百荣世贸路支
收款人姓名
收款人银行账号
示例：0123456789
更新支付信息

图 3-50　易联收款设置

第七步：添加产品设置。

此处我们将展示如何在您的店铺里添加产品。点击“开始”后会跳转到页面 https：// www. merchant. wish. com/add-products。

请用英语输入您的产品名称。例如：“Women's casual silk dress white”

请用英语输入您的产品描述。例如：“This dress shirt is 100% cotton and fits true to size.”

请用英语输入与您的产品标签，最多可输入 10 个标签。例如：Women's apparel，fashion，handmade dresses 等。

请输入您产品的 Unique ID。每个 Unique ID 在您的店铺中都是唯一的，该编号不可更改且为识别产品的唯一标志，例如：“JF12345DRESS”。

添加产品设置，如图 3-51 所示。

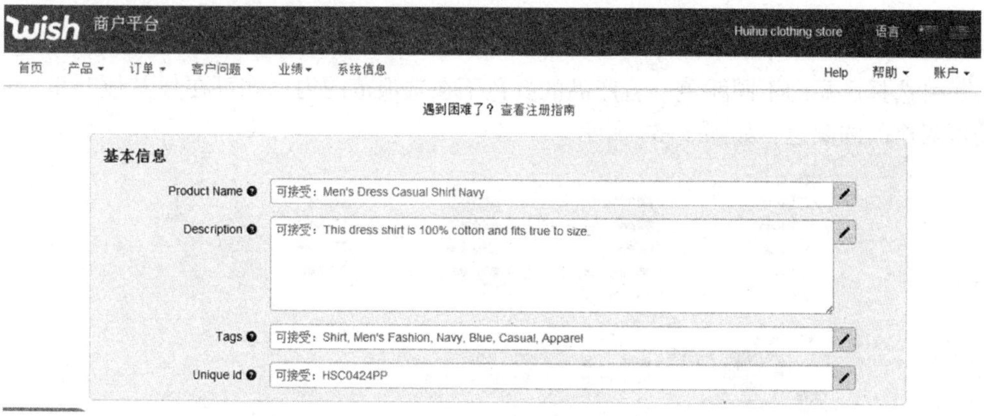
wish 商户平台
Huihui clothing store
语言
首页
产品
订单
客户问题
业绩
系统信息
Help
帮助
账户
遇到困难了？查看注册指南
基本信息
Product Name
可接受：Men's Dress Casual Shirt Navy
Description
可接受：This dress shirt is 100% cotton and fits true to size.
Tags
可接受：Shirt, Men's Fashion, Navy, Blue, Casual, Apparel
Unique id
可接受：HSC0424PP

图 3-51　添加产品设置

接下来，请上传产品的主图和额外图。同时也请认真阅读“严禁在 Wish 上出售伪造产品”和“品牌大学”资料。若您希望添加附图，请添加到“额外图片”处，您最多可上传 10 张附图，如图 3-52 所示。

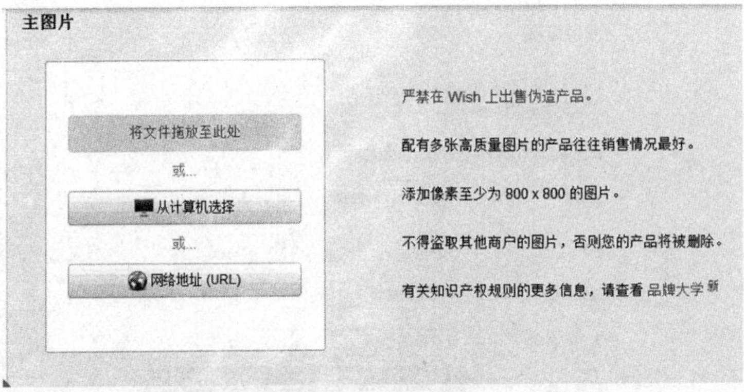
主图片
将文件拖放至此处
或...
从计算机选择
或...
网络地址 (URL)
严禁在 Wish 上出售伪造产品。
配有多张高质量图片的产品往往销售情况最好。
添加像素至少为 800 x 800 的图片。
不得盗取其他商户的图片，否则您的产品将被删除。
有关知识产权规则的更多信息，请查看 品牌大学 新

图 3-52　上传产品图

接下来，请添加产品价格，单位为美元。该价格将会在 Wish. com 上显示。然后请添加产品库存，确保库存信息真实有效。请添加产品的运费，单位为美元，这将是用户购买时为每一个产品支付的运费，请准确填写。请填写最符合您产品的物流配送时间，您可从选项内进行选择，也可手动输入物流时间的最小值与最大值。添加产品价格如图 3-53 所示。

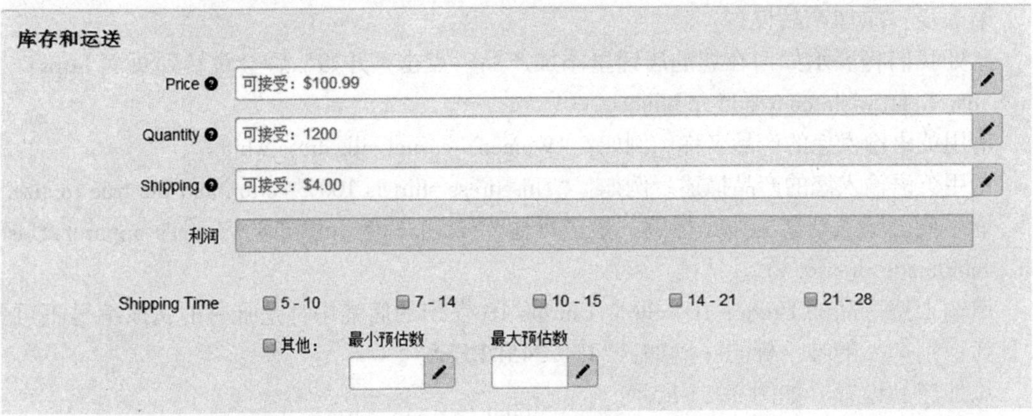
库存和运送
Price
可接受：$100.99
Quantity
可接受：1200
Shipping
可接受：$4.00
利润
Shipping Time
5 - 10
7 - 14
10 - 15
14 - 21
21 - 28
其他：
最小预估数
最大预估数

图 3-53　添加产品价格

还要选择产品的不同颜色。若产品的颜色不在选项范围内，您可在“其他”里用英语手动填入产品的颜色，如图 3-54 所示。

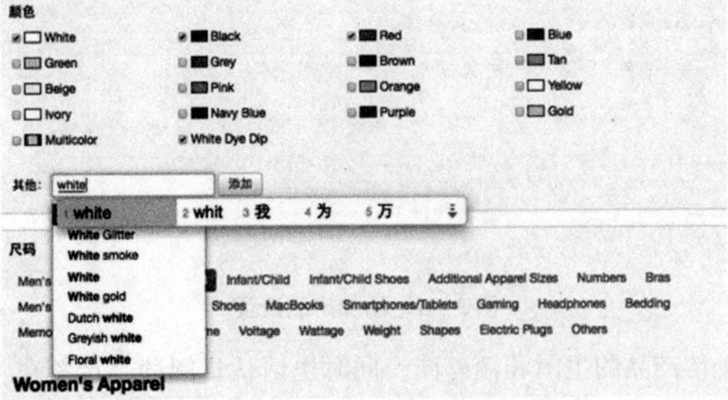
颜色
White
Black
Red
Blue
Green
Grey
Brown
Tan
Beige
Pink
Orange
Yellow
Ivory
Navy Blue
Purple
Gold
Multicolor
White Dye Dip
其他：
white
添加
white
whit
我
为
万
White Glitter
White smoke
White
White gold
Dutch white
Greyish white
Floral white
尺码
Infant/Child
Infant/Child Shoes
Additional Apparel Sizes
Numbers
Bras
Shoes
MacBooks
Smartphones/Tablets
Gaming
Headphones
Bedding
Voltage
Wattage
Weight
Shapes
Electric Plugs
Others
Women's Apparel

图 3-54　选择产品颜色

再选择产品的尺寸表和相关尺寸属性。填写每个子产品的编码、价格以及库存，如图 3-55 所示。

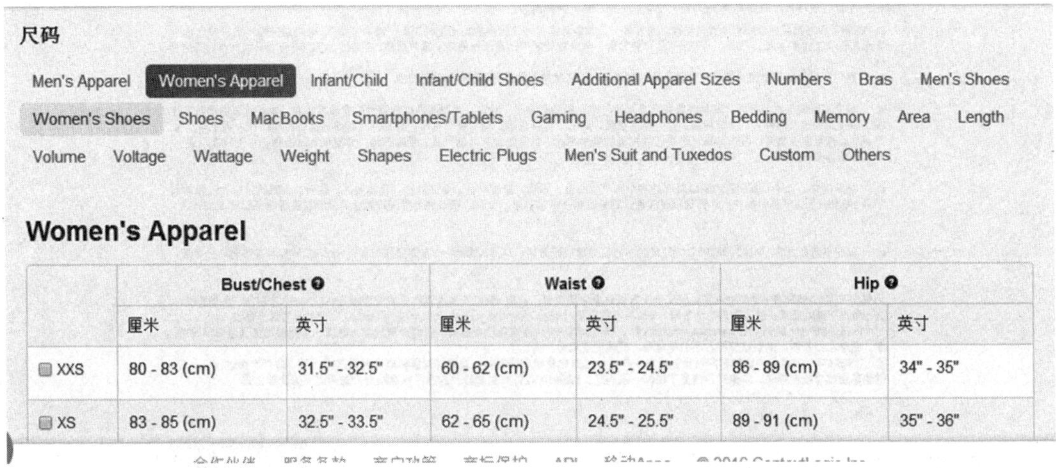
尺码
Men's Apparel
Women's Apparel
Infant/Child
Infant/Child Shoes
Additional Apparel Sizes
Numbers
Bras
Men's Shoes
Women's Shoes
Shoes
MacBooks
Smartphones/Tablets
Gaming
Headphones
Bedding
Memory
Area
Length
Volume
Voltage
Wattage
Weight
Shapes
Electric Plugs
Men's Suit and Tuxedos
Custom
Others
Women's Apparel
Bust/Chest
Waist
Hip
厘米
英寸
XXS
80 - 83 (cm)
31.5" - 32.5"
60 - 62 (cm)
23.5" - 24.5"
86 - 89 (cm)
34" - 35"
XS
83 - 85 (cm)
32.5" - 33.5"
62 - 65 (cm)
24.5" - 25.5"
89 - 91 (cm)
35" - 36"

图 3-55　选择产品的尺寸表

选填项示例如图 3-56 所示。

可选信息
MSRP
可接受：$19.00
Brand
可接受：Nike
UPC
可接受：716393133224
Landing Page URL
可接受：http://www.amazon.com/gp/product/B008PE00DA/ref=s9_simh_gw_p193_d0_i3?ref=wish
自动退款所需等待的天数
5
自动退款所需等待的天数
所有订单必须在5天内履行，否则将会被自动退款。

图 3-56　选填项示例

完成所有产品信息填写后请点击“提交”。

第八步：最后，请认真阅读商户协议。请点击“开始”，随后将会跳转到页面 https://www.merchant.wish.com/confirm-terms-of-service，请您在仔细阅读每一条政策条款后点击“同意”。请您阅读 7 条声明并在每一条前面的方框内打钩之后，点击“同意已选择的条款”，具体如图 3-57 所示。

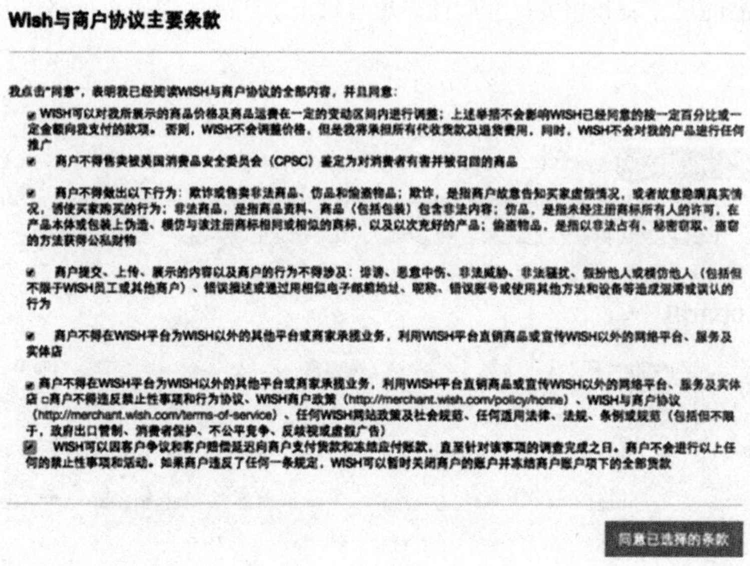
Wish与商户协议主要条款
我点击"同意"，表明我已经阅读WISH与商户协议的全部内容，并且同意：
WISH可以对我所展示的商品价格及商品运费在一定的变动区间内进行调整；上述举措不会影响WISH已经同意的按一定百分比或一定金额向我支付的款项。否则，WISH不会调整价格，但是我将承担所有代收货款及退货费用，同时，WISH不会对我的产品进行任何推广
商户不得售卖被美国消费品安全委员会（CPSC）鉴定为对消费者有害并被召回的商品
商户不得做出以下行为：欺诈或售卖非法商品、仿品和偷盗物品；欺诈，是指商户故意告知买家虚假情况，或者故意隐瞒真实情况，诱使买家购买的行为；非法商品，是指商品资料、商品（包括包装）包含非法内容；仿品，是指未经注册商标所有人的许可，在产品本体或包装上伪造、模仿与该注册商标相同或相似的商标，以及以次充好的产品；偷盗物品，是指以非法占有、秘密窃取、盗窃的方法获得公私财物
商户提交、上传、展示的内容以及商户的行为不得涉及：诽谤、恶意中伤、非法威胁、非法骚扰、假扮他人或模仿他人（包括但不限于WISH员工或其他商户）、错误描述或通过用相似电子邮箱地址、昵称、错误账号或使用其他方法和设备等造成混淆或误认的行为
商户不得在WISH平台为WISH以外的其他平台或商家承揽业务，利用WISH平台直销商品或宣传WISH以外的网络平台、服务及实体店
商户不得在WISH平台为WISH以外的其他平台或商家承揽业务，利用WISH平台直销商品或宣传WISH以外的网络平台、服务及实体店 □商户不得违反禁止性事项和行为协议、WISH商户政策（http://merchant.wish.com/policy/home）、WISH与商户协议（http://merchant.wish.com/terms-of-service）、任何WISH网站政策及社会规范、任何适用法律、法规、条例或规范（包括但不限于，政府出口管制、消费者保护、不公平竞争、反歧视或虚假广告）
WISH可以因客户争议和客户赔偿延迟向商户支付货款和冻结应付账款，直至针对该事项的调查完成之日。商户不会进行以上任何的禁止性事项和活动。如果商户违反了任何一条规定，WISH可以暂时关闭商户的账户并冻结商户账户项下的全部货款
同意已选择的条款

图 3-57　商户协议

第九步：请帮助我们验证您的店铺。

若您注册个人账户，请填写以下信息。

①请输入您的 QQ 号。

②请上传您本人手持身份证原件及当日报纸的彩色照片。本人面部、身份证信息及报纸日期清晰。照片清晰完整无处理，大小控制在 2MB 以内。不接受临时和过期的身份证。

③请输入您身份证上的姓名。

④请输入您身份证上的身份证编号。

⑤点击“保存”提交所您输入的个人信息。

验证店铺（个人账户）如图 3-58 所示。

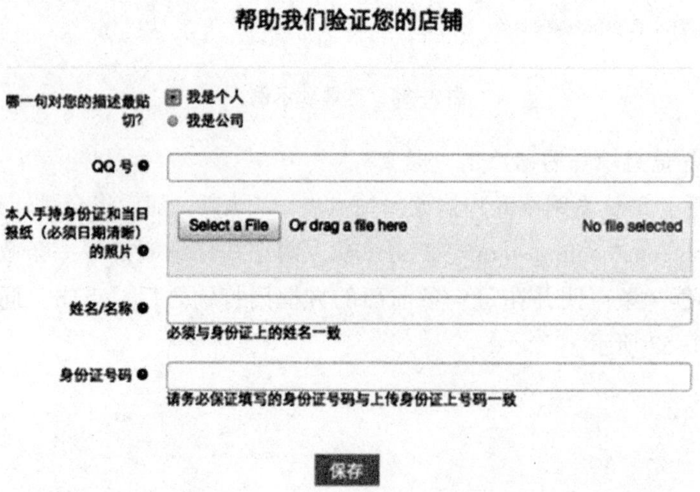
帮助我们验证您的店铺
哪一句对您的描述最贴切?
我是个人
我是公司
QQ 号
本人手持身份证和当日报纸（必须日期清晰）的照片
Select a File
Or drag a file here
No file selected
姓名/名称
必须与身份证上的姓名一致
身份证号码
请务必保证填写的身份证号码与上传身份证上号码一致
保存

图 3-58　验证店铺（个人账户）

若您注册企业账户，请填写以下信息。

（1）请输入您的 QQ 号；

（2）请输入您公司去年的 GMV；

（3）请上传您公司营业执照的彩色照片，照片要求清晰完整无后期处理；

（4）请输入您的公司名称；

（5）请输入您的营业执照注册号；

（6）请上传您公司税务登记证的彩色照片，若为多证合一请在税务登记证栏重复上传营业执照彩色照片；

（7）请上传法人代表手持身份证原件（以办公场所为背景拍摄的彩色照片），法人代表面部和身份证信息清晰，照片清晰完整无后期处理；

（8）请输入法人代表姓名及身份证号码，点击“保存”提交您所输入的信息。

验证店铺（企业账户）具体如图 3-59 所示。

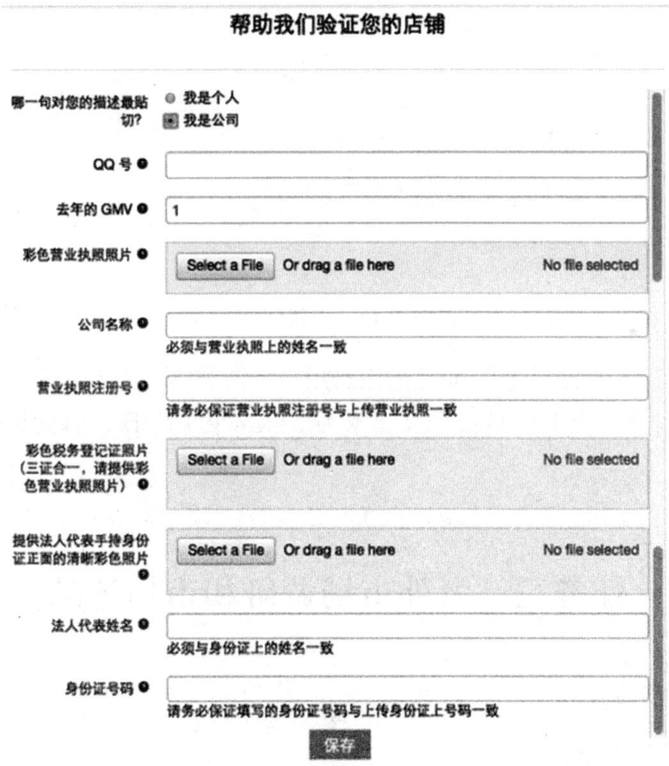
帮助我们验证您的店铺
哪一句对您的描述最贴切?
我是个人
我是公司
QQ 号
去年的 GMV
1
彩色营业执照照片
Select a File
Or drag a file here
No file selected
公司名称
必须与营业执照上的姓名一致
营业执照注册号
请务必保证营业执照注册号与上传营业执照一致
彩色税务登记证照片（三证合一，请提供彩色营业执照照片）
Select a File
Or drag a file here
No file selected
提供法人代表手持身份证正面的清晰彩色照片
Select a File
Or drag a file here
No file selected
法人代表姓名
必须与身份证上的姓名一致
身份证号码
请务必保证填写的身份证号码与上传身份证上号码一致
保存

图 3-59　验证店铺（企业账户）

最后：请点击“开通您的店铺”。您将看到如图 3-60 所示的页面，您的注册流程已全部完成！再次感谢您入驻 Wish 平台，我们希望能帮助您在 Wish 平台上有良好的发展。

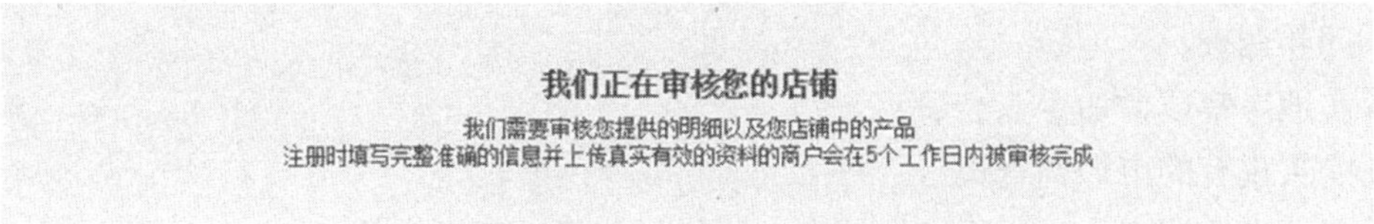
我们正在审核您的店铺
我们需要审核您提供的明细以及您店铺中的产品
注册时填写完整准确的信息并上传真实有效的资料的商户会在5个工作日内被审核完成

图 3-60　审核店铺

补充：若您的信息在审核后被退回，请及时按照商户后台要求更新，以免耽误您开通账户，如图 3-61 所示。

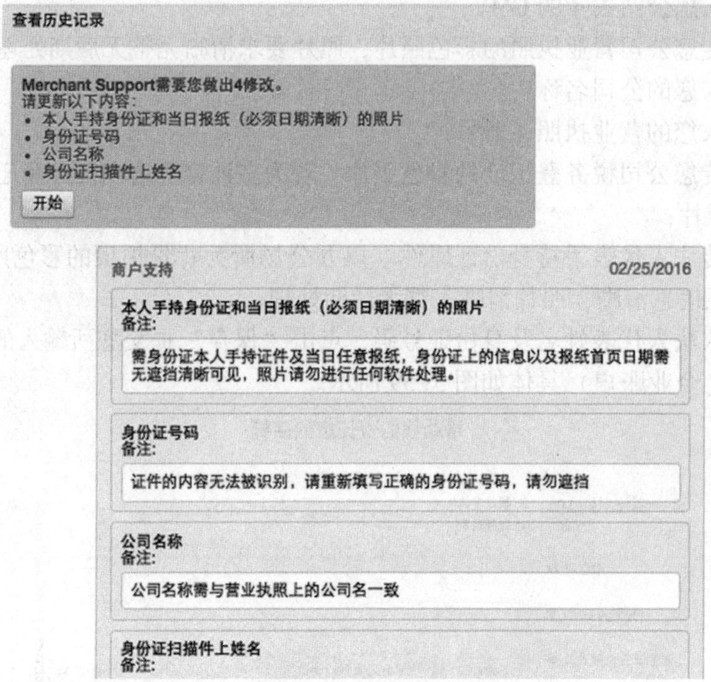
查看历史记录
Merchant Support需要您做出4修改。
请更新以下内容：
本人手持身份证和当日报纸（必须日期清晰）的照片
身份证号码
公司名称
身份证扫描件上姓名
开始
商户支持
02/25/2016
本人手持身份证和当日报纸（必须日期清晰）的照片
备注：
需身份证本人手持证件及当日任意报纸，身份证上的信息以及报纸首页日期需无遮挡清晰可见，照片请勿进行任何软件处理。
身份证号码
备注：
证件的内容无法被识别，请重新填写正确的身份证号码，请勿遮挡
公司名称
备注：
公司名称需与营业执照上的公司名一致
身份证扫描件上姓名
备注：

图 3-61　更新信息

Wish 审核是系统+人工审核，而且把注册用户分两类（企业和个人）。据不完全统计，企业卖家审核时间为 3 个工作日，个人卖家为 7～15 个工作日。前提是资料提交完整且真实。

任务三　海外市场调研和市场选品

一、海外市场调研

1. 海外市场调研方法

目前，海外市场调查的方法有以下几种。

①网上调查。

②报刊、文献资料查询。

③问卷调查。

④实地考察或参加专业会展。

⑤购买现有的市场调查报告。

⑥聘请专业调查公司进行市场调查，比如尼尔森、麦肯锡等。

报刊和文献资料上的信息不够及时、全面；中小企业对海外客户进行问卷调查也很难

操作；实地考察的费用也很高，并且不可能对所有的潜在市场都去实地考察；现有的市场调查报告一般很难满足我们的调查需求；聘请专业调查公司进行市场调查费用很高。对我国的中小企业而言，最合适的调查方式就是网上调查。我们要以网上调查为主，同时辅以其他的调查方法。

因为现在企业都会把自己的各种信息放到网上，我们可以在网上收集到许多需要的信息：从竞争对手的公司网站上，我们可以了解到它们的公司信息、产品信息、销售渠道、合作伙伴，以及它们是如何宣传所发行的产品的；从一些行业协会的网站上，我们可以找到潜在的合作伙伴、客户和竞争对手；从报刊等媒体及展会举办商的网站上，我们可以了解到相关的企业是如何做宣传的。互联网方便了中小企业走出国门，在没有互联网的年代，中小企业开拓海外市场基本是不可能的，因为它们不可能出国考察、参展，无法了解到海外的市场，那时候出口都是大型企业和进出口公司的事。现在，中小企业可以通过互联网获得所需的信息，这使得走出国门变得容易多了。

2. 海外市场调研案例

例如，利用企业专业数据库和 Google 进行海外五金门窗配件市场调查，可以找出五金门窗配件的海外客户群，根据上下游产业链进行调研。具体可包括 OEM（代工）潜在客户（五金门窗配件制造商）、进口商批发商（五金门窗配件进口商贸易商）、零售商（超级市场、家装建材零售连锁店、超级市场采购代理）、最终用户（海外门窗制造商、海外门窗专业安装公司）等。可把以上客户群再按地区划分，如简单按发达国家和发展中国家分类。

在按地区划分的客户群中逐个选 5~10 家或者更多家公司进行电话询问，了解对方采购习惯和需求，就有可能了解市场了。

二、市场选品

选品永远是展开营销的第一步。选品一直是跨境电商谈论最多也最核心的话题。对于不同平台的选品，最核心的是在了解平台后做选品。同一个产品可以有不同平台营销的方法。相互借鉴，精细化选品思维是核心。

（一）敦煌网新卖家选品

敦煌网新卖家对外贸网店的货源选品都有些疑惑，下面为大家介绍敦煌网新卖家的选品策略。

1. 准备工作

决定了在敦煌网销售后，新卖家通常需要考虑以下几方面事项。

（1）如何选品。先做好竞品分析。选择经营什么行业，上传什么样的产品，会直接影响以后的收入。而且，应明确：大家都在卖同样的产品，为什么用户会选择购买我的产品？什么样的产品才更有竞争力？

（2）做好分类。可以考虑如下几种分类产品。

①利润率高的产品；

②热销的产品；

③非普遍性的定制产品；

④方便运输和包装的产品；

⑤自己熟悉或者喜欢的产品；

⑥时尚潮流产品。

可能每个人的选择会不同，但建议还是选择自己熟悉或者喜欢的产品。专业和兴趣是促使你在网络中创业成功的一个条件。专业能够让你轻松领先同行，哪怕你卖的是包装快递的盒子，只要你做得够专业，一样可以大卖特卖。而兴趣则能够让你长期地坚持下去，哪怕遇到了什么挫折，也能够站起来。

2. 进货渠道

在确定好自己的主营行业后，就要落实货源问题了。从哪里进货更合适？面临什么样的问题？如何解决？

面临的问题：

①因是新手，在看到利润之前，不敢贸然大量投资囤货，选择有单后再进行采购，零库存；

②因有全职工作在身，兼职做网店，没有时间去市场挑货；

③只考虑投入资金 1 000 元，尝试一下售卖过程。

解决方式：

①零售的订单，去国内其他网店进货，如淘宝、京东等；

②批发的订单，去国内有批发性质的网站进货，如 1688、拿货网等；

③不囤货、零库存。避免资金无效使用。

风险：

①有可能遇到网站断货的问题，造成成交不卖；

②金额稍大订单，如 500 美元以上的订单，暂不考虑；

③有订单再采购，可能遇到物流等不可抗原因超过发货周期。

3. 选品策略研究

在行业、资金投入范围、进货渠道确定后，需要考虑销售策略。

作为一名新卖家，面临的问题是：刚注册，没有任何信用指数，产品排序没有优势，那么如何让买家在平台众多产品中找到你的产品呢？

永远不要把鸡蛋放在一个篮子里，这是在制定销售策略时应想到的，最主要的是规避风险、平衡利润空间。

4. 选品策略制定

①前期重点推低价产品进行销售，获得人气。

②上传特殊种类产品，如定制产品、创意产品等，高价销售。小需求也有大市场。

③尽量优化产品信息，提高产品图片质量。

5. 实施方案

根据这个策略，制定了以下方案。

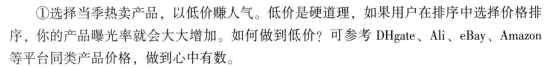

①选择当季热卖产品，以低价赚人气。低价是硬道理，如果用户在排序中选择价格排序，你的产品曝光率就会大大增加。如何做到低价？可参考 DHgate、Ali、eBay、Amazon 等平台同类产品价格，做到心中有数。

②新店开张赚人气。

③独特性产品高价售卖。这类产品通常是特殊人群的选择，如定制类产品、趣味性产品、特殊场合类产品。

以上几点要在产品上传前考虑清楚。一旦决定下来，你就可以真正开始敦煌网卖家之旅了。

（二）Wish 平台选品策略

1. 观察其他平台，举一反三

Wish 平台的很多规则学习了 Amazon，图片储存用的是 Amazon 的服务器，定位也偏向 Amazon，所以接下来为新手卖家分享从 Amazon 开发 Wish 产品的方法。

（1）选择是否 FBA（亚马逊提供的代发货服务）。

看一个产品是否有做 FBA，可直接看 Sold by 后面是否显示 Fulfilment by Amazon。FBA 有利于提高转化率，也给买家一个比较好的购物体验。如果同一个关键词的同一个搜索结果列表，大部分 listing 是 FBA，那就证明这个产品已经相对成熟，而且某种程度上也说明它有稳定的需求量。

如判断产品值得开发，接下来就要分析客户喜好。因为某个地区的客户喜好是类似的，而 Wish 的主要市场是欧美，分析 Amazon 选品自然是首选。

（2）看产品 Review 质量与数量。

Wish 的 rating 星星等级是学习 Amazon 的，所以选品时参考 Amazon 的 review 数量十分重要。但事实上，质量才是王道。个人认为，合格线是 4.6~4.9 分。因为分数主要影响一、二星的占比，一个好的产品才值得放到 Wish，省时省力，减少售后纠纷。

（3）看客户对产品的提问来针对性优化 Wish 的描述。

买家对此类产品所关心的问题，即是买家的痛点，了解它们有利于描述自己产品描述的时候更贴近买家。直接把买家最关心的问题的答案嵌入产品描述，可提高用户体验，减少不必要的退款纠纷。

（4）不要以速卖通的思维来做 Wish 选品。

最近有部分速卖通的卖家转做 Wish，他们推崇 1 美元包邮，沿用速卖通的低价引流思维，采取平邮的策略，选品方面参考速卖通的数据纵横。而速卖通平台的市场定位与 Wish 定位不一样，买家消费水平不一样，品味更不一样，在 Wish 卖低价当然可以，却是丢西瓜去捡芝麻的做法。Wish 是推送，客户先看到的是图片，然后才是价格，所以用速卖通的思维逻辑来做 Wish 很不明智，而且低价只能销售质量一般甚至较差的货品，长时间的运输无疑会造成资金的压力，长时间 Wish 无法结款也增加了资金流动风险，这样不但用户体验不爽，Wish 平台也不高兴。低价的产品雷同必然导致同质化严重，买家审美疲倦，这就是导致 Wish 近期流量下行的原因之一。“90 后”买家不相信广告，更相信同伴的口碑，而他们逐渐会成为跨境网购的主流。为了长远经营，我们提倡高质量的产品、优质的服务，打造自己的品牌才是王道。

2. 跟着沃尔玛挑产品

Wish 平台颠覆了人们的购物习惯，也站到了潮流的风口。移动购物是不可逆转的世界潮流，所以近两年 Wish 成为全球最大移动购物平台。既然我们在 Wish 平台售卖产品，就离不开选品这个技术活。

上面提到了 Amazon 与 Wish 的千丝万缕关系，我们要说另外一个选品渠道，就是 walmart. com 沃尔玛在线。

在欧美、澳洲地区，尤其是美国，地多人少，但市中心的地价仍旧贵，平价的沃尔玛往往设在偏远的郊区，很多时候人们会开车去采购。随着新生代消费群壮大和网购的不断侵蚀，零售巨头沃尔玛开始进行变革，其在线平台应运而生。沃尔玛并不是我们想象的一般超市。我们要了解 Wish 买家的喜好，除了 Facebook 上的精准语句分类搜索收集方法之外，沃尔玛在线平台也不可忽视，而且更全面。

如图 3-62 所示，左边提供了我们可以选择的品类方向，节省了时间。最重要的是它提供了本地检索，让我们更加清晰当地的热卖品类，为选品提供了第一手的直观数据。

Gift Cards
Walmart
All
Search
All Departments
Savings Center
Electronics & Office
Movies, Music & Books
Home, Furniture & Patio
Home Improvement
Clothing, Shoes & Jewelry
Baby & Kids
Toys & Video Games
Food, Household & Pets
Health, Beauty & Pharmacy
Sports, Fitness & Outdoors
Auto & Tires
My Local Store

图 3-62　沃尔玛在线

看看下面这几个是否很眼熟，这些栏目都和 Wish 一样。了解到热卖产品，大致也就知道 Wish 上应该选择售卖什么风格的产品了，如图 3-63 所示。

Walmart
All
All Departments
My Local Store
Value of the Day
Tips & Ideas
TIPS & IDEAS our everyday guide to living well
Food & Celebrations
House Proud
Beauty & Fashion
Health & Wellness
Baby & Parenting Tips
Crafts Idea Center
Pets Center
Entertainment Resource Center
Auto Resource Center
Where America's List
Our handbook

图 3-63　类似的品类方向

大量的评价，把用户痛点描述得淋漓尽致。

平台同时提供不同类别的产品，如简单、休闲风格的服装，我们可对比这些衣服价格为多少，销量如何。

图 3-64 标题简练明了，这背心评价有 478 条，说明销售还不错，8 美元包邮，中国的卖家可以计算一下：8 美元这件衣服包邮有赚吗？

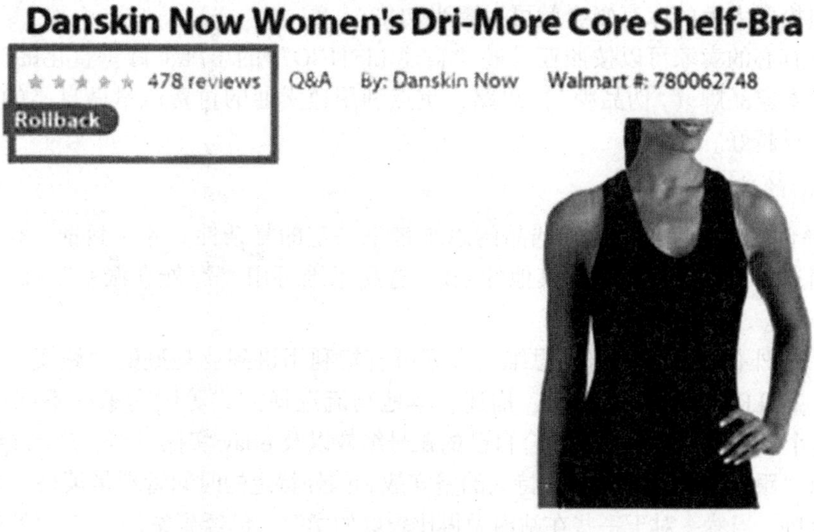
Danskin Now Women's Dri-More Core Shelf-Bra
478 reviews
Q&A
By: Danskin Now
Walmart #: 780062748
Rollback

图 3-64　示例服装的评价信息

服装介绍往往要配上尺码表，以方便消费者买到尺码合适的服装。

3. Amazon 的选品

提到亚马逊，大家首先想到的是适合做品牌、高毛利等，但是对于中国卖家，亚马逊的销售路线只有“跟卖 LISTING” “自建 LISTING”，在这个环境下，中国卖家如何选品呢？

跟卖的其实大多数是标准化产品，选品思路是中国式采购思维，选择电子类、汽配、家居和运动器材类等；加上目前亚马逊的规则，很多已经是 FBA 配送，所以，选择品类的时候，侵权可以根据要跟的母 LISTING 是否品牌（或者“伪品牌”保护）来确认。接下来主要精力要放到采购成本分析和国内物流头程计算上，要围绕着市场的销售价格区间，不断对这类产品做测试；在 TITEL、关键词、页面、图片、本地派送一样的情况下，除分析每个跟卖竞争账号绩效表现的不同，还要看运营费用，谁的运营费用低，谁争夺 Buy Box（黄金购物车）的实力就强。选品的目的就是能够将产品销售出去，这个其实就是选品的根本核心。

自建类产品集中在已经比较认可的品牌（或者“伪品牌”）。这类产品的 TITLE、关键词、描述、图片、页面等都要自己做，除了账号绩效表现、优质物流和性价比之外，选品的核心是这类产品市场的销售容量。这类产品往往是非标准化和主观性产品，且是高毛利、竞争对手相对少的小众市场产品。针对特定的用户群在竞争小的市场缝隙中获得发展，是这类选品的核心。

4. 速卖通的选品

速卖通目前以直发为主，对于本地化的运作只有卖家自己提升时效和客户体验度，平台本身没有这个要求。这样产品的重量和价值方面就有了区分，所以目前速卖通比较多的是时尚类产品和配件以及小家居运动类产品。卖家做速卖通选品的时候，还是主要以中国式的采购思维为主，TITLE、关键词、页面、图片等必须做好，性价比要更加突出。而且，主要市场要放到除欧美以外的新兴第三方国家市场，利润核算以小包为主。铺货思路和虚拟样品库存是目前一些增长迅速卖家的核心，中小卖家都可以很快上手，在人力充足的情况下，无须投资太大的库存资金就可以事半功倍。

当然，有心的卖家可以按照亚马逊“自建 LISTING”的思维，做垂直化的产品线，利用亚马逊的卖家品牌（“伪品牌”）思路，重点利用速卖通的付费流量做自己的品牌店铺。这个做得越早越好。

5. eBay 的选品

eBay 平台的复杂性，给大家选品的思维带来一定的复杂性。除了目前 eBay 销售的品牌和专营店这种战略布局经营，其他的 eBay 选品思维可用“海外仓派系”和“中国直发派系”来区分。

对于“海外仓派系”的选品思维，大家可直接利用讲到亚马逊的“跟卖”选品思维，不同的是，TITLE、关键词、图片、描述、本地物流选择方式等因卖家的不同而不同，所以，谁在这个方面下的功夫多，结合自己的账号绩效以及 eBay 实操细节，就已经胜出 60%。剩下的就和“跟卖”思维一样了。持久的坚守战和国外特定的时间管理是策略核心，两者有利于吸引流量。当然，对于一些在站内做得比较好的卖家，已经到站外社交引流了。

“中国直发派系”的选品思维可以用“速卖通的选品思维”操作，两个市场是基本相同的，不同点就是平台对卖家的考核和平台在受众国家的宣传力度。

任务四 产品发布策略

一、敦煌网平台产品发布策略

1. 产品标题和关键词选择技巧

产品关键词一般由宽泛关键词和精准关键词两部分组成，建议您的产品名称中包含宽泛关键词，另外最好书写精准关键词。宽泛关键词指的是每个行业的类别性的词，比如服装行业的宽泛关键词就是女士服装、男士服装这类词；精准关键词指的是每个产品特有的属性词，与产品相关度匹配的词语，比如某款式、某面料、某颜色的衣服。

产品标题一般需要有关于产品的关键词，以便买家搜索到您的产品。另外，在标题中加入 Free Shipping 也会吸引买家下单。您在设置关键词时可以从产品的特征、属性、用途、卖点等维度进行考虑，另外建议填写产品关键词的时候重点放在精准词上。标题名称=品牌+产品特征+产品属性+产品用途+产品的卖点。应寻找关键词，并在产品名称中多添加产品属性词。

下面介绍四种设置关键词的参考方法。

第一种方法，打开敦煌网平台的首页栏，在左边的产品类目栏，点击一个产品类目，比如服装的男士服装，其在最左边列举的一些有关服装的产品属性词，就是你在设置产品关键字时所要参考的。

第二种方法，打开敦煌网买家端首页 http：//www. dhgate. com/，查看左下方的 Wholesale Searches，这里的关键词是会随时更新的，是近期买家在敦煌网搜索最多的关键词。

第三种方法，通过关键词搜索进入产品列表页，查看左下方的 Related Keywords，这里展示的是某个产品线买家搜索最多的关键词。

第四种方法，在动力营——妙用广告中的“热门广告推荐专区”中，挑选推荐的热门关键词，这些关键词是平台卖家搜索量高且点击转化率很高的关键词。

2. 产品图片上传

（1）8 张图片尽量上满，全方位、多角度地展示产品。

（2）图片清晰，突出产品整体样式和大小，突出产品特征及卖点。

（3）第一张图片一定要修图，做出更好效果。

3. 产品拍摄

（1）只要有可能，请尽量使用自然光。

（2）最好正反两个光线是在商品的斜对角方向，而不是正正面和正反面。

（3）背景应该简单，从而突出物品。

（4）考虑拍摄某些细节和多角度（正面、背面、侧面、顶部）的特写，以便潜在买家可以看到物品的实际情况。

（5）产品配件、包装、赠品也需要在图片中体现出来，让买家通过图片直观了解产品相关信息，增加产品吸引力。

4. 编辑图片

图片上传到电脑硬盘后，通常可以用图片编辑软件来调整效果。可以使用 Photoshop 或者其他图片编辑软件来对图片进行处理。您可以尝试以下几种操作。

（1）裁剪图片，删除所有不必要的背景；

（2）平衡对比度和亮度；

（3）不要锐化过头；

（4）调整大小，可以将图片文件调整至 200 px（高）× 200 px（宽）或者 100 px（高）× 100 px（宽）；

（5）打上吸引买家眼球的标记，比如 Sale 等字样，标记不用太大，可以放到照片的一角，用比较醒目的颜色。

5. 定价策略

敦煌网平台是以美元定价的，卖家需要定期关注汇率的变动。不难看出，敦煌网的定位是小额批发的平台，因此在定价的时候，要考虑到批发的特性，卖家的利润靠走量，以过高的零售价格定价很难出单。买家群体以欧美等发达国家为主，他们都是线下的批发商或零售商，因此，卖家在定价的时候，一定要考虑以批发的价格来销售，因为这些产品被买家买回去后，要进行二次销售，如果你提供的价格让买家没有利润空间，产品将很难销售出去。这些国外的批发商有普遍的特征：小批量，高频次，需求稳定，需求产品线广。了解这些之后，就有大概的方向了。如果您是新卖家，将利润控制在 5%～30%，更有利于您快速成长和积累起一批固定的海外买家群体。对于没有一手货源的卖家，可以适当降低利润；对于有一手货源的卖家，利润可以根据自己的优势适当增加。设置销售单位时要注意，应根据自己的产品属性，选择合适的销售单位。具体有：

选择销售方式按件卖：以单品为销售单位。对于高质量有特殊功能及用途且价位较高的产品，宜采用单件出售的方式。

按包卖：以包为销售单位，一包有很多件产品。对于小商品、价位较低的产品，宜采用打包出售的方式。

按件卖是为了降低下单的门槛，为买家提供样品订单，比如一件很小的产品单件卖就能让买家很容易购买到产品，能快速积累自己新的客户。按包卖体现的是批发的特性，当面对老客户时，打包卖可以增加销量，从而维持稳定的利润，但同时打包卖的批发特性要体现出来，批发价格要低。对于同一产品，最好设不同的数量区间，各个数量区间设置不同报价，将价格区间拉大。

6. 运费策略

免运费是一种常见的促销手段，大部分的买家会比较喜欢免运费的产品。但是卖家在设置免运费时要慎重设置产品的价格。在设置免运费时，如何选择运输方式也是新卖家比较棘手的，EMS、HK post、China post 运费都只计重量，且 HK post 和 China post 物流成本低，相对于其他运输方式（如 EMS、DHL、UPS、Fedex、TNT 等）来说，有绝对的价格优势，一般能节省好几倍的运费，所以，产品价值不超过 50 美元、重量在 2 千克以下的产品，敦煌网建议新手卖家用 HK post 和 China post（邮政小包）来设置免运费产品。同样，卖家也可以利用免运费来设置一些样品订单。航空包裹有一定风险性，请卖家注意以下几点。

（1）使用航空小包产品邮寄时，一定要挂号，同时在发货期内在全球速卖通平台上填写提交发货通知，否则订单款项将会自动退回给买家；

（2）标准运费中仅含了运费部分，未包括挂号费、海关验关费、单据费等其他费用，请卖家在设置价格时注意考虑运输成本；

（3）价值或时效性要求较高的货品，应尽量选择其他运输方式。

（4）请在发货时，直接去邮局发货，或者选择资质较好的货代，使用实力较差的货代会增加丢包和误期的风险；

（5）发货后，要及时跟进货物的运输情况。如出现网上货运追踪信息不全的情况，例如，只有发货记录，没有妥投记录，要及时联系买家确认收货情况；

（6）如在预计最长正常货运周期 20 天后，买家仍没有收到货物，卖家要立即联系邮局或货代进行查询，如网上记录显示货物已到买家所在国家，也可以让买家直接联系当地邮局进行查询。

7. 定价策略

最简单有效的方法是搜索出您产品的类目，看看同一类目下的产品定价范围。一般来讲，排序在前三页的产品最畅销，价格最具有参考价值。例如，dog clothing 宠物狗服装如图 3-65 所示。

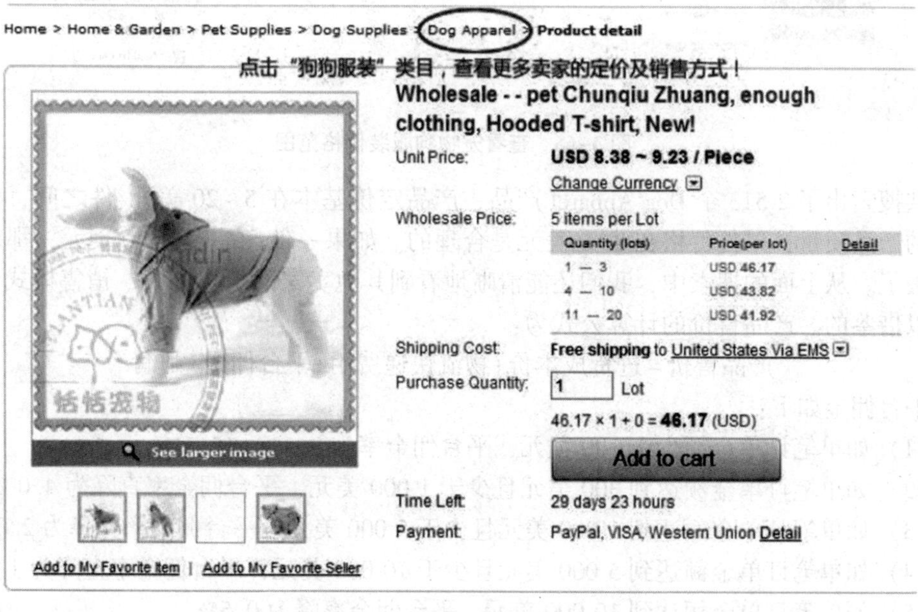
Home > Home & Garden > Pet Supplies > Dog Supplies > Dog Apparel > Product detail
点击“狗狗服装”类目，查看更多卖家的定价及销售方式！
Wholesale - - pet Chunqiu Zhuang, enough clothing, Hooded T-shirt, New!
Unit Price: USD 8.38 ~ 9.23 / Piece
Change Currency
Wholesale Price: 5 items per Lot
Quantity (lots) Price(per lot) Detail
1 — 3 USD 46.17
4 — 10 USD 43.82
11 — 20 USD 41.92
Shipping Cost: Free shipping to United States Via EMS
Purchase Quantity: 1 Lot
46.17 × 1 + 0 = 46.17 (USD)
Add to cart
Time Left: 29 days 23 hours
Payment: PayPal, VISA, Western Union Detail
See larger image
恬恬宠物
Add to My Favorite Item | Add to My Favorite Seller

图 3-65 宠物狗服装示例

目前的产品定价是 9.23 美元/件，但是不知道这个价格是否能卖出去，这时可以点击产品上方的 Dog Apparel 类目链接，查看所有 dog clothing 的产品价格范围，搜索结果如图 3-66 所示。排在前三页的产品是最畅销的，一般查看前三页的产品，就知道什么质量的产品是什么价位了。

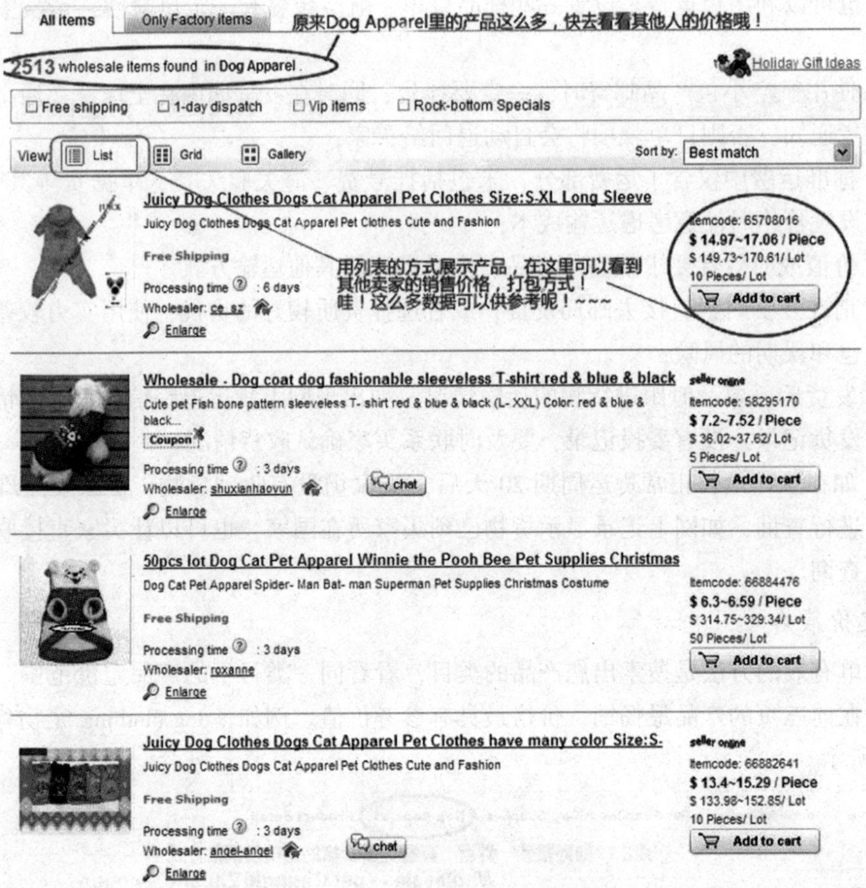
原来Dog Apparel里的产品这么多，快去看看其他人的价格哦！
用列表的方式展示产品，在这里可以看到其他卖家的销售价格，打包方式！哇！这么多数据可以供参考呢！~~~

图 3-66　查看宠物狗服装价格范围

共搜索出了 2 513 个 Dog Apparel 产品，产品定价基本在 5~20 美元/件之间，因此根据我的产品质量，单件价格在 8~9 美元是合理的。如果一件产品定到 20 美元，那就很难卖出去了。从上面的搜索中，我们还能清晰地看到其他卖家的打包方式、销售模式，这都是可以借鉴的。产品售价的计算公式为：

产品售价=进货成本价+物流快递费用+平台佣金+利润

平台佣金如下：

（1）如单笔订单金额少于 300 美元，平台佣金率为 8.5%~15.5%；

（2）如单笔订单金额达到 300 美元且少于 1 000 美元，平台佣金率直降为 4.0%；

（3）如单笔订单金额达到 1 000 美元且少于 5 000 美元，平台佣金率直降为 2.0%；

（4）如单笔订单金额达到 5 000 美元且少于 10 000 美元，平台佣金率直降为 1.0%；

（5）如单笔订单金额达到 10 000 美元，平台佣金率降为 0.5%。

8. 详情页设置

（1）详情页应包括以下内容。

①产品的详细描述。把在产品名称和规格说明中不能覆盖的产品信息进一步详细展示给买家，包括产品的大小、体积、重量、材质等。另外，也可以将买家比较关注的产品的特色、功能、服务、包装及运输信息等展示出来，让买家了解尽可能多的产品相关信息。

描述越精细越容易被买家关注。

②通过一些个性化的描述展现卖家的专业性。例如对产品细节的展示，可以给买家留下深刻的印象。

③进一步相关产品的推荐。向买家展示更多的相关产品，进行自我促销，引起买家的兴趣。目前网站支持图片的链接形式，用复制粘贴的方法，将自己同类型的产品图片和链接，复制粘贴到产品的描述中，当买家浏览您一个产品的时候，同时也能看到其他的产品，会大大增加点击率。

（2）详情页撰写技巧有以下一些。

①国外买家喜欢简洁、清晰的产品陈列页面，因此建议大家在进行产品详细描述撰写和页面设计的时候，更多从买家的角度出发，符合对方的习惯。

②文字说明中的颜色不要超过三种。如果您想重点突出某些文字，建议把所有想要突出的文字用同一种颜色标出，其他文字统一用另外一种颜色。过多的颜色会让国外买家晕眩，起到相反的效果。

③产品说明要清晰。按照不同的主题进行分类描述，分类越清晰，买家越容易找到产品的相关信息。同时，清晰的描述也会给买家留下非常专业和深刻的印象。应形成自己的统一的风格，让买家过目不忘。

④展示的图片要清晰。一张生动的图片比几百个字还要管用。产品图片最好自己拍摄，“所见即所得”对买家来说非常重要，也可避免不必要的纠纷；还可以给买家更亲切的感觉。建议在自己精心拍摄和制作的图片上做好水印（记得不可以是任何联系方式），让买家一眼就可以找到您的产品。

（3）详情页设置时应注意以下几个方面的问题。

①文字描述要按照不同的主题进行分类描述。

②一定要有图片和文字，做到图文并茂。

③把要添加的图片和文字加以布局，让其看上去清晰、美观。

④最好添加一些相关产品链接。

⑤设计模板时文字的颜色不要多，设计风格最好是简洁、清晰。

（4）详细描述的小建议。

①您可以在产品详细描述中给买家灌输这样的信息：买家购买了您的产品后，在满意的情况下，如果能够及时给予好评，那么下次再购物时可以得到一些折扣，这样能让买家知道您是一位诚信并且非常重视好评的卖家，同时为买家的第二次购买打下基础。

②详细描述中一定要有售后服务介绍。

③详细描述中可以加入一些链接，比如店铺、目前折扣产品、最近店铺比较热销的产品等链接。如果链接可以配合图片，效果更佳。

二、Wish 平台产品发布策略

Wish 上没有店铺的概念，只有产品的概念。根据 Wish 的规则，每一个通过审核上架的产品都能公平得到推送。所以前期一般是先大量铺货，以求有更大的曝光率。待积累到一定程度，再针对有出单的产品重点优化。可采取对比同行价格降价销售，随时关注市场价格动态以随时调整，力求精美的图片、精准的 Tags、简练的标题，打造爆款并延长爆款生命周期等措施。

使用店小秘（http：//www.dianxiaomi.com/index.htm）上货，下面以 Wish 平台为例，分享上货的各项要求及优化经验技巧。

1. 基本信息

（1）Product Name（标题）：标题要简明扼要，能描述产品类别、名称、关键属性、价值等，让客户通过标题就准确判断出是什么产品，并记住产品。标题词在精不在多，切忌关键词的堆积。

（2）Description（描述）：关于产品的详细描述。精准简练地描述产品的颜色、尺寸、特性、材质、包装等，也可以加上店铺政策、客户服务等内容。

（3）Tags（标签）：标签即是能描述这个产品特性的关键词。客户可通过关键词搜索到你的产品。添加的标签越多，标签的准确性越高，客户搜到你产品的概率越高。一个产品最多支持 10 个标签词，建议精准词、长尾词、属性词、修饰词、场景词、宽泛词等都用上。

（4）Unique Id（父 SKU）：Unique Id 是用以标识此产品的唯一 SKU 号，也可称之为父 SKU。比如店小秘创建产品，Unique Id 就是店小秘的 Parent SKU。

（5）SKU 是可以随意编写的，但为了方便快速区分产品，方便后期的产品查找、优化，建议编写时带上产品名称及颜色、尺寸等属性信息，比如 PUsandals-red-38。

基本信息和 SKU 必须用英文填写。不过，英文基础不好的卖家也没关系，现在很多 ERP 支持 Wish 上货，都有中文的界面，也支持在线翻译。

2. 图片要求

Wish 客户都是利用碎片化时间在手机上浏览、购物，若图片不够精美，图片质量不高，或者图片不能快速打开，那么客户可能就没兴趣继续了。

图片建议不少于 5 张，且最好能多方位地展示产品的特性，让客户对产品有全面的感受。

官方要求图片像素在 800 px×800 px 以上，在店小秘上货没有像素限制，而且提供图片空间，上传稳定很多。

3. 库存和运费

所有人都喜欢物美价廉的物品，都有货比三家的本性，所以 Price（价格）就相当重要了。建议合理定价，定期调整价格，如每天降低 1 美分，以增加曝光率。降价是能增加被推广的权重的。

Quantity 是可销售数量，建议一次性不要写太高，以免供货商突然没货带来不必要的麻烦。

Shipping 即运费，多指每个产品的物流费用，这是客户将为每个产品下单所支付的运费。

Wish 官方不支持免运费，所以一定要填写。即便设置为 0，官方也会自动加运费，而且这个运费客户支付后卖方还拿不到。

Shipping Time 指运输时间，是订单从发货到客户签收的时间。根据自己所选择的物流，估计一个大概时间即可。

4. 颜色和尺寸

多品种产品只能靠颜色和尺寸区分。选择这两个属性更方便客户下单时选择，也能提升产品被推送曝光的概率。

5. 注意仿品信息

标题、描述、标签词必须规避敏感词。同时，图片本身有仿品、侵权的因素，也会被判为仿品，所以在选品、选图时要多加注意。

项目小结

本项目主要介绍敦煌网平台、Wish 平台如何注册，卖方如何开店等操作步骤，介绍如何开展海外市场调研，介绍敦煌网、Wish、Amazon 等平台的选品策略，以及敦煌网、Wish 等平台的产品发布策略。

练习题

一、单选题

1. 以下关于敦煌网操作步骤中，没有包括在操作步骤里面的是（　　）。

A. 注册　　B. 认证　　C. 激活邮箱　　D. 手持当天报纸

2. 下列选项中，不属于敦煌网平台中的产品详细描述应注意的方面的是（　　）。

A. 文字描述要按照不同的主题进行分类描述

B. 一定要有图片和文字描述，要做到图文并茂

C. 把要添加的图片和文字加以布局，让其看上去清晰、美观

D. 不添加相关产品链接

3. 关于 Wish 平台，以下说法错误的是（　　）。

A. 每天降低 1 美分，可以增加曝光率。降价是能增加被推广的权重的

B. Quantity 是可销售数量，建议一次性不要写太高，以免供货商突然没货带来不必要的麻烦

C. Wish 官方支持免运费的

D. Shipping 即运费，多指每个产品的物流费用，这是客户将为每个产品下单所支付的运费

二、操作题

1. 每位同学熟练掌握敦煌网跨境电商平台的操作，并在官网注册账号开店。

2. 每位同学熟练掌握 Wish 跨境电商平台的操作，并在官网注册账号开店。

三、思考题

1. 海外市场调研方法有哪些？

2. Amazon 是如何选品的？

3. 敦煌网的产品发布策略有哪些？

4. Wish 平台的产品发布策略有哪些？

项目四　跨境网络营销推广与数据分析

学习目的

通过对本项目的学习，学生应了解跨境电商主流的网络营销方法（网络推广、视觉营销和 SNS 营销等）和店铺主要的数据分析方法（行业数据分析和店铺经营分析等），要理解每种网络营销方法和每种数据分析方法的差异和适用性。

重点难点

了解并掌握网络推广、视觉营销和 SNS 营销的原理和方法，以及行业数据分析和店铺经营分析的方法。

案例导入

案例：（大数据精准营销）渠道和大数据“诱人”　啤酒企业集体借力电商

2018 年年初，青岛啤酒与阿里巴巴签署了 2018 年战略合作协议。此前，珠江啤酒、燕京啤酒等企业也纷纷借力电商平台，从渠道拓展、大数据分析和营销等方面寻求更广阔的发展空间。

以青岛啤酒为例，无论是推新品还是发放粉丝福利，天猫青岛啤酒官方旗舰店都是青啤粉丝“尝鲜”和“欢聚”的主阵地。珠江啤酒与阿里云达成战略合作，基于阿里云新零售的“中台”理念和技术，打造“新零售平台”。燕京啤酒也非常重视电商渠道，其 2017 年上半年财报显示，公司之所以在报告期内实现营收利润双增，原因之一是“公司积极完善销售渠道，在优化传统营销渠道的基础上，不断提升电商营销质量”。

电商还能帮助啤酒品牌提升用户体验，比如青岛啤酒社区客厅，有了阿里技术的接入，“自助支付”“人脸支付”等新玩法给消费者带来全新的消费体验。

电商之于啤酒，还有一个非常重要的功能——大数据。数据可以反映消费者喜好和个性化需求，对啤酒创新产品的研发和推出有所助益。

根据珠江啤酒的规划，“新零售平台”将激活现有会员和阿里巴巴数据，来实现大数据精准营销，通过分析消费习惯，推动新品的研发和生产。

青岛啤酒与天猫的战略协议中也包括大数据的应用，用于以消费者需求为核心创新产品。青岛啤酒方面表示，此前青岛啤酒的创新产品如“魔兽罐”“深夜食堂罐”“皮尔森”等产品，迎合了“80后”“90后”消费群体的情怀与口感。

业内观察人士指出，啤酒企业集体拥抱电商，是为了更好地吸引年轻群体。《中国人的酒杯——2017天猫酒水消费大数据报告》显示，在未来发展趋势方面，线上酒水年轻化越发明显，“90后”消费者在啤酒消费上表现尤其突出，在整体啤酒消费额占比中增幅最大。

“‘80后’‘90后’是移动端的消费主力，走在路上拿出手机就能买一瓶啤酒，啤酒企业自然不会错过这个非常有前景的消费场景。”上述人士指出，随着与电商平台合作的深入，借助大数据分析和精准营销，啤酒企业未来可能赢得更多年轻消费群的心。

【问题】

1. 结合消费者行为理论，分析大数据如何针对“80后”“90后”人群进行精准营销？

2. 请你为青岛啤酒制作一份可行的精准营销方案。

任务导入

任务导入：通过百度推广，掌握网络推广、视觉营销和SNS营销的原理和方法，了解并掌握跨境电商行业数据分析和店铺经营分析的方法。

任务一　网络推广

网络推广，即利用互联网向目标受众传递有效信息的活动。从过程来说，网络推广要经过以下三个步骤：首先，确定目标受众，即向谁推广；其次，策划传播内容信息，即推广什么；最后，确定采取什么方式推广，即怎么推广。目前主流的网络推广方法有店铺自主营销、店铺首页营销、橱窗营销、关联营销、联盟营销和平台活动等。

一、店铺自主营销

1. 方式

店铺自主营销主要有限时限量折扣、全店铺打折、店铺满立减和店铺优惠券等。

（1）限时限量折扣，是在特定的营业时间内提供特定数量的优惠商品销售的措施，以达到吸引顾客的目的。限时限量折扣一方面可增强商场内人气，活跃气氛，激发顾客的购买欲望，同时可促使一些临近保质期的商品在到期前全部销售完，当然，必须留给顾客一段使用的期限。在速卖通平台上，限时限量折扣居四大营销工具之首。

下面以敦煌网为例，讲解如何进行限时限量折扣的设置。

①登录卖家后台，点击“促销活动”。

②点击左侧“店铺活动”。

③点击“创建限时限量”，进入限时限量活动创建流程，具体如图 4-1 所示。

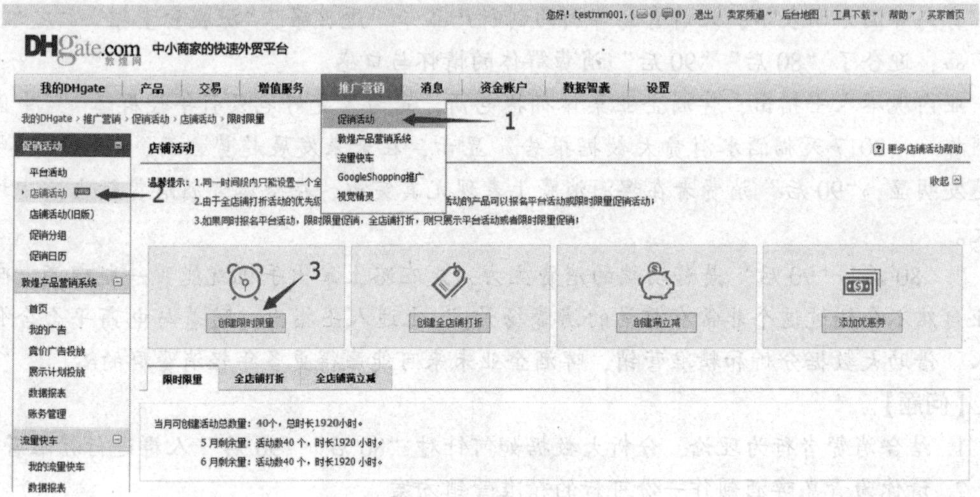
DHgate.com 敦煌网
中小商家的快速外贸平台
我的DHgate
产品
交易
增值服务
推广营销
消息
资金账户
数据智囊
设置
促销活动
敦煌产品营销系统
流量快车
GoogleShopping推广
视觉精灵
1
店铺活动
平台活动
店铺活动
2
店铺活动(旧版)
促销分组
促销日历
3
创建限时限量
创建全店铺打折
创建满立减
添加优惠券
限时限量
全店铺打折
全店铺满立减
当月可创建活动总数量：40个，总时长1920小时。
5 月剩余量：活动数40 个，时长1920 小时。
6 月剩余量：活动数40 个，时长1920 小时。

图 4-1　创建限时限量

④填写“限时限量”促销信息。限时限量促销活动包括“打折”与“直降”两种，发起时，请注意选择；活动开始与结束时间为“北京标准时间”；当您本月活动允许创建的个数及时长有一项为 0 时，则不能创建本月活动；填写活动基本信息。限时限量活动需提前 12 小时创建活动，活动开始前 6 小时，将进入“待展示”状态。填写信息如图 4-2 所示。

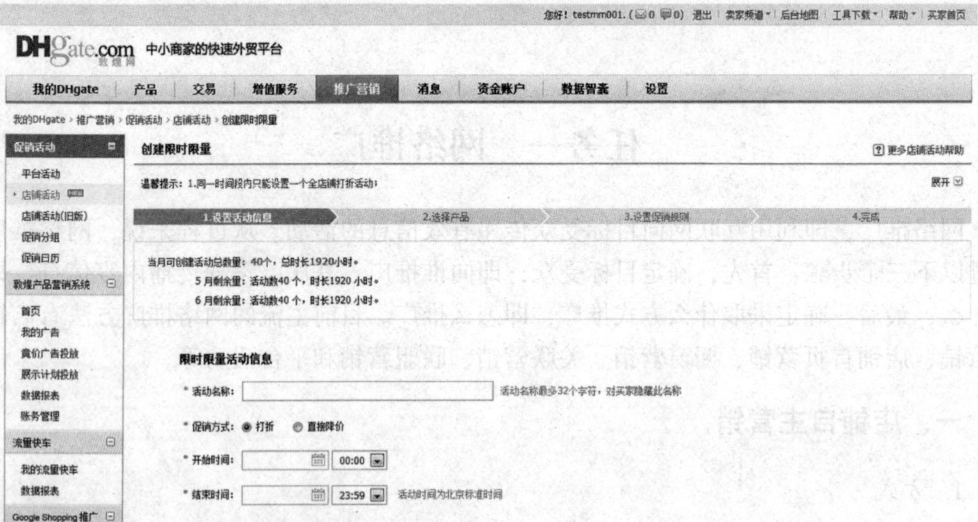
DHgate.com 敦煌网
中小商家的快速外贸平台
我的DHgate
产品
交易
增值服务
推广营销
消息
资金账户
数据智囊
设置
创建限时限量
温馨提示：1.同一时间段内只能设置一个全店铺打折活动！
1.设置活动信息
2.选择产品
3.设置促销规则
4.完成
当月可创建活动总数量：40个，总时长1920小时。
5 月剩余量：活动数40 个，时长1920 小时。
6 月剩余量：活动数40 个，时长1920 小时。
限时限量活动信息
* 活动名称：
活动名称最多32个字符，对买家隐藏此名称
* 促销方式： 打折 直接降价
* 开始时间： 00:00
* 结束时间： 23:59
活动时间为北京标准时间
下一步
取消

图 4-2　填写信息

⑤选择所要促销的产品。每个活动最多只能选择 40 个产品。在选择产品时，需要注意产品可能存在 VIP 价格。在促销时，也要注意 VIP 买家购买是基于 VIP 价格进行的限时限量促销，如图 4-3 所示。

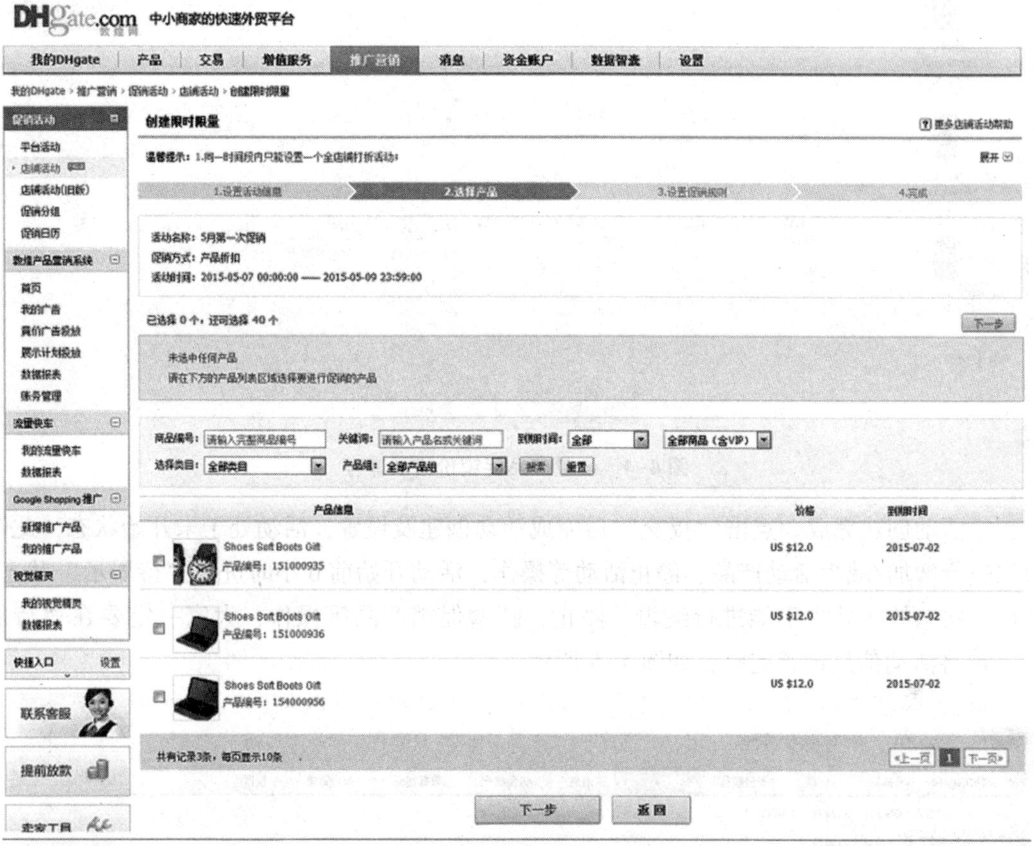
DHgate.com
中小商家的快速外贸平台
我的DHgate
产品
交易
增值服务
推广营销
消息
资金账户
数据智囊
设置
创建限时限量
1.设置活动信息
2.选择产品
3.设置促销规则
4.完成
活动名称：5月第一次促销
促销方式：产品折扣
活动时间：2015-05-07 00:00:00 —— 2015-05-09 23:59:00
已选择 0 个，还可选择 40 个
下一步
未选中任何产品
请在下方的产品列表区域选择要进行促销的产品
产品信息
价格
到期时间
Shoes Soft Boots Gift
产品编号：151000935
US $12.0
2015-07-02
Shoes Soft Boots Gift
产品编号：151000936
US $12.0
2015-07-02
Shoes Soft Boots Gift
产品编号：154000956
US $12.0
2015-07-02
下一步
返回

图 4-3　选择促销产品

⑥设置产品促销价格及库存：在发起“限时限量”促销时，切勿提价促销，多次提价促销会受到相应处罚。

活动库存应注意：a. 活动库存为产品参与促销活动期间可销售的最大数量，由卖家自行设置；b. 活动库存应是大于产品最小起订量的整数；c. 活动库存售完或低于最小起订量时，产品会自动退出活动，价格恢复原价。

限购数量应注意：a. 限购数量为产品参与促销活动期间每个买家可购买的最大数量，由卖家自行设置；b. 限购数量应是大于产品最小起订量且小于（等于）促销数量的整数。可以批量填写“折扣”“活动库存”“限购数量”，也可以单个进行设置。

90 天均价应注意：a. 90 天均价为商品在参加当前活动时的前 90 天的促销均价，仅计算商品在店铺促销中的价格，不包括平台活动、daily deals 活动、平台大促期间的折扣价格；b. 当前店铺限时限量促销价格需小于等于 90 天均价。

设置产品促销价格库存如图 4-4 所示。

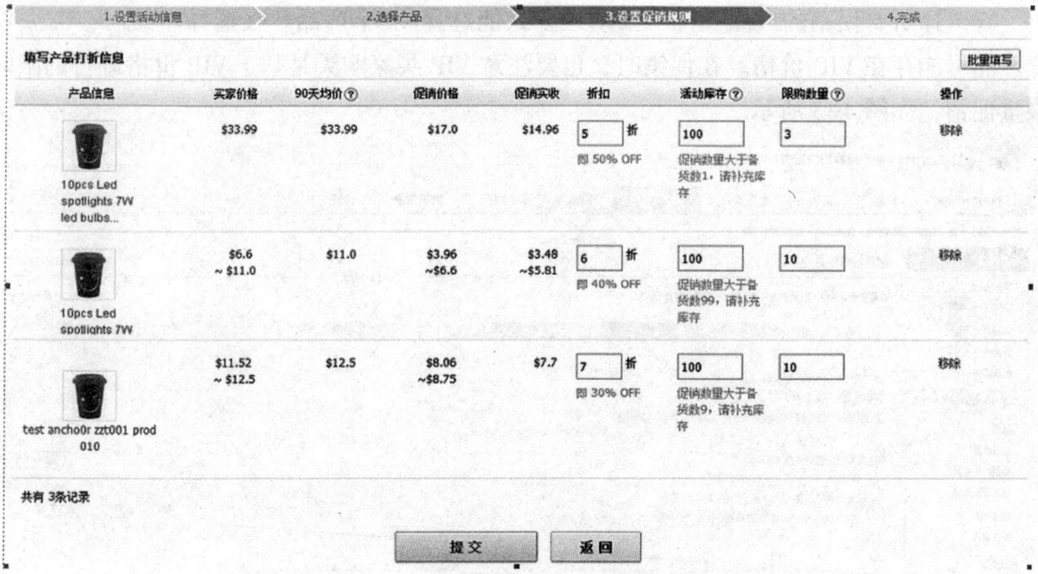
1.设置活动信息
2.选择产品
3.设置促销规则
4.完成
填写产品打折信息
批量填写
产品信息
买家价格
90天均价
促销价格
促销实收
折扣
活动库存
限购数量
操作
$33.99
$33.99
$17.0
$14.96
5 折
即 50% OFF
100
促销数量大于备货数1，请补充库存
3
移除
10pcs Led spotlights 7W led bulbs...
$6.6 ~ $11.0
$11.0
$3.96 ~$6.6
$3.48 ~$5.81
6 折
即 40% OFF
100
促销数量大于备货数99，请补充库存
10
移除
10pcs Led spotlights 7W
$11.52 ~ $12.5
$12.5
$8.06 ~$8.75
$7.7
7 折
即 30% OFF
100
促销数量大于备货数9，请补充库存
10
移除
test ancho0r zzt001 prod 010
共有 3条记录
提交
返回

图 4-4　设置产品促销价格及库存

⑦活动创建完成。点击“提交”后完成活动创建及设置，活动处于未开始状态，此时可以进行增加/减少活动产品、停止活动等操作，活动开始前 6 小时进入“待展示”状态，待展示状态的产品将不能进行编辑、停止、新增促销产品等操作，大家一定要在“待展示”前将活动信息设置完整，如图 4-5 所示。

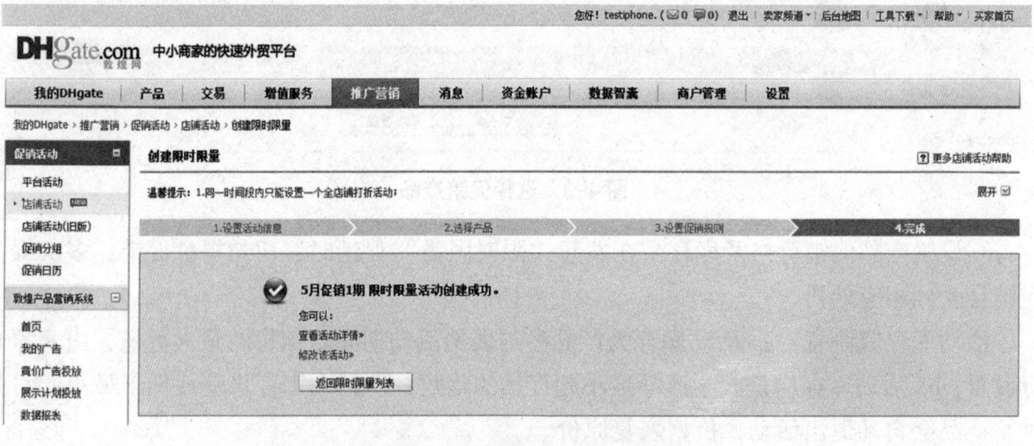
DHgate.com 敦煌网
中小商家的快速外贸平台
我的DHgate
产品
交易
增值服务
推广营销
消息
资金账户
数据智赢
商户管理
设置
我的DHgate > 推广营销 > 促销活动 > 店铺活动 > 创建限时限量
促销活动
平台活动
店铺活动
店铺活动(旧版)
促销分组
促销日历
敦煌产品营销系统
首页
我的广告
竞价广告投放
展示计划投放
数据报表
创建限时限量
更多店铺活动帮助
温馨提示：1.同一时间段内只能设置一个全店铺打折活动；
展开
1.设置活动信息
2.选择产品
3.设置促销规则
4.完成
5月促销1期 限时限量活动创建成功。
您可以：
查看活动详情»
修改该活动»
返回限时限量列表

图 4-5　完成活动创建及设置

⑧查看限时限量活动列表：处于“活动未开始”状态，可编辑、增加产品、停止活动；处于“活动待展示”状态，则不可编辑，不可增加产品，不能停止活动。

活动列表中，可根据“活动状态”筛选查看活动内容，包括未开始、待展示、进行中、已结束、已停止（已停止包括由卖家自主停止及 DHgate 运营人员停止），如图 4-6 所示。

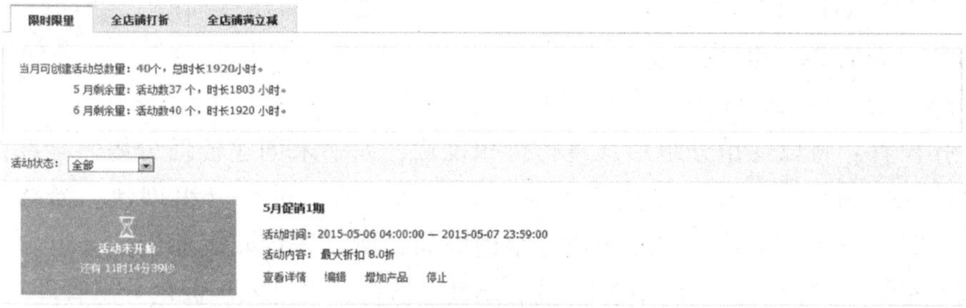
限时限量
全店铺打折
全店铺满立减
当月可创建活动总数量：40个，总时长1920小时。
5月剩余量：活动数37个，时长1803小时。
6月剩余量：活动数40个，时长1920小时。
活动状态：
全部
活动未开始
5月促销1期
活动时间：2015-05-06 04:00:00 — 2015-05-07 23:59:00
活动内容：最大折扣 8.0折
查看详情
编辑
增加产品
停止

图 4-6　查看活动列表

⑨限时限量折扣的作用有以下几点：

a. 买家购物车、收藏夹里的商品一旦打折，立刻会收到系统提示，提升购买率。

b. 可以获得额外曝光。例如，进入速卖通买家搜索页面，点击“Sale Items”按钮，通过“限时限量折扣”工具打折的商品，都有机会展示在搜索结果的第一页。

c. 在大促期间使用“限时限量折扣”工具，网站会将新流量引入店铺，使店铺冲高销量。

除了上述好处外，还可以结合其他的工具，达到出乎意料的效果。例如，在速卖通平台，在做产品推优推爆的过程中，“限时限量折扣”可以搭配“直通车”进行组合推广。此外，限时限量折扣最好提前半月设置活动，让曝光持久性更长。月初设置月末、月末设置下月初的折扣，效果可观。

（2）全店铺打折。从客户的购物体验度上分析，全店铺打折是最受平台买家欢迎的方式，对卖家提升整店铺销售额有明显的帮助。并且每当平台大促的时候，平台对全店铺打折设置的卖家有流量扶持，借助平台大量引流的力量，提升自身店铺的竞争力，平台大促结束后，仍然可以持续增加销量。除此之外，在多款新品上市以及换季时，全店铺打折既可以提升新品销量，又可以对过季商品进行清仓。

下面以敦煌网为例，讲解如何进行全店铺打折的设置。

创建“全店铺打折”促销活动。

①登录卖家后台，点击“促销活动”。

②点击左侧“店铺活动”。

③点击“创建全店铺打折”，进入全店铺打折活动创建流程，如图 4-7 所示。

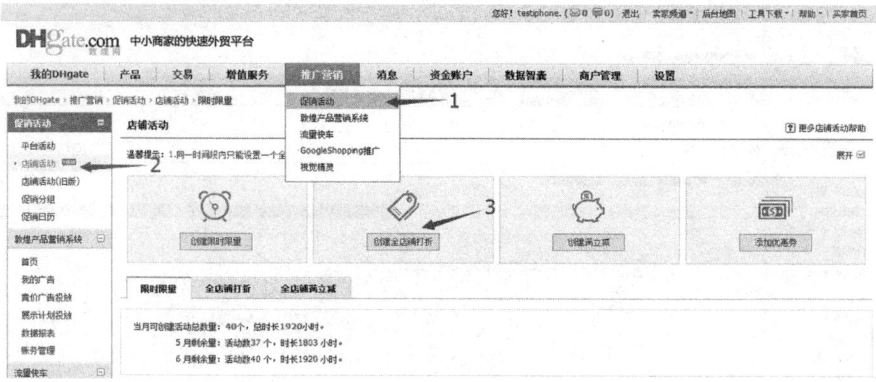
DHgate.com
中小商家的快速外贸平台
我的DHgate
产品
交易
增值服务
推广营销
消息
资金账户
数据智囊
商户管理
设置
促销活动
数据产品营销系统
流量快车
GoogleShopping推广
视觉精灵
1
2
3
店铺活动
平台活动
店铺活动
店铺活动(旧版)
促销分组
促销日历
创建限时限量
创建全店铺打折
创建满立减
添加优惠券
限时限量
全店铺打折
全店铺满立减
当月可创建活动总数量：40个，总时长1920小时。
5月剩余量：活动数37个，时长1803小时。
6月剩余量：活动数40个，时长1920小时。

图 4-7　创建全店铺打折

设置“全店铺打折”信息。

①活动需提前 24 小时创建。

②活动开始与结束时间为“北京标准时间”。

③折扣设置：将以促销分组形式进行折扣设置，如果未创建任何分组，全部商品将默认加入“other”分组中。在“创建全店铺打折”活动前，进行分组创建。当有全店铺打折活动进行时，不允许创建分组和修改分组内商品，所以一定要提前创建分组。

④点击左侧“促销活动”栏中的“促销分组”按钮，可进入该促销分组管理，如图 4-8 所示。

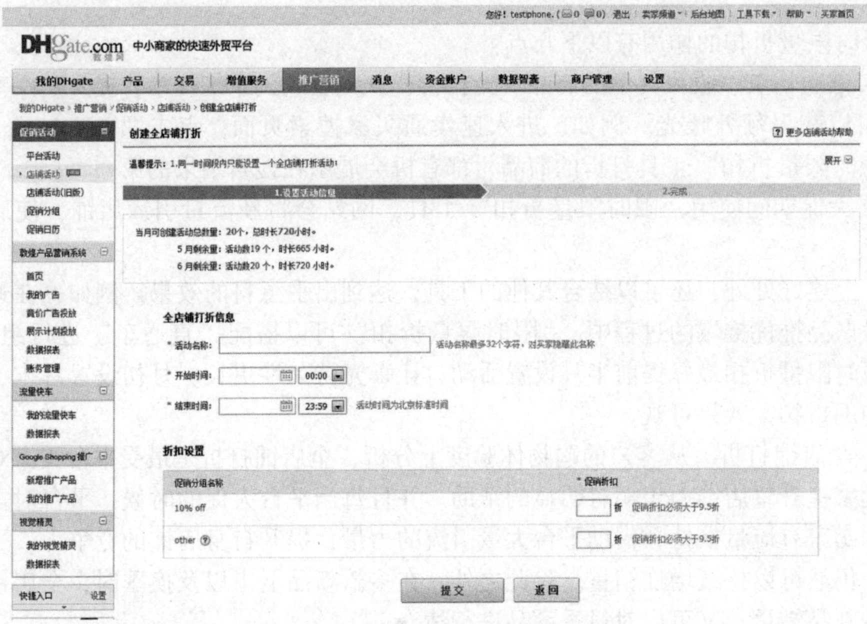
DHgate.com 中小商家的快速外贸平台
我的DHgate
产品
交易
增值服务
推广营销
消息
资金账户
数据智囊
商户管理
设置
创建全店铺打折
温馨提示：1.同一时间段内只能设置一个全店铺打折活动！
1.设置活动信息
2.完成
全店铺打折信息
* 活动名称:
* 开始时间:
* 结束时间:
折扣设置
促销分组名称
* 促销折扣
10% off
other
提交
返回

图 4-8　设置“全店铺打折”信息

活动创建完成。

点击“提交”后完成活动创建及设置。活动如此时处于未开始状态，可以分组折扣修改、停止活动等操作。活动开始前 12 小时进入“待展示”状态，待展示状态的产品将不能进行编辑、停止等操作。一定要在待展示前将活动信息设置完整，如图 4-9 所示。

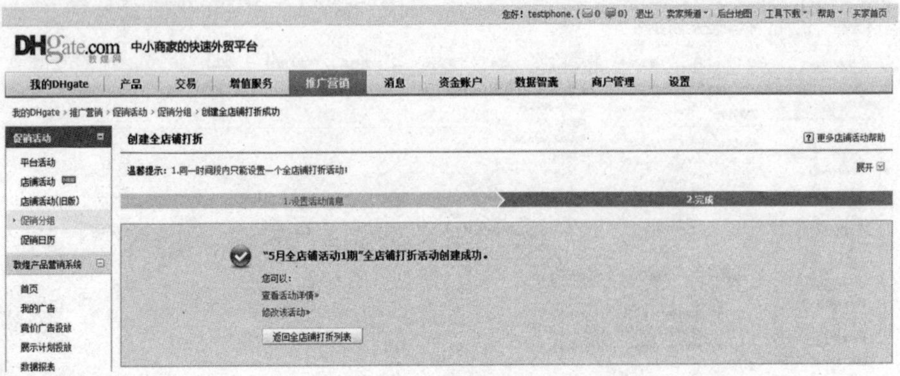
DHgate.com 中小商家的快速外贸平台
创建全店铺打折
1.设置活动信息
2.完成
"5月全店铺活动1期"全店铺打折活动创建成功。
您可以:
查看活动详情»
修改该活动»
返回全店铺打折列表

图 4-9　活动创建完成

查看全店铺打折活动列表。

①如处于“活动未开始”状态，可编辑、设置分组折扣、停止活动。

②如处于“活动待展示”状态，则不可编辑，不修改分组折扣，不能停止活动。

③活动列表中，可根据“活动状态”筛选查看活动内容，包括未开始、待展示、进行中、已结束、已停止（已停止包括由卖家自主停止及 DHgate 运营人员停止），如图 4-10 所示。

创建限时限量
创建全店铺打折
创建满立减
添加优惠券
限时限量
全店铺打折
全店铺满立减
当月可创建活动总数量：20个，总时长720小时。
5 月剩余量：活动数18 个，时长617 小时。
6 月剩余量：活动数20 个，时长720 小时。
活动状态：全部
管理促销分组
活动未开始
还有 20天6时32分34秒
5月全店铺活动1期
活动时间：2015-05-26 00:00:00 — 2015-05-27 23:59:00
活动内容：最大折扣 9.0折
查看详情 编辑 停止
活动未开始
还有 23时32分34秒
5月全店铺活动1期
活动时间：2015-05-06 17:00:00 — 2015-05-08 23:59:00
活动内容：最大折扣 9.0折
查看详情 编辑 停止

图 4-10 查看活动列表

全店铺打折活动从开始前 24 小时至活动结束阶段，所有商品将无法修改，只能下架。所以全店铺打折活动的持续时间不宜过长，一般在七天之内结束较为合适。速卖通的全店铺打折，每个月可以有 20 个活动数，时长 720 个小时。卖家需要注意的是，当月活动效果，将会影响隔月的活动时长和数量。

全店铺打折可以根据商品分组设置不同的折扣。每个卖家店铺里的商品因类目（或分组）不同，利润率也不相同，如果使用同一折扣反而会顾此失彼，影响购买率。所以，根据自己的利润率设置不同的折扣，更容易获得订单。

全店铺打折和限时限量折扣之间相互影响，当全店铺打折活动和限时限量折扣活动在时间上有重叠时，以限时限量折扣为最高优先级展示。例如，商品 A 在全店铺打折中的折扣是九折，在限时限量折扣中是八五折，则买家页面上展示的是限时限量折扣的八五折。

全店铺打折与平台秒杀活动是“最佳拍档”，当平台秒杀活动的库存数量销售完后，全店铺打折设置的折扣就奏效了。另外，用秒杀的噱头将流量引入店铺，当客户看到店铺中所有的产品都在疯狂打折时，客户会感到“便宜”。全店铺打折是最能烘托气氛的促销活动，只要把控好折扣的力度，卖家一定可以感受到该活动的效果。

（3）店铺满立减。店铺满立减，指的是只要达到一定的数量或者金额就给予减价优惠，分为全店铺满立减和商品满立减，分别是全店铺的产品参加活动和部分产品参加活动。速卖通的商品满立减活动每次最多可选 200 个商品，商品满立减订单金额只计算商品价格，即不包括运费，如果其他打折活动在同时进行，则折后价参加。如果一个客户购买多个产品刚好金额达到设置的范围，那么必须是在同一个订单里，分开下单不享受活动优惠。

较为常见的是对店铺设置“满 X 元减 Y 元”的促销规则，买家的一个订单中，若订单总金额（商品加运费）超过了卖家设置的 X 元，在买家付款时，系统自动减掉 Y 元，卖家不用修改价格，非常方便。

下面以敦煌网为例，讲解如何进行店铺满减的设置。

创建“全店铺满立减”促销活动。

①登录卖家后台，点击“促销活动”。

②点击左侧“店铺活动”。

③点击“创建满立减”，进入全店铺满立减活动创建流程，如图 4-11 所示。

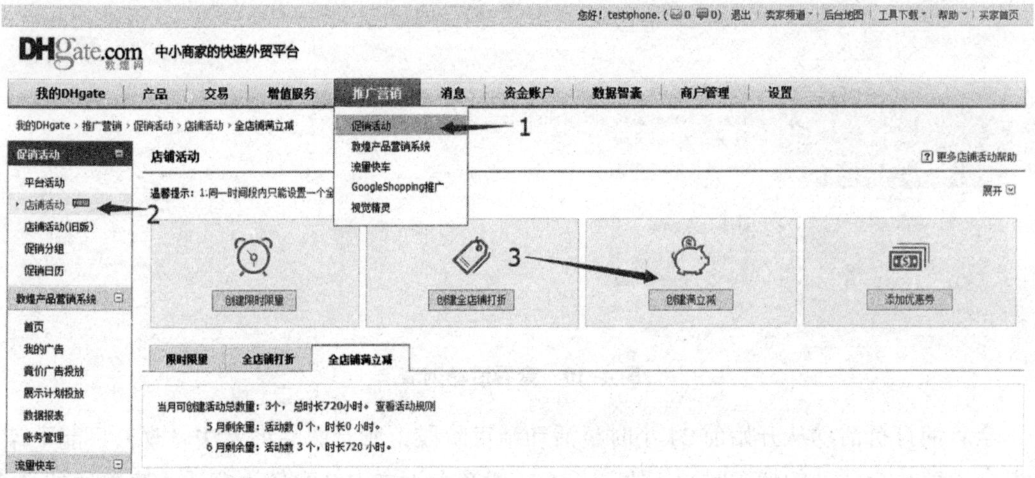
DHgate.com 中小商家的快速外贸平台
我的DHgate
产品
交易
增值服务
推广营销
消息
资金账户
数据智囊
商户管理
设置
促销活动
数煌产品营销系统
流量快车
GoogleShopping推广
视觉精灵
1
2
3
店铺活动
平台活动
店铺活动
店铺活动(旧版)
促销分组
促销日历
创建限时限量
创建全店铺打折
创建满立减
添加优惠券
限时限量
全店铺打折
全店铺满立减
当月可创建活动总数量：3个，总时长720小时。查看活动规则
5月剩余量：活动数 0 个，时长0 小时。
6月剩余量：活动数 3 个，时长720 小时。

图 4-11　创建满减

设置“全店铺满立减”信息。

①活动需提前 48 小时创建。

②活动开始与结束时间为“北京标准时间”。

③优惠是否可累加，当您勾选“优惠可累加”时，您设定的满减为满 100 减 10，则满 200 减 20，以此类推，上不封顶。

④订单满减不包含运费，如果商品同时参加其他打折活动，满减则按折扣后价格进行。

⑤全店铺满减活动，不对商品价格、信息进行锁定，在满减过程中，可修改商品信息，如图 4-12 所示。

图 4-12 设置“全店铺满减”信息

活动创建完成。

点击“提交”后完成活动创建及设置。如此时活动处于未开始状态，可以进行分组折扣修改、停止活动等操作。活动开始前 24 小时进入“待展示”状态，待展示状态的产品将不能进行编辑、停止等操作，大家一定要在待展示前将活动信息设置完整，如图 4-13 所示。

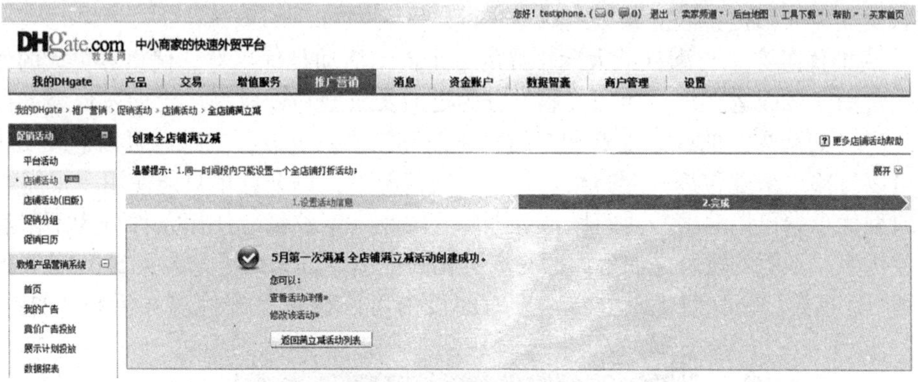

图 4-13 设置活动信息

查看全店铺打折活动列表。

①如处于“活动未开始”状态，可编辑、修改满减金额，是否可累加、停止活动。

②如处于“活动待展示”状态，则不可编辑，不能修改满减金额、是否可累加，不能停止活动。

③活动列表中，可根据“活动状态”筛选查看活动内容，包括未开始、待展示、进行中、已结束、已停止（已停止包括由卖家自主停止及 DHgate 运营人员停止），如图 4-14 所示。

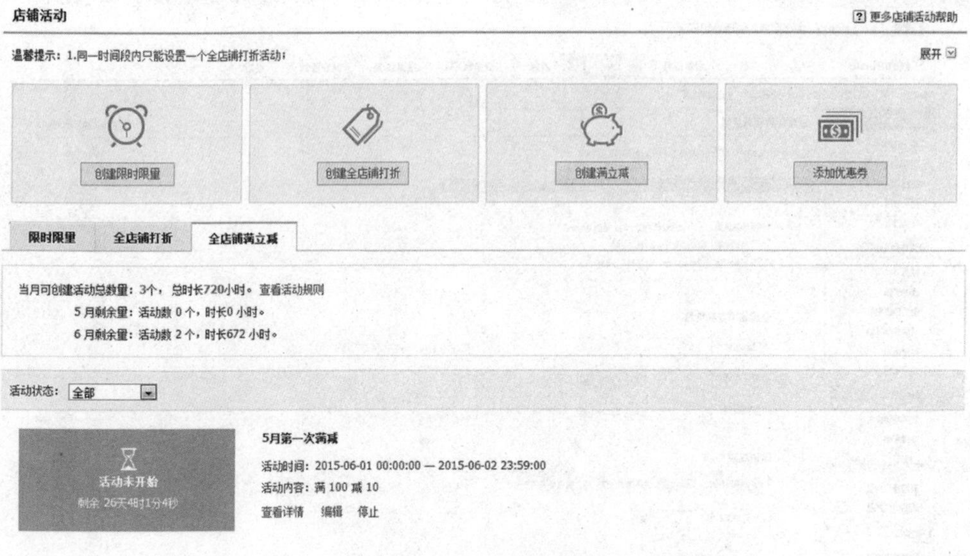
店铺活动
更多店铺活动帮助
温馨提示：1.同一时间段内只能设置一个全店铺打折活动；
展开
创建限时限量
创建全店铺打折
创建满立减
添加优惠券
限时限量
全店铺打折
全店铺满立减
当月可创建活动总数量：3个，总时长720小时。查看活动规则
5月剩余量：活动数 0 个，时长0 小时。
6月剩余量：活动数 2 个，时长672 小时。
活动状态：全部
活动未开始
5月第一次满减
活动时间：2015-06-01 00:00:00 — 2015-06-02 23:59:00
活动内容：满 100 减 10
查看详情 编辑 停止

图 4-14 查看活动列表

满立减可以刺激买家多买，让买家对原本可买可不买的商品下单，从而提升客单价。客单价是一定时间内，每一个顾客平均购买商品的金额。当日客单价计算公式为：

当日客单价=当日销售额/当日买家数

例如，原本买家只想买 80 元的商品，但是看到你店里满 100 元减 10 元，买家大多会再挑几件商品得到减价优惠。

销售额=客户数×客单价

在客户数不变的条件下，提升客单价就是提升销售额。此外，搭配“产品互链工具”推荐关联商品可大幅提升满立减效果。

（4）店铺优惠券。与满立减大同小异的一个促销活动是优惠券，优惠券更大的作用是增加二次营销，巩固老客户。店铺优惠券分为定向发放型和领取型。定向发放型又可以分为选择客户（如购买过的或添加购物车的）发放和二维码发放，二维码可以下载发送给客户，也可以打印出来随包裹一起寄给客户。一般情况下，每个订单只能使用一张优惠券。

领取型优惠券可以对客户进行限额，即每人限领一定数量。使用条件分为不限和订单金额满才优惠。不限的意思是如果面额为 5 美元的优惠券，那么买家购买 5. 01 美元的产品就可以使用优惠券。领取型优惠券在一个时间段内可以设置多个优惠券活动，如图 4-15 所示。

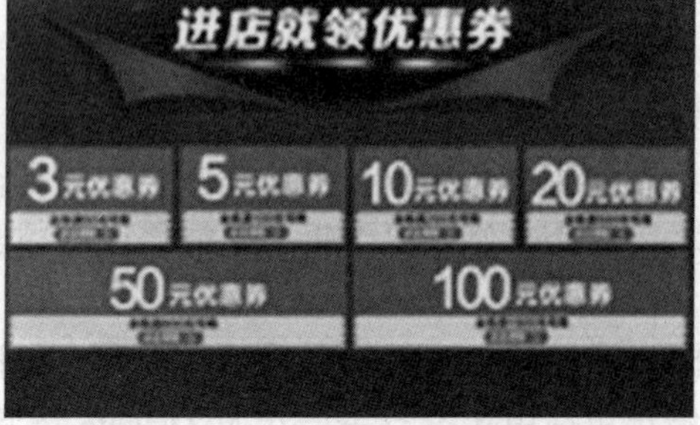
进店就领优惠券
3元优惠券
5元优惠券
10元优惠券
20元优惠券
50元优惠券
100元优惠券

图 4-15 领取型优惠券

速卖通的店铺优惠券设置如图 4–16 所示。

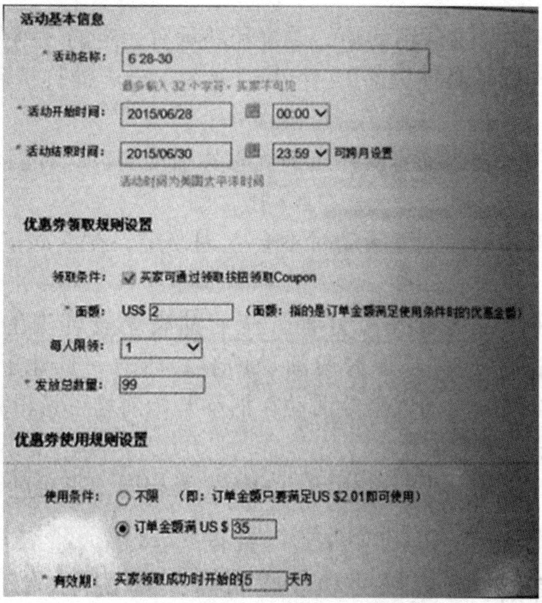
活动基本信息
* 活动名称：6 28-30
最多输入 32 个字符，买家不可见
* 活动开始时间：2015/06/28 00:00
* 活动结束时间：2015/06/30 23:59 可跨月设置
活动时间为美国太平洋时间
优惠券领取规则设置
领取条件：买家可通过领取按钮领取Coupon
* 面额：US$ 2 （面额：指的是订单金额满足使用条件时的优惠金额）
每人限领：1
* 发放总数量：99
优惠券使用规则设置
使用条件：不限 （即：订单金额只要满足US $2.01即可使用）
订单金额满 US $ 35
* 有效期：买家领取成功时开始的 5 天内

图 4–16　速卖通的店铺优惠券设置

买家领取优惠券后可以立刻在店铺下单使用，也可以查看后台中的优惠券情况。买家领取的和卖家定向发放的优惠券都会在后台显示。如果在一个店铺内领取了多张不同面额的优惠券，那么下单时可以选择面额最大的一张使用。

满立减和优惠券的优惠活动可以叠加使用，设置活动的时候一定要根据店铺盈利情况错开订单金额和优惠力度。满立减和优惠券两个活动的订单金额均以打折活动（限时限量折扣或全店铺打折）的折后价计算。这两个活动的主要目的是提高客单价和利润率，促使客户多买和回头买。

上述四种店铺自主营销工具各有各的特点，对比分析如表 4–1 所示。

表 4–1　四种店铺自主营销工具的特点

营销工具	工具作用	使用场合	活动搭配
限时 限量折扣	新品推荐，季末清仓，打造爆款	1. 在新品上市时，做新品的活动推荐，并且为新品打造爆款做准备 2. 对于需要清仓的产品，可以低折扣吸引更多流量，快速出货	店铺满立减或者全店铺打折，选其中 1 个即可
全店铺打折	季末清仓，提升店铺曝光率	1. 在店铺有大量产品需要清仓时，可以设置整组清仓产品打折，配合新品部分让利 2. 提升店铺曝光，增加出单机会	1. 搭配全平台大促或者网站其他促销活动 2. 搭配限时限量折扣活动
店铺满立减 店铺优惠券	提升客单价，提升店铺交易金额	1. 长期使用，提升单个买家的购买金额 2. 在有产品参加促销活动时，引入更大流量	1. 搭配限时限量折扣活动 2. 多用关联产品推荐

2. 规则要求

速卖通平台对于店铺自主营销活动的设置和展示有一定的规则要求，具体如下。

（1）限时限量折扣活动必须提前 12 个小时创建，全店铺打折和优惠券活动都必须提前 24 小时创建。

（2）限时限量折扣、全店铺打折、店铺优惠券活动可以跨月创建，全店铺满立减开始和结束日期必须在同一个月内。

（3）全店铺打折的商品在创建活动时不会立刻锁定，在活动正式开始前 12 小时才会锁定。

（4）限时限量折扣在开始前 6 个小时，全店铺满立减活动在开始前 24 小时，处于“待展示”阶段，在此阶段前都可以修改活动内容。活动一旦处于“待展示”和“展示中”状态，则无法再修改。店铺优惠券活动在活动开始前均可编辑和关闭，活动一旦处于“展示中”状态则无法修改或关闭。

（5）限时限量折扣活动与平台常规活动的优先级相同，正在进行其中任一个活动的商品不能参加另一个活动。

二、店铺首页营销

店铺首页不仅仅是一个门面，更是一种营销手段。店铺首页需要做到页面轮廓清晰、主次分明，只有展示买家最需了解的产品信息、符合了买家需求的页面陈列设计才有价值。因此，卖家需要在有限的页面中，将图片、文字，以及背景颜色、区分线、字体、标题、折扣信息等，统一风格，贯穿全店。

很多新手卖家以为放在首页上的货品越多越好，一来可能因为他们代理了多个品牌，或者他们自己的品牌在货品组合方面没有太多的风格感和系列感，二来认为尽可能多地把各种各样的货品展示出来就能满足各种不同顾客的需求。其实不然。因为很多时候，买家进入这种店铺后第一感觉就像来到了一个杂货店，虽然东西很多，但没办法第一时间判断这家店是否符合自己的需求，粗略地过一遍后，很容易关闭页面，导致客户流失。

因此，一个店铺必须有一个基调和一个风格，统一整齐的规划和明确的色彩视觉表现，能让进店的买家在第一时间明确店铺的商品定位和销售对象，从而选择离开或者继续深入了解。另外，如果店铺的风格足够鲜明并且给买家留下足够印象，哪怕该买家暂时对该风格的商品没有需求，一旦有这方面的需求也会第一时间想起该家店铺，从而形成回头客。

一般情况下，主推的产品放到店铺首页推荐，让客户第一时间能看到，增加该产品的曝光量和订单量。在店铺首页可以做店招和滚动横幅，但是实施这两项营销活动时，一定要观察数据。假如把店招和滚动横幅放上去两个星期，曝光和订单量没有太大的变化，就说明产品或者视觉设计有问题，要及时更换产品或者改变视觉设计。只有不断更换产品和设计风格，才能观察得出最适合做店铺首页营销的产品和设计风格。除了店招和滚动横幅，店铺首页推荐位也是一个很好的营销板块。

三、橱窗营销

有些跨境电商平台设置了橱窗位，如速卖通和阿里巴巴国际站等，可以通过橱窗营销来增加产品的曝光量，从而达到营销的目的。橱窗位的目的是通过增加产品的排序分值，来提高产品的曝光度，从而提高买家的点击下单率。在同等条件下橱窗产品比非橱窗产品排名靠前，如速卖通设置为橱窗推荐的产品曝光量比普通产品要高 8~10 倍。

橱窗推荐是平台奖励给卖家的资源，因此橱窗位的数量和卖家的等级和评价有关，例如阿里巴巴国际站，一般情况下，会员橱窗位数量如表 4-2 所示。

表 4-2 会员橱窗位数量

会员等级	组数	个数
出口通会员	2 组	10 个
全球宝会员	6 组	30 个
购买金品诚企服务的会员	8 组	40 个

速卖通每个月会根据卖家等级给用户赠送一定量的橱窗位，优秀服务等级的卖家每月获得的奖励橱窗数从 10 个降到 3 个，而良好等级的卖家每月能获取的橱窗位从 5 个降到 1 个，及格、不及格等级卖家取消橱窗位奖励，每月不能再领取两个橱窗位，如表 4-3 所示。

表 4-3 服务等级与奖励橱窗数

服务等级	奖励橱窗数	有效期
优秀	3 个	7 天
良好	1 个	7 天
及格、不及格	无	

在速卖通，卖家要增加橱窗位，首先要提高服务等级，而想提高服务等级，就要减少店铺的不良体验订单和增加店铺的好评率。除了平台定期赠送橱窗位以外，卖家也可以根据自己的需要购买橱窗位。

有了橱窗位就可以进行橱窗营销，但是在选择产品进行橱窗营销的时候，一定要选好产品，有目的地去做橱窗营销。通常情况下，可以通过橱窗位推新款、打造爆款和活动款，充分利用橱窗。当然所选的新款、爆款和活动款等并不是固定的，要通过数据观察，不定期更换橱窗产品，这样才能做好橱窗营销。橱窗营销需要时间去观察，只有不断地更新产品，不断地观察后台数据，才能把橱窗营销做得越来越好。

速卖通的橱窗产品设置有两种方法，一是通过“产品管理—橱窗产品管理”进行橱窗产品添加设置，如图 4-17 所示。

产品管理
橱窗推荐产品
全新升级
免费试用赢大奖
产品信息
发布产品
管理产品
橱窗推荐产品
管理图片银行
产品分组
回收站
人工翻译平台
提交翻译任务
管理所有订单
管理翻译任务
发票服务
淘宝产品代销
橱窗推荐
搜索
正在使用橱窗:2 还剩可用橱窗:0
产品信息
产品组
售价(US $)
负责人
剩余生效时间
test
未分配
4.00
Anny Shan
7天
hair
未分配
90.00
Anny Shan
7天
Page 1 of 1
Previous
1
Next
Go to page
Go

图 4-17 橱窗产品管理

另一种方法是直接在产品管理找到该产品，在“编辑”下点击“更多操作——橱窗推荐”，如图 4-18 所示。

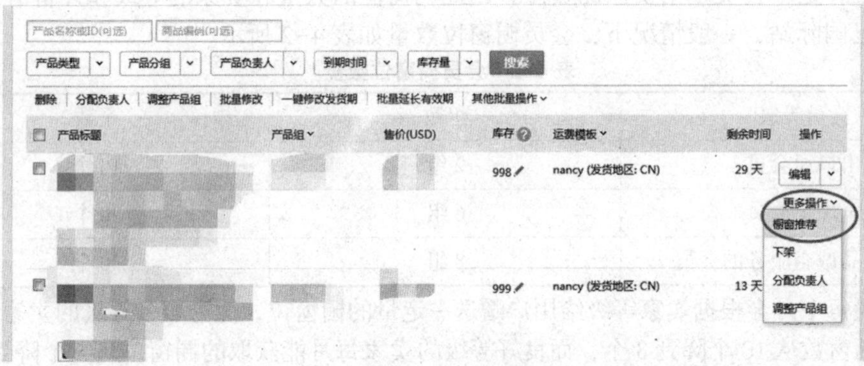
产品类型
产品分组
产品负责人
到期时间
库存量
搜索
删除 | 分配负责人 | 调整产品组 | 批量修改 | 一键修改发货期 | 批量延长有效期 | 其他批量操作
产品标题
产品组
售价(USD)
库存
运费模板
剩余时间
操作
998
nancy (发货地区: CN)
29 天
编辑
更多操作
橱窗推荐
下架
分配负责人
调整产品组
999
nancy (发货地区: CN)
13 天

图 4-18　橱窗推荐

四、关联营销

关联营销是一种建立在双方互利互益基础上的营销，即在交叉营销的基础上，在产品、品牌等所要营销的东西上寻找关联性，来实现深层次的多面引导。关联营销是一种新的、低成本的、企业在网站上用来提高收入的营销方法，有时候也叫绑缚营销。简单说，关联营销就是指一个产品页同时放了其他同类、同品牌或可搭配的关联的产品，由此让买家能看到更多的产品，从而提高店铺的客单价。

1. *模式*

关联营销主要有三种关联模式。

（1）互补关联。互补关联强调搭配的商品和主推商品有直接的相关性，如主推商品为鼻贴，那可以搭配面膜、洗面奶等同场景产品。

（2）替代关联。替代关联指主推商品和关联商品可以完全替代，如主推商品为圆领 T 恤，那么关联产品可以是 V 领 T 恤，也可以是立领 T 恤等。

（3）潜在关联。潜在关联强调潜在互补关系，这种搭配方式一般不推荐，但是针对多类目店铺时，可以考虑。如主推商品为泳衣，那潜在关联的商品可以为防晒霜/项链，明面上，两种产品毫无关系，但是潜在意义上，买泳装的人可能在户外游泳，防晒霜也是必要的。

2. *表现方式*

关联营销的具体表现方式主要有三种。

（1）类目关联，即把店铺所有产品做分类，如“上衣”“裤子”“裙子”等，让买家一目了然。

（2）文字关联，即把所有产品通过文字进行关联，假如买家对某个产品的文字关联比较感兴趣，他会点击这个关联进入店铺首页，为其他的产品增加曝光率。

（3）类似产品关联，即跟目标产品类似产品进行关联。

关联营销一定要给客户视觉上的冲击，这样才能把关联营销的效果发挥得最好，要不然只会适得其反。关联营销做得好，能增加其他产品的曝光量，提高店铺的订单转化率。反之，则会影响产品的销售效果，让买家产生厌恶感。所以在做关联营销的时候，一定要从客户的角度思考，不要硬邦邦地插入广告。总之，关联营销需要细细品味，多参考别人做得好的例子，从而总结出适合自己店铺的关联营销经验。

五、联盟营销

联盟营销是一种按营销效果付费的网络营销方式，卖家利用联盟营销机构提供的网站联盟服务拓展其线上线下业务，扩大销售空间和销售渠道，并按照营销实际效果支付费用。卖家通过联盟营销渠道产生一定收益后，需要向联盟营销机构及其联盟会员支付佣金。该方式属于无收益无支出、有收益才有支出的量化营销，具有低成本、零风险等特点，深受卖家欢迎。

联盟营销三要素包括广告主、联盟会员和联盟平台。广告主（卖家）按照联盟营销的实际效果向联盟会员支付合理的广告费用，节约营销开支，提高营销质量；联盟会员则通过网络联盟营销管理平台选择合适的广告主并通过播放广告主广告提高收益，同时节约大量的联盟营销销售费用，把网站访问量转化成收益。

以速卖通为例介绍联盟营销的应用。速卖通联盟是速卖通官方推出的一种“按效果付费”的推广模式，是国内最大的海外网络联盟体系之一。加入速卖通联盟营销的卖家可以得到海外网站曝光机会并享有联盟专区定制化推广流量，速卖通联盟卖家只需为联盟网站带来的成交订单支付联盟佣金，不成交不付费，是性价比极高的推广方式。速卖通联盟推广渠道一般有两个：站内和站外。站内通过联盟专区，属于联盟卖家专属的推广页面，如图 4-19 所示。

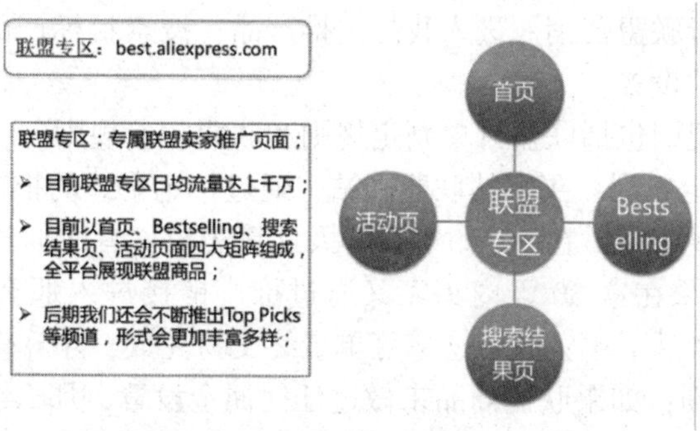
联盟专区：best.aliexpress.com
联盟专区：专属联盟卖家推广页面；
目前联盟专区日均流量达上千万；
目前以首页、Bestselling、搜索结果页、活动页面四大矩阵组成，全平台展现联盟商品；
后期我们还会不断推出Top Picks等频道，形式会更加丰富多样；
首页
活动页
联盟专区
Bestselling
搜索结果页

图 4-19 速卖通联盟站内渠道

站外则是通过以下广告形式来引流，如图 4-20 所示。

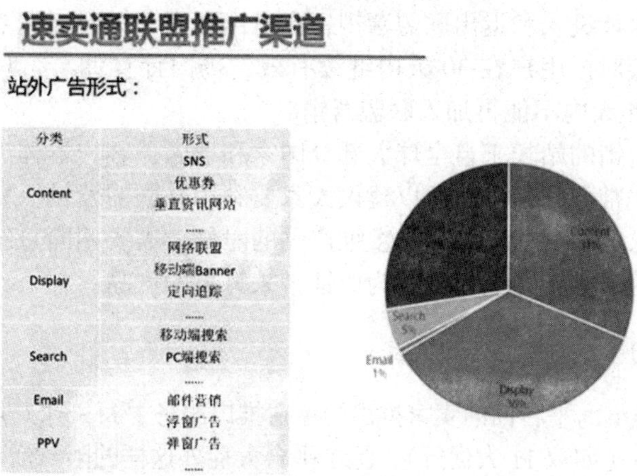
速卖通联盟推广渠道
站外广告形式：
分类
形式
Content
SNS
优惠券
垂直资讯网站
......
Display
网络联盟
移动端Banner
定向追踪
......
Search
移动端搜索
PC端搜索
......
Email
邮件营销
PPV
浮窗广告
弹窗广告
......
Search 5%
Email 1%
Display

图 4-20 速卖通联盟站外渠道

从速卖通后台的营销中心—联盟营销，进入佣金设置，根据不同类目进行设置，如图 4-21 所示。

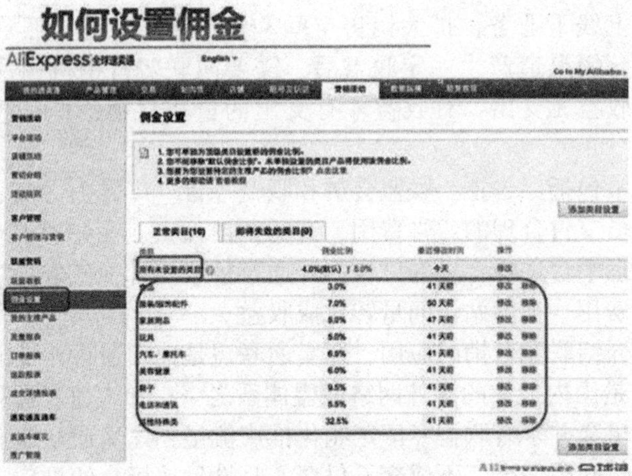
如何设置佣金
AliExpress全球速卖通
佣金设置

图 4-21 佣金设置

佣金的比例要根据店铺的利润度来合理设置，产品在定价的时候要考虑联盟佣金的成本，这样才更容易进行联盟营销。进入我的主推产品，搜索目标产品，随后添加，就可以完成联盟推广主产品的设置。

速卖通联盟主要规则包括联盟订单判定规则和联盟扣费规则。

（1）联盟订单判定规则：买家从联盟网站，通过特定格式的推广链接，访问到速卖通时，速卖通会识别这些买家，在 30 天内（30 天计算逻辑：首次通过推广链接进入的买家开始计算的 30 天，如果在这 30 天内买家又通过推广链接进入那么又会重新开始计算），如果买家在店铺中的产品下单，并且这笔订单最终交易完成，才算作一个有效订单。

（2）联盟扣费规则：如果联盟商品未做过任何佣金设置，那么会按照默认佣金比例进行计算；如果该商品对应的类目进行了佣金设置，则按照该商品所属的类目联盟佣金比例进行计算；如果该商品已设置为主推产品，则按照主推产品的联盟佣金比例进行计算；一个订单中的多个商品，将单独计算联盟佣金。订单中的运费不算在联盟佣金之内。

卖家可以自由申请进入和退出联盟营销，在退出联盟营销时有两点需要注意：一是买家点击过的推广链接对该用户在 30 天内继续有效，仍旧计算佣金，从卖家处扣除；二是退出联盟营销后，15 天内不能再加入联盟营销。

跨境电商联盟营销的站长来自全球大部分国家和地区，客户群体庞大，对店铺的营销和订单量的增长有非常大的帮助，所以建议大家要利用好联盟营销。做联盟营销需要一个过程，切不可急于求成。在做联盟营销主推产品的时候，需要不断总结，不断淘汰不良的产品，不断更换新的产品，才能留下能为店铺带来订单的产品。

六、平台活动

平台活动是跨境电商平台面向卖家推出的免费推广服务，每一个跨境电商平台每年都会设计各种主题的活动（如双 11 大促等），除了平台大促外这样的限时活动外，每个平台也有固定平台活动。例如，速卖通常见活动类型有 SuperDeals、国家站团购、行业 Hot&New、行业 Sale 主题频道等，每个活动有不一样的要求和效果。平台活动能快速实现店铺高曝光率、高点击率、高转换率等一系列目标，在店铺各个发展阶段，效果都是立竿见影的。

1. 基本条件

卖家参加平台活动需要报名申请，必须经过平台审核通过才可以参加，对于大多数跨境电商平台，各类平台活动一般都具备七项基本条件。

(1) 符合活动主题：任何平台活动都有一个主题，比如中秋节促销，就必须要求报名的产品有中秋节元素，要么标题直接带有中秋节关键词，要么在描述里有很贴切的中秋节文字等。

(2) 严禁提价打折：提价打折就是在产品上线之后将价格调高再打折的行为。这种操作表面上能够实现加大物品折扣力度的目的，但是买家最终享受不到真正的折扣，购物体验非常不好。

(3) 满足最低折扣力度：每个平台活动的折扣范围要求不一样，卖家可以根据平台活动的折扣要求和产品的成本等设置折扣力度。

(4) 达到要求的店铺等级：大多数平台活动对店铺等级会有一定的要求，如果店铺没达到这个等级，就无法报名，当然也有一些活动是没有等级要求的，具体参照"活动要求"。

(5) 达到好评率要求：有些活动要求报名产品近期某个期限内的好评率达到一定要求。

(6) 对基本活动对象国包邮：包邮是平台活动用来吸引客户的常见措施，对于跨境电商平台而言，一般的平台活动都指明了该活动对哪些国家包邮，像速卖通主打的 Free shipping 产品对所有买家都包邮。

(7) 销量要求：有些活动要求报名产品近期某个期限内的销量达到一定要求。

2. 流程

每一期的平台活动招商，都可以在卖家后台的相关栏目找到报名入口，例如，速卖通卖家后台"营销活动"板块下的"平台活动"；敦煌网"推广营销"板块下的"促销活动"。下面以敦煌网为例，介绍具体的报名流程。

(1) 选择"我的 DHgate—推广营销—促销活动"进入活动列表页查看当前活动，选择您感兴趣的活动，点击"查看详情"查看活动详细信息，如图 4-22 所示。

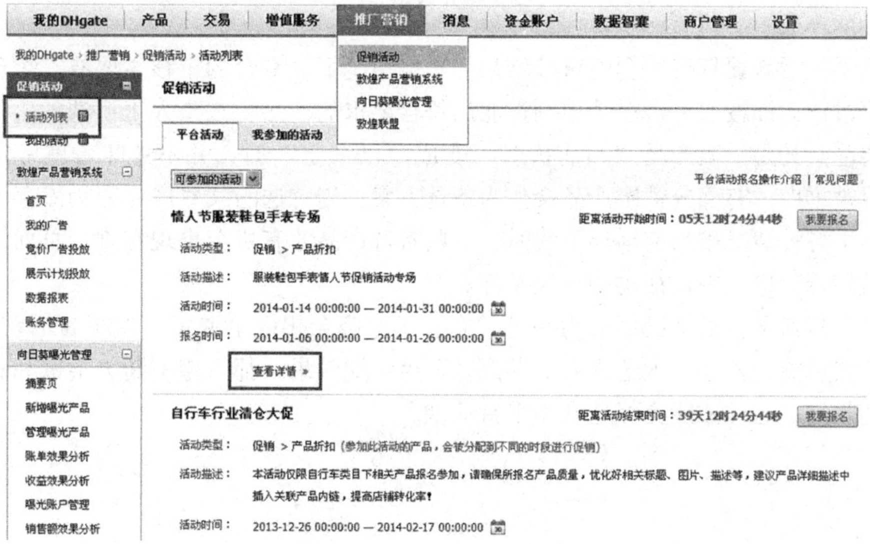

我的DHgate
产品
交易
增值服务
推广营销
消息
资金账户
数据智囊
商户管理
设置
我的DHgate › 推广营销 › 促销活动 › 活动列表
促销活动
数煌产品营销系统
向日葵曝光管理
敦煌联盟
促销活动
活动列表
我的活动
平台活动
我参加的活动
敦煌产品营销系统
可参加的活动
平台活动报名操作介绍 | 常见问题
首页
我的广告
竞价广告投放
展示计划投放
数据报表
账务管理
情人节服装鞋包手表专场
距离活动开始时间：05天12时24分44秒
我要报名
活动类型：　促销 > 产品折扣
活动描述：　服装鞋包手表情人节促销活动专场
活动时间：　2014-01-14 00:00:00 — 2014-01-31 00:00:00
报名时间：　2014-01-06 00:00:00 — 2014-01-26 00:00:00
查看详情 »
向日葵曝光管理
摘要页
新增曝光产品
管理曝光产品
账单效果分析
收益效果分析
曝光账户管理
销售额效果分析
自行车行业清仓大促
距离活动结束时间：39天12时24分44秒
我要报名
活动类型：　促销 > 产品折扣（参加此活动的产品，会被分配到不同的时段进行促销）
活动描述：　本活动仅限自行车类目下相关产品报名参加，请确保所报名产品质量，优化好相关标题、图片、描述等，建议产品详细描述中插入关联产品内链，提高店铺转化率！
活动时间：　2013-12-26 00:00:00 — 2014-02-17 00:00:00

图 4-22　查看活动详情

（2）查看完活动详细信息后，如果想要参加活动，可以点击“我要报名”按钮或者在活动列表页开始报名，如图 4-23 所示。

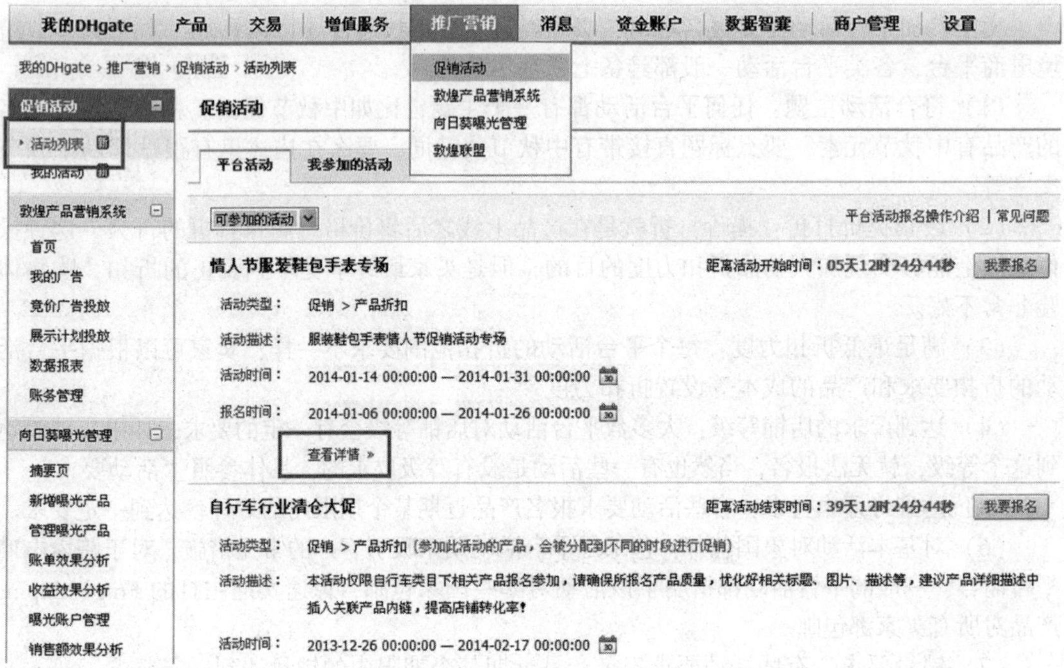
我的DHgate
产品
交易
增值服务
推广营销
消息
资金账户
数据智囊
商户管理
设置
我的DHgate > 推广营销 > 促销活动 > 活动列表
促销活动
敦煌产品营销系统
向日葵曝光管理
敦煌联盟
促销活动
活动列表
我的活动
敦煌产品营销系统
首页
我的广告
竞价广告投放
展示计划投放
数据报表
账务管理
向日葵曝光管理
摘要页
新增曝光产品
管理曝光产品
账单效果分析
收益效果分析
曝光账户管理
销售额效果分析
平台活动
我参加的活动
可参加的活动
平台活动报名操作介绍 | 常见问题
情人节服装鞋包手表专场
距离活动开始时间：05天12时24分44秒
我要报名
活动类型： 促销 > 产品折扣
活动描述： 服装鞋包手表情人节促销活动专场
活动时间： 2014-01-14 00:00:00 — 2014-01-31 00:00:00
报名时间： 2014-01-06 00:00:00 — 2014-01-26 00:00:00
查看详情 »
自行车行业清仓大促
距离活动结束时间：39天12时24分44秒
我要报名
活动类型： 促销 > 产品折扣（参加此活动的产品，会被分配到不同的时段进行促销）
活动描述： 本活动仅限自行车类目下相关产品报名参加，请确保所报名产品质量，优化好相关标题、图片、描述等，建议产品详细描述中插入关联产品内链，提高店铺转化率！
活动时间： 2013-12-26 00:00:00 — 2014-02-17 00:00:00

图 4-23　开始报名

（3）等待系统载入产品，系统会按照活动要求筛选产品，然后把符合活动要求的产品载入。

（4）选择要报名的产品，选择完后点击“下一步”按钮提交。

（5）设置产品折扣，设置完成后点击“提交”按钮提交折扣信息，完成报名。报名后可以通过“活动列表”来查看和管理报名产品的审核状态。待审核状态时，可以取消报名该活动的产品。

报名结束后就要等待平台的审核结果。一般情况下，平台的审核主要有三个环节：首先是程序过滤，即按照平台活动规则过滤出符合要求的产品；二是人工挑选；三是锁定产品。需要注意的是，当产品“当前状态”变成“已锁定”时，并不意味着就一定能在活动上线时被推广，有部分锁定产品会作为备选方案，当首选的某些产品因为库存不足或者表现不佳等各种情况被当前活动下线时，这些备选产品才有机会出现在推广页面。无论如何，能被锁定是进入平台活动的先决条件。

现在，报名平台活动已经成为一种常态，卖家都会积极争取每一次平台活动的机会。不管报名之后能否入选，入选之后活动能否取得预期效果，都希望不断去尝试和总结，吸取经验和教训，这样才能更好地利用平台活动。

任务二 视觉营销

电子商务的局限性让客户对于店铺和商品的观察和判断只能依靠视觉。合理的网店装修和精练的产品描述，是一个网店销量成败的关键。随着跨境电商的发展壮大，网店众多，货品繁杂，让顾客的选择余地大了很多，与此同时，给卖家的压力无疑也增大了。卖家要想突出重围，不花任何广告费也能因网店装修布局而引来新的访客，就要在视觉营销上下功夫。做好视觉营销，能缔造网店引力“磁场”，吸引潜在客户的关注，唤起其兴趣与购买欲，不但能延长客户的网店停留时间，更能促进销售，并在客户心目中树立起良好的店铺形象。

不仅卖家重视视觉营销，而且跨境电商平台对于视觉营销也是不遗余力地提升和完善。例如，从 2013 年 9 月到 2014 年 9 月，速卖通平台进行了升级，增加了不少功能性板块，用来增加视觉方面的展示，而且还提高了视觉规范化，要求卖家按照统一的规则或风格建立良好的图片环境和购买环境等，提升平台整体观感。例如，速卖通平台推出“主图牛皮癣”（主图牛皮癣指商品主图中含有的文字块，它们覆盖、干扰商品主体正常展示，影响买家体验）工具，对于“主图牛皮癣”产品，速卖通虽然不会进行搜索惩罚，但会影响产品的搜索结果，影响排名。

视觉营销主要包括文案策划、广告图设计、跨境网络商店设计与装修。

一、文案策划

对于跨境电商的网店而言，无论是从产品详情的角度，还是从店铺设计的角度，文案都是必不可少的，它与图片相辅相成。跨境电商网店的文案主要包括三个方面：店招文案、海报文案和详情文案。

1. 店招文案

店招文案一般采用团队名称或者店铺名称，当然也可以用一段口号或服务理念等。有些跨境电商平台还在店招文案里增加了关键词搜索，这样就可以添加一些热门的关键词，作为营销型文案。此外，店招文案还可以使用店铺促销信息、参加的平台活动，以及介绍店铺内一些特殊优势等。

2. 海报文案

一个标准海报的基本构成要素有标题、副标题、促销信息和日期时间、标签，实际操作中并不是所有的要素都要出现。

海报要想在 2 秒内引起注意并促成销售，就要求海报中的文字易于阅读、逻辑清晰、明白无误。在标题写作上字数要精简，最好不要超过 8 个字，标题要能够迅速定下基调，用词上尽量使用易于传播的口语化的语言。另外使用网络流行语、热播影视剧等效果也不错，切忌使用文绉绉的书面语，如果要“装文艺”，可以放在详情页、专题页里面，不要在广告图上“装”。特别是促销信息，一定要写清楚，不要有歧义，这也要求运营在设置活动的时候，不要同时设置多个活动，活动最好不要超过两个，如果同时设置三四个活动，那就很容易引起混乱。

设计海报文案的时候一定要先找到产品或者活动的关键词，然后根据关键词去生成话语，这样才能言之有物，才能既让文案丰富生动、多姿多彩，又准确传达出你的产品特点和活动意图，从而引起注意，形成印记，达成销售。

3. 详情文案

详情文案有许多选择，可以按部就班地做一个从产品实际属性角度出发的文案，也可以做一个更加灵活、富有创意、有故事情节的文案，或者采用其他更好的方案。一个好的详情文案，能更好地体现产品卖点，打动顾客的心；同时也能增加买家的访问深度，甚至能起到引导购买、提高转化率的作用。

好的详情文案必须贴近店铺定位，最好能够从目标人群的痛点入手。以消费者的痛点带出店铺产品的卖点，这就加深了消费者的认同感，也提升了他们的购买欲。产品越细分，目标人群的痛点就越容易找到。只要找到目标人群的痛点与兴趣，在详情页文案里放大，逐个击破，层层递进，就能写出转化率好的文案。目前，详情文案主要有逻辑性引导文案和情感营销文案两大类。

文案策划首先要配合店铺和活动主题，最重要的是突出产品的特点和吸引客户的注意力。另外就是要多看多学，看看别人是怎么写的，不断积累。要在别人的基础上形成自己的思考，不断扩宽视野，可以从其他任何行业和事物里面借鉴学习，化为己用。

二、广告图设计

无论是轮播海报，还是产品主图等，都是具有一定重要性的广告图。而广告图设计的好与坏，与转化率高低有直接的关系。

1. 海报图设计

海报的设计需要先根据大小来定义内容，如最新版海报，可以实现全屏轮播效果。在全屏海报设计的时候，通常使用 1 920 px 宽度的，但这样一些小的屏幕无法容下这么大的画面，产品主体因此被切割，甚至跑到了屏幕之外，所以首先需要规定主体的位置。全屏轮播海报，主体一般控制在 1 200 px 以内。其他的海报可以按照标准海报的要求来设计。

对于海报中产品图摆放的位置，一般来说会放在接近黄金分割线的地方，也就是约为一副海报的 1/3 处。在设计海报时，最好在海报上面加入一个能够吸引别人点击的按钮，如“Buy Now”。因为客户在看到一个海报的时候，可能已经产生了购买欲望，或者想要了解更多，这样的按钮可以触发他们想要深入了解的需求。

2. 主图设计

买家在跨境电商平台上进行搜索的时候，出现在他们眼前的就是产品的主图。主图直接影响点击转换率。产品主图主要有以下三种。

（1）白底主图，即背景色是白色的主图。主要优势是干净大气，简单明了，主体突出。在速卖通，白底图还便于报名平台活动以及参加大促。

（2）边框主图。主图可以根据产品的性质搭配合理的边框，突出产品的特点，使图片更显个性化，吸引客户点击。例如，当产品图片主体颜色鲜艳、整体效果显得很活泼时，搭配相应风格的边框素材和颜色，可以让该产品图片更富活力动感、更加突出，同时也更具有购买吸引力。

（3）背景主图。有时为了让产品图片内容更丰富，可以根据产品的风格类型和特质来选择适合的背景颜色和道具，以便于更好地衬托产品主体。背景主图作为一个“色块”，吸引力是非常大的，但是在使用的时候要把握好“度”，不能使其变成“牛皮癣”。

总之，卖家需要根据产品的性质和活动来选择产品主图，同时应该注意避免出现一些误区：主体很多，没有重点；画面杂乱，主体不突出；图片暗沉，主体不显现；文字过多，遮盖主体。

三、跨境网络商店设计与装修

跨境网络店铺是跨境电商最主要的模块，是卖家展示产品的最主要板块，一个“高大上”的网铺会让买家停留在页面时间增加。在进行网店装修之前必须进行网店命名，网店的命名并不是简单地取一个店名，需要多方面的考虑。比如，店名要好记，符合客户习惯，符合店铺风格，同时还要注意不能侵权。

设置完店名，接下来就是装修网店了。网店内容排版需要风格整齐干净，整体色调不超过四个色系。网店的设计和装修主要在网店首页，下面以速卖通为例，了解网店装修的基础操作。

速卖通的店铺装修和管理主要有两个模块：样式编辑和模块管理。样式编辑是基础模块，包括店招板块、图片轮播板块、联系信息、收藏店铺、商品推荐板块、自定义内容区等部分。模块管理的内容更加丰富，包括新品上市、限时导购、自定义模块、全屏轮播、优惠券、分类导航、广告墙、页角等。

（1）首先，进入“店铺中心”，点击“店铺装修及管理”，然后点击“进入装修”，登录后台装修界面，如图 4-24 所示。进入装修界面，将鼠标移动到左上角的“装修”按钮，选择“样式编辑”，如图 4-25 所示。

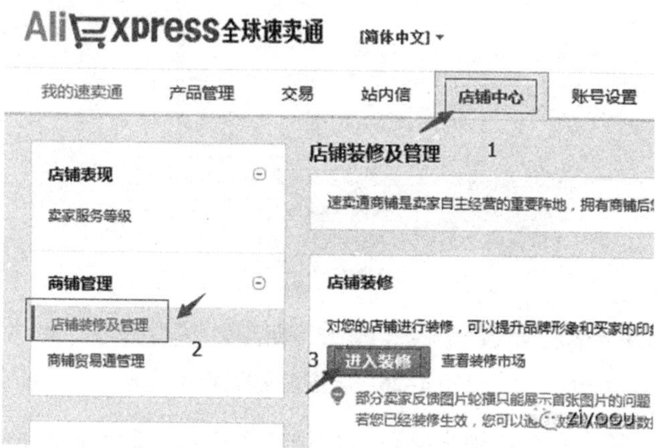
AliExpress全球速卖通
[简体中文]
我的速卖通
产品管理
交易
站内信
店铺中心
账号设置
店铺装修及管理
1
店铺表现
卖家服务等级
商铺管理
店铺装修及管理
2
商铺贸易通管理
店铺装修
对您的店铺进行装修，可以提升品牌形象和买家的印
3
进入装修
查看装修市场

图 4-24　店铺装修及管理

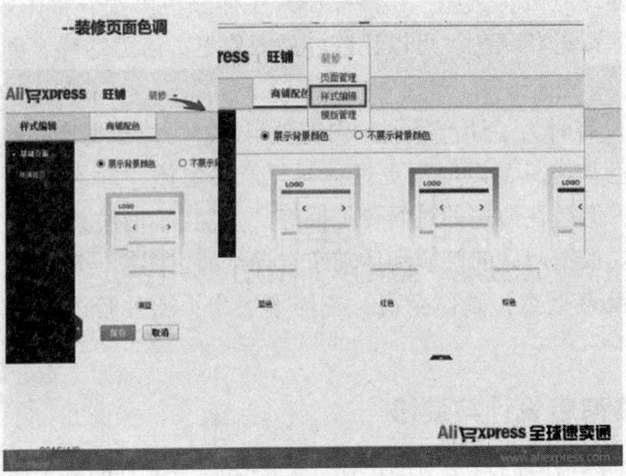
--装修页面色调
样式编辑
商铺配色
展示背景颜色
不展示背景颜色
保存
取消
AliExpress全球速卖通

图 4-25　样式编辑

在这里有四种配色样式（湖蓝、蓝色、红色和棕色）可供选择，在装修店铺之前，首先要从整体去设定一个主色调。在选取主色调时，应当考虑色彩是否符合产品或者主要销售市场。因此，可以基于产品来选色，基于产品定位的人群来选色。当产品有一定的统一度，颜色也大致相近时，可以选产品中的色彩来做首页构建的主色调。儿童产品应当颜色鲜艳、活泼灵动；男装产品一般应色调偏深、厚重感强烈等。

（2）店招的设置：高度 100~150 px，宽度为 1 200 px，图片大小不能超过 2 MB。从整体角度来考虑，推荐 150 px 的高度，会显得店铺大气。店招允许加入一个链接，可以是首页、产品组合或者其他单一产品。也可以根据店铺的需要，将首页链接、活动链接和产品链接交替使用。店招设置界面如图 4-26 所示。

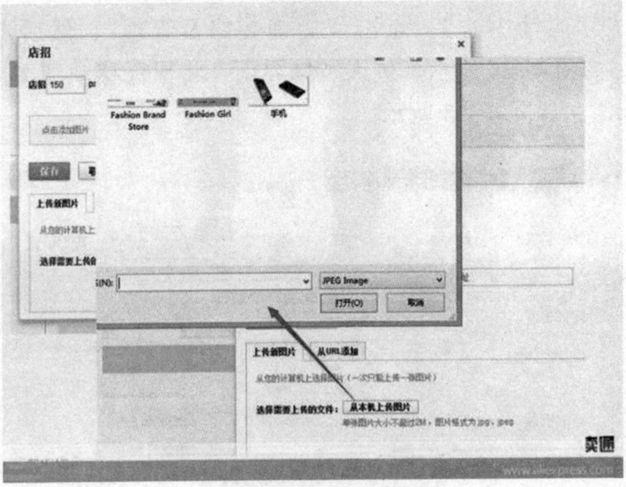
店招
Fashion Brand Store
Fashion Girl
手机
JPEG Image
打开(O)
取消
上传新图片
从URL添加
从本机上传图片

图 4-26　店招设置界面

（3）产品推荐设置：一个店铺最多可以添加 5 个产品推荐。产品推荐里面的图片，会直接使用产品主图，因此被选中的产品主图一定要整洁，尽量和店铺装修整体统一，不要破坏店铺的整体性。产品可以选择一行 4 个或 5 个，具体编辑界面如图 4-27 所示。

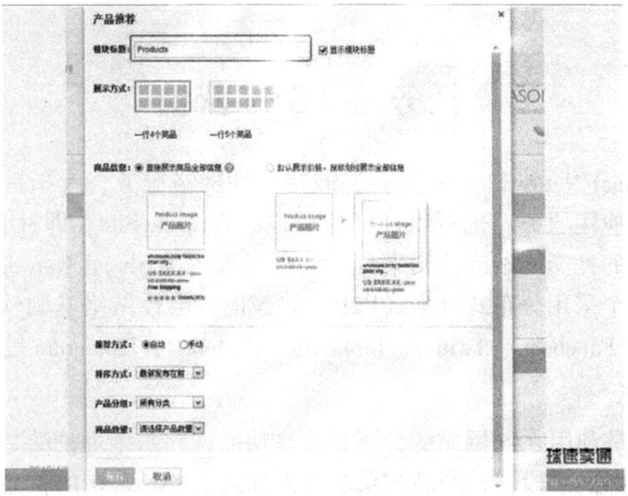
产品推荐
Products
一行4个商品
一行5个商品
产品图片
产品图片
产品图片
取消

图 4-27　产品推荐设置

建议手动将把同一类型的产品放在一起，价格相差不要太大。还可以对产品推荐模块进行命名，如 New Arrival、Clearance Sales 等，以增加吸引力。

产品推荐模块使用起来效率比较高，缺点是结构相对单一，但是如果能配合图片轮播和自定义内容区，也可以很好地展示店铺中的产品。

（4）自定义内容区：自定义板块并不局限于产品，它还可以在店铺内更直观地添加产品分组，引导消费。自定义内容区排版灵活，可以更好地加入营销想法，更生动地展示产品和店铺，提升买家的购买欲望，但同时操作难度系数比较大。最多可以添加 5 个自定义内容区，同一个自定义板块内，字符数不能超过 5 000 个。要熟悉编辑窗口各个按钮，然后参考文档的方式在此排版，如图 4-28 所示。

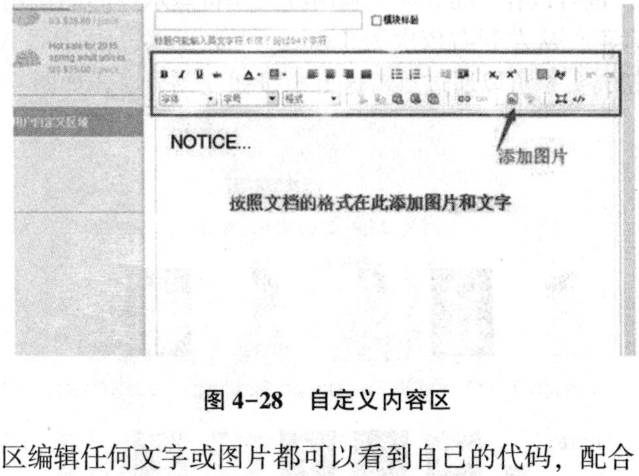
NOTICE...
添加图片
按照文档的格式在此添加图片和文字

图 4-28　自定义内容区

在自定义内容区编辑任何文字或图片都可以看到自己的代码，配合 Photoshop 和 Dreamweaver 编写代码可以实现更好的效果。

（5）图片轮播板块：位于主区内，是一个非常重要的产品展示板块，将多张广告图片以滚动轮播的方式进行动态展示，更直观、生动地展示产品。在主区内可以重复添加最多 6 个图片轮播板块，位置可以上下调动，便于与其他板块互相搭配。轮播图片的高度为 100～600 px，宽度为 960 px，图片大小不能超过 2 MB。一个图片轮播最多可以添加 5 张图片，每张图片可以设置一个相应的产品链接。

任务三　SNS 营销

SNS，全称 Social Networking Services，即社会性网络服务，专指旨在帮助人们建立社会性网络的互联网应用服务。也可以理解为 Social Network Site，即社交网站或社交平台，基于社会网络关系的社交网站或社交平台。又可以理解为 Social Network Software，即社会性网络软件，是一个采用分布式技术（P2P）构建的社会性网络基础软件。目前，国际上的 SNS 平台主要有 Facebook、Twitter、LinkedIn、Pinterest、Instagram 等。

1. 核心和特点

SNS 营销也就是利用 SNS 网站的分享和共享功能，在六维理论的基础上实现的一种营销。通过病毒式传播的手段，让产品被众多的人知道。SNS 营销的核心是关系营销，重点在于建立新客户关系，巩固老客户关系。SNS 推广的特点有以下几个。

（1）直接面对消费人群，目标人群集中，宣传比较直接，可信度高，更有利于口碑宣传。

（2）氛围制造销售，投入少，见效快，利于资金迅速回笼。

（3）可以作为普遍宣传手段使用，也可以针对特定目标，组织特殊人群进行重点宣传。

（4）直接掌握消费者反馈的信息，针对消费者需求及时对宣传战术和宣传方向进行调整。

社交网络是真实性社交圈子，如果过于商业化，容易被客户屏蔽，因此 SNS 营销需要注意营销策略，尽可能采用软营销方式。SNS 营销手段主要有事件营销、红人营销、信息流与瀑布流营销等。例如，在速卖通平台上，店铺自主营销的各种活动，可以通过分享发送到 Facebook 页面，也可以在 Youtube 上利用红人模特展示产品的试用效果。速卖通的商品详情页的商品图片下，从左到右依次为 Twitter、Facebook、Google、Vk 和 Pinterest 五大社交网站的分享按钮，买家可以通过点击这五个按钮立刻分享，如图 4-29 所示。

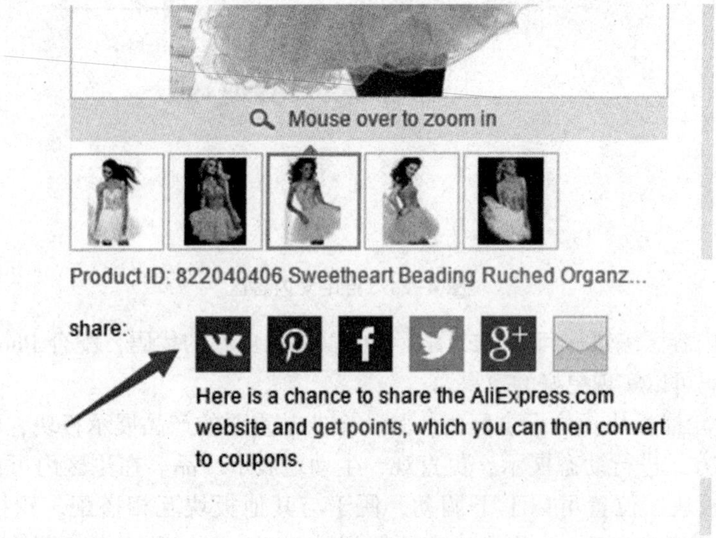
Mouse over to zoom in
Product ID: 822040406 Sweetheart Beading Ruched Organz...
share:
Here is a chance to share the AliExpress.com website and get points, which you can then convert to coupons.

图 4-29　五大社交网站分享

2. 实施过程

速卖通将商品的分享度纳入网站产品排序因子中，因此建议平台卖家通过多鼓励买家分享，或者自己创建社会化分享账户来维系买家在 SNS 的群体等做法来提高自己产品的被分享次数，使其成为产品排名的有利因子。速卖通也有付费的 SNS 自动分享助手，可以帮助卖家将商品分享到社交平台。SNS 营销的具体实施过程可分为以下几步。

（1）在社交网络平台上开设账户，接触消费者。

（2）通过社交网络平台推广店铺和产品，让消费者产生兴趣。

（3）与消费者互动。

（4）促成行动。

（5）最后，让消费者分享和口碑传播。

3. 注意事项

在 SNS 营销实施过程中，需要注意以下几点。

（1）为用户提供有帮助的内容，把产品优化放在首位。

（2）用心去沟通，及时回复用户的问题和评论，尽量解决客户的问题。

（3）为用户建立互相沟通的平台。

SNS 营销是一个长期的过程，卖家首先要有清晰的社交营销战略，然后构建专业的社交平台营销团队，制订 SNS 营销推广计划，并且营销团队对整个营销方案进行连续性操作。

任务四　数据分析

跨境电商的数据分析，是指用适当的统计分析方法对店铺运营的所有数据进行分析，以求最大化地开发数据资料的功能，发挥数据的作用，提取有用的信息和形成结论，它将整个店铺的运营建立在科学分析的基础上，将各种指标定性、定量地分析出来，从而为决策者提供最准确的参考依据。

数据分析的常用概念有以下几个。

（1）UV：Unique Visitor，网站独立访客，即访问网站的一台电脑客户端为一个访客。

（2）PV：Page View，即页面浏览量或点击量，用户每次刷新即被计算一次。

（3）平均访问深度（PV/UV）：等于 PV/UV，数值越大，买家访问停留页面的时间越长，购买意向越大。

（4）曝光量：卖家的商品信息在速卖通网站被买家看到的次数，主要分为两种情况。

①买家通过关键词搜索，卖家的信息展示在搜索结果页面中，则统计入曝光量。

②买家通过类目导航浏览商品，卖家的信息展示在搜索结果页面中，则统计入曝光量。

（5）PV 点击率：即浏览量（点击率）占曝光量（流量）的百分比。

（6）店铺成交转化率：指成交用户数占所有访客数的百分比。

（7）单品转化率：等于单品下单用户数/访客数。

数据分析中的常见概念关系如图 4-30 所示。从图 4-30 中可以看到店铺各个数据之间的关系。卖家可以根据图 4-30 中的影响因素，根据不同的环节，具体操作。

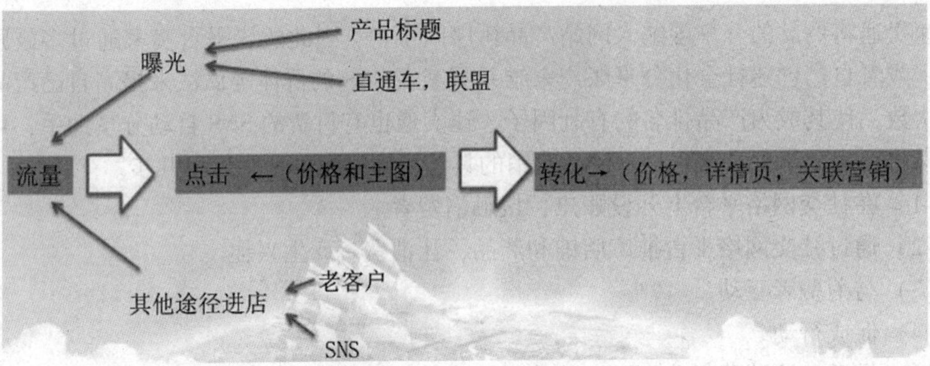
产品标题
曝光
直通车，联盟
流量
点击 ←（价格和主图）
转化→（价格，详情页，关联营销）
老客户
其他途径进店
SNS

图 4-30　常见概念的关系

“流量为王”是所有网店运营的核心，需要为产品或店铺引流。流量可以分为类目流量和普通搜索流量，类目流量指从左侧类目栏通过层层筛选最后达到产品展示页的流量，普通搜索流量是在首页搜索栏中填写关键词搜索后展示的页面的流量。流量还可以分为付费流量、自然流量、回头客流量和站外流量等。

在店铺有了稳定的流量以后，为了更好地提升店铺的业绩，接下来就要分析产品点击率和转化率。影响点击率的要素相对比较简单，主要是产品的主图和标题。因此可以通过数据分析，分析出搜索度高的产品属性来优化产品主图，在产品标题中要尽量添加点击率高的词，这样才能提高点击率。例如，速卖通的直通车数据有助于卖家选择匹配度最高的关键词进行推广，从而为产品精准引流。

影响转化率的因素主要有单品的转化率和全店的转化率。单品的转化率重点关注流量优化、商品优化和客服优化。店铺的转化率更多取决于热销款商品的转化率，要从平均停留时间、热销款流量的去向以及老客户营销等方面来提高店铺的整体转化率。

店铺整体数据的分析主要是分析买家的行为。分析店铺的买家具体特征，可以为接下来的运营提供数据支持。每一个跨境电商平台都提供各种数据分析的工具，像速卖通的“数据纵横”，卖家需要了解数据分析工具的功能，并利用其为自己服务。店铺浏览量是卖家经常用到的数据分析，其分析如图 4-31 所示。

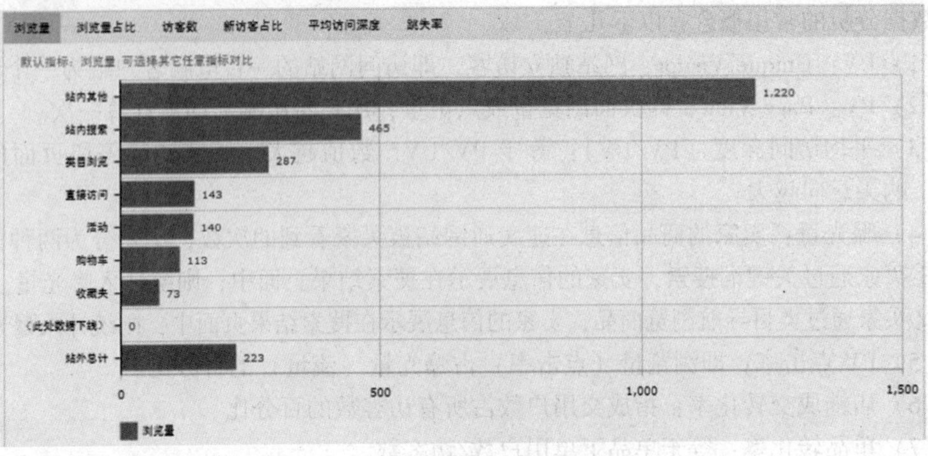
浏览量
浏览量占比
访客数
新访客占比
平均访问深度
跳失率
默认指标：浏览量 可选择其它任意指标对比
站内其他
1,220
站内搜索
465
类目浏览
287
直接访问
143
活动
140
购物车
113
收藏夹
73
（此处数据下线）
0
站外总计
223
0
500
1,000
1,500
浏览量

图 4-31　店铺浏览量数据分析

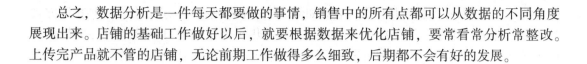

总之，数据分析是一件每天都要做的事情，销售中的所有点都可以从数据的不同角度展现出来。店铺的基础工作做好以后，就要根据数据来优化店铺，要常看常分析常整改。上传完产品就不管的店铺，无论前期工作做得多么细致，后期都不会有好的发展。

任务五　行业数据分析

跨境电商的行业数据分析可以了解各行业品类的海外趋势、热销产品、入驻资质、扶持政策等信息。常见的概念有以下几个。

成交指数：所选行业所选时间范围内，累计成交订单数经过数据处理后得到的对应指数。成交指数不等于成交量，成交指数越大，成交量越大。

购买率排名：所选行业所选时间范围内，购买率的排名。

竞争指数：所选行业所选时间范围内，产品词对应的竞争指数。竞争指数越大，竞争越激烈。

一、行业情报

行业情报基于速卖通平台的交易数据，提供 TOP 行业排行榜、行业趋势、TOP 店铺排行榜和买家地域分布四类主要内容。可以根据行业情报提供的分析，迅速了解行业现状，判断经营方向。通过“我的速卖通”—“数据纵横”—“行业情报”进入，如图 4-32 所示。

AliExpress全球速卖通
阿里巴巴旗下网站
English
1.登录“我的速卖通”.点击“行业情报”
我的速卖通
我要销售
交易
商铺管理
帐号设置
营销中心
数据纵横
数据纵横
2.点击“行业情报”
业情报
行业情报
选品专家
您正在查看的行业

图 4-32　行业情报

您可以根据行业类目和时间范围选择需要查看的行业数据。类目选择可以选择任意一层级的类目，如可以选择查看一级类目“钟表，珠宝首饰，眼镜”下的行业数据，也可以选择查看二级类目“钟表，珠宝首饰，眼镜>珠宝首饰”或三级类目“钟表，珠宝首饰，眼镜>珠宝首饰>项链”下的行业数据。时间选择则可以根据时间查看某个时段内的行业数据，自定义时间筛选功能只支持最近一个月的日期筛选，如图 4-33 所示。

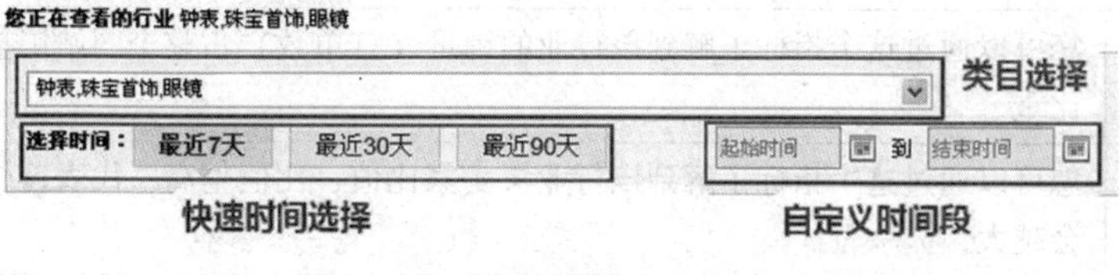
您正在查看的行业 钟表,珠宝首饰,眼镜
钟表,珠宝首饰,眼镜
类目选择
选择时间：
最近7天
最近30天
最近90天
起始时间
到
结束时间
快速时间选择
自定义时间段

图 4-33　查看行业数据

您可以通过 TOP 行业排行榜来获取各项行业数据指标，轻松了解速卖通平台哪些行业有机会，各个行业的特点是什么，表现如何。排序依据是指可以点击任何一种排序方式对 TOP 行业进行排序，并查看对应的效果。行业热卖是指当前日期范围内订单最多的 TOP 行业。购买率是指当前日期范围内下单买家除以所有买家比值最大的 TOP 行业，购买率越大，行业潜力越大。竞争力是指当前日期范围内买卖家比值最大的 TOP 行业。竞争力越大，行业潜力越大，如图 4-34 所示。

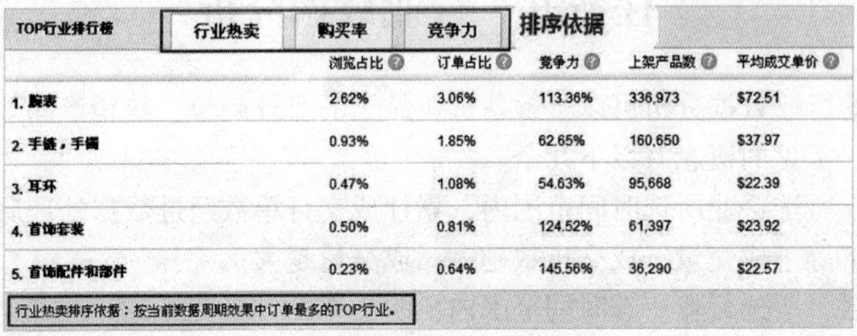
TOP行业排行榜
行业热卖
购买率
竞争力
排序依据
浏览占比
订单占比
竞争力
上架产品数
平均成交单价
1. 腕表 2.62% 3.06% 113.36% 336,973 $72.51
2. 手链，手镯 0.93% 1.85% 62.65% 160,650 $37.97
3. 耳环 0.47% 1.08% 54.63% 95,668 $22.39
4. 首饰套装 0.50% 0.81% 124.52% 61,397 $23.92
5. 首饰配件和部件 0.23% 0.64% 145.56% 36,290 $22.57
行业热卖排序依据：按当前数据周期效果中订单最多的TOP行业。

图 4-34　TOP 行业排行榜

您可以选择不同指标，了解某个行业对应一段时间内的趋势，行业动态一目了然。您还可以选择另外的任意两个行业进行比较，对比不同行业的数据指标，对比的类目可以选择任何一级，如图 4-35 所示。

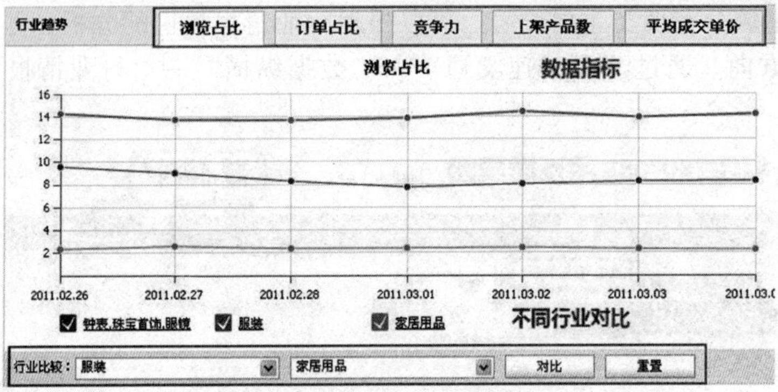
行业趋势
浏览占比
订单占比
竞争力
上架产品数
平均成交单价
浏览占比
数据指标
16
14
12
10
8
6
4
2
2011.02.26
2011.02.27
2011.02.28
2011.03.01
2011.03.02
2011.03.03
钟表,珠宝首饰,眼镜
服装
家居用品
不同行业对比
行业比较：服装
家居用品
对比
重置

图 4-35　选择指标

主要数据指标如表 4-4 所示。

表 4-4　主要数据指标

指标名称	指标描述及用途
浏览占比	您可以通过该指标了解该行业的浏览量在整个网站流量中的占比，判断该行业的买家需求（比值越大，说明买家越关注这个行业）
订单占比	您可以通过这个指标了解到该行业的销量（订单数）占整个网站销量（订单数）的比重
竞争力	您可以通过这个指标了解到该行业买卖家比值，比值越高，代表这个行业的潜在机会越大
上架产品数	您可以通过这个指标了解到该行业总的上架产品数
平均成交单价	您可以通过这个指标了解到该行业所有产品的平均成交单价，合理定价

您可以查看到当前各个行业 TOP 卖家的店铺名称，并进入店铺，方便了解平台上的核心卖家的店铺经营情况，如图 4-36 所示。

TOP店铺排行榜
1.
TIMI
Guangzhou TIMI Trade Co., Ltd.
2.
CL
Shanghai Dianshi International Trade Co., Ltd.
3.
CJ
Yiwu Changjin Jewelry Co., Ltd.
4.
Shenzhen Silver Charm Trading Co., Ltd.
5.
JIng RUi
Jewelry1983
JING RUI CO LTD

图 4-36　TOP 店铺排行榜

您还可以分析买家的地域分布，为针对性制定营销策略提供依据，如图 4-37 所示。

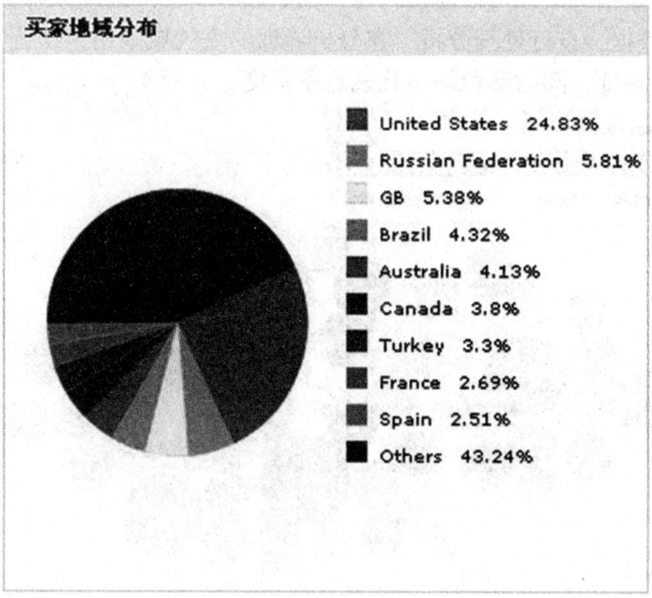
买家地域分布
United States 24.83%
Russian Federation 5.81%
GB 5.38%
Brazil 4.32%
Australia 4.13%
Canada 3.8%
Turkey 3.3%
France 2.69%
Spain 2.51%
Others 43.24%

图 4-37　买家地域分布

行业情报可以为卖家了解买家、竞争对手和市场等提供数据依据，通过分析买家的行为、学习优秀店铺的经验和分析运营过程中的各种数据，不断调整产品和营销策略，还可以为新卖家选品提供依据。

二、选品专家

速卖通的选品专家以行业为维度，提供行业的热卖商品和热门搜索关键词，让卖家能够查看丰富的热卖商品资讯并多角度分析买家搜索关键词，使卖家可以根据选品专家提供的内容调整产品，优化关键词设置。通过“我的速卖通”—“数据纵横”—“选品专家”进入，如图 4-38 所示。

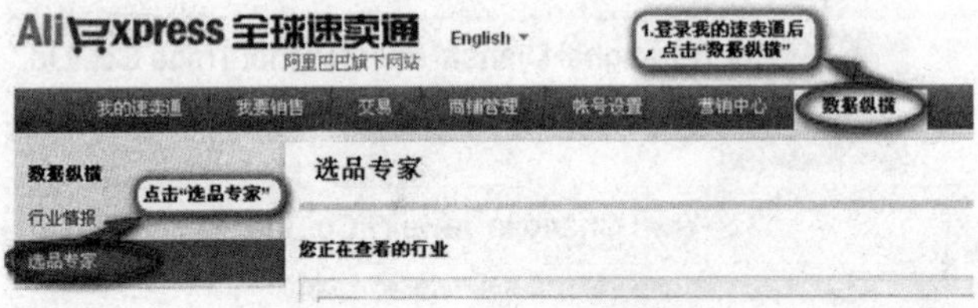
AliExpress全球速卖通
阿里巴巴旗下网站
English
1.登录我的速卖通后，点击“数据纵横”
我的速卖通
我要销售
交易
商铺管理
帐号设置
营销中心
数据纵横
选品专家
数据纵横
行业情报
选品专家
点击“选品专家”
您正在查看的行业

图 4-38　进入“选品专家”

您可以根据行业类目和时间范围选择需要查看的行业。选择行业后，您可以查看 30 条该行业热卖的产品及产品图片、标题、关键字、价格、在线状态。如果产品在该时间已经下架，那么产品的基础信息仍然显示，但是产品链接不可点击。

卖家可以分析最近 7 天的搜索曝光量比较好的前 20 个产品，因为这些产品是店铺流量的主要来源。其他产品只需要进行日常的优化，在直通车的快捷推广中出最低价。爆款和引流款不可能一直固定不变，如果在商品分析中出现 20 名以后上升的产品，可以考虑拿来推广造爆款或者引流。

选品专家中的热销选项，可以通过行业、国家和时间三个维度来筛选数据，并可以导出最近 30 天原始数据，自行处理分析。在分析界面的主区域则用一个圆来代表一种产品，圆的大小代表销售热度，圆的颜色深浅代表竞争程度，如图 4-39 所示。

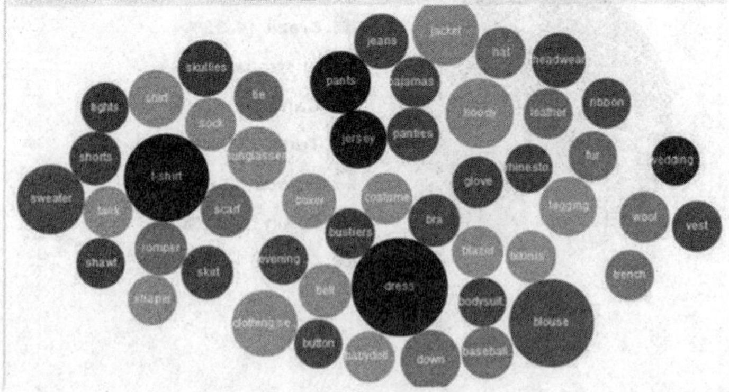
TOP热销产品词
行业：服装/服饰配件
国家：全球
时间：最近一天
竞争小
竞争大
jeans
jacket
hat
headwear
skullies
pants
pajamas
tie
shirt
sock
hoody
leather
ribbon
jersey
panties
shorts
t-shirt
sunglasses
glove
fur
wedding
sweater
tank
scarf
blazer
costume
legging
wool
vest
bra
bustiers
romper
shawl
evening
blazer
bikinis
trench
skirt
belt
dress
bodysuit
blouse
button
babydoll
down
baseball

图 4-39　热销产品分析

点击代表“dress”的圆，进入热销选项的次级页面——销量详细分析页面，这里有 TOP 关联产品和 TOP 热销属性两个区域。

关联产品是指买家同时浏览、点击和购买的产品。圆的大小和颜色所代表的意思和热销选项界面相同，连线越粗代表产品之间的关联越强，如图 4-40 所示。

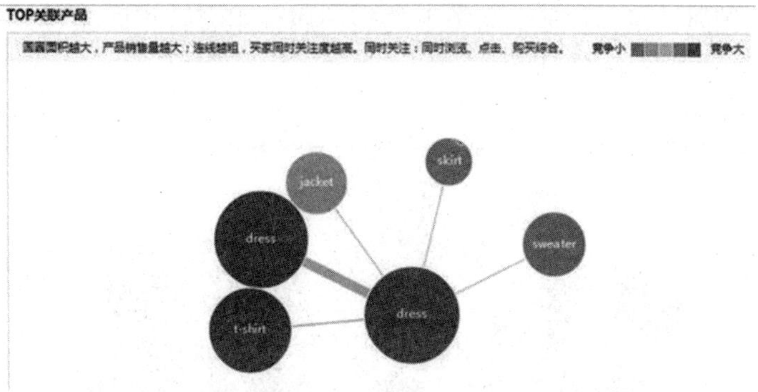
TOP关联产品
竞争小
竞争大
jacket
skirt
dress
sweater
t-shirt
dress

图 4-40　关联产品

在 TOP 热销属性中，圆的大小和颜色所代表的意思和热销选项界面相同，同一类颜色在此图只作为属性分类使用，如图 4-41、图 4-42 所示。

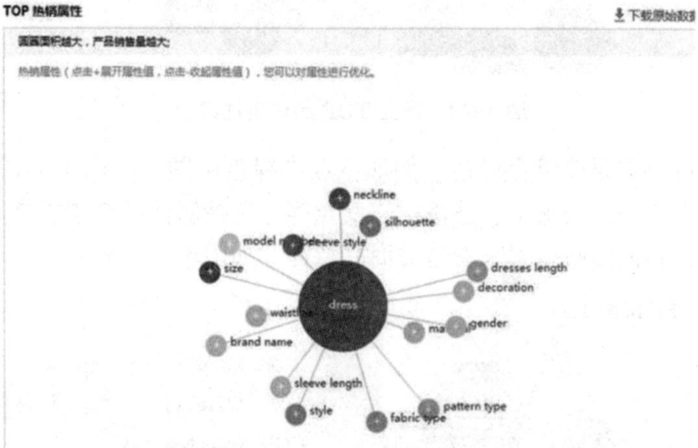
TOP 热销属性
neckline
silhouette
model number
sleeve style
size
dresses length
decoration
dress
brand name
gender
sleeve length
pattern type
style
fabric type

图 4-41　热销属性（1）

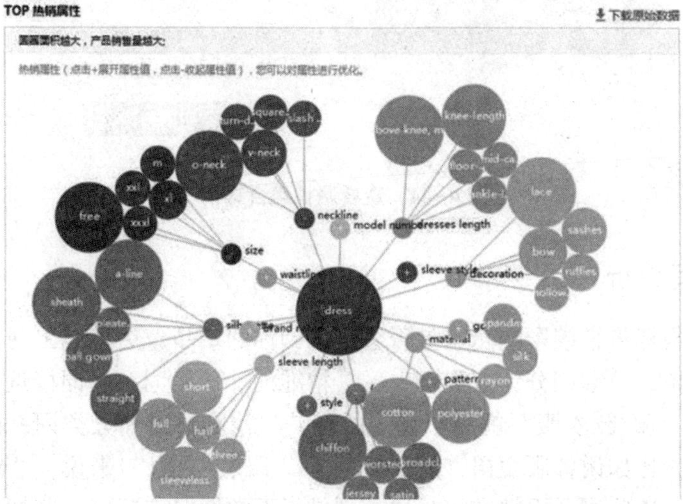
TOP 热销属性
下载原始数据
free
a-line
sheath
o-neck
v-neck
square
knee-length
lace
bow
sashes
ruffles
neckline
model number
dresses length
size
sleeve style
decoration
dress
sleeve length
brand name
material
short
straight
full
half
sleeveless
style
cotton
polyester
chiffon
silk
rayon
jersey
satin

图 4-42　热销属性（2）

行业 TOP 热销属性组合：某个品类下的热销属性组合，相同颜色代表一类商品，圆越大代表销量越多，如图 4-43 所示。

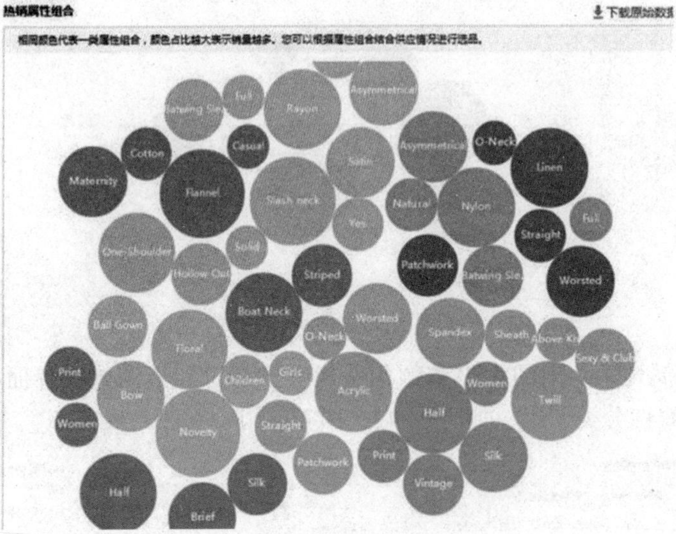
热销属性组合
下载原始数据
Rayon
Asymmetrical
Cotton
Casual
Maternity
Flannel
Slash neck
Satin
O-Neck
Linen
Natural
Nylon
Straight
Striped
Patchwork
Worsted
Boat Neck
Ball Gown
Floral
Spandex
Sheath
Print
Bow
Children
Girls
Acrylic
Women
Twill
Half
Novelty
Straight
Silk
Brief
Vintage

图 4-43　行业 TOP 热销属性组合

点击圆圈，可查看属性组合详情。例如：点击绿色圆圈，弹出下面属性组合详情框。这类商品特征：带花的、蝴蝶结、蓬蓬裙、女童等。选择属性组合查看在平台上的此类商品特征，也可以在其他网站搜索来看这类商品特征，如图 4-44 所示。

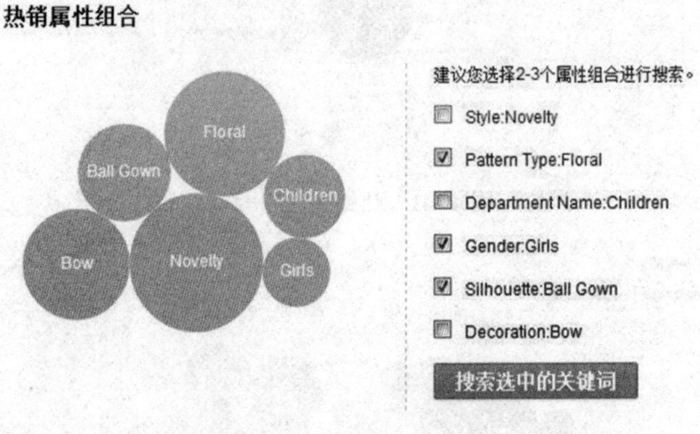
热销属性组合
Floral
Ball Gown
Children
Bow
Novelty
Girls
建议您选择2-3个属性组合进行搜索。
Style:Novelty
Pattern Type:Floral
Department Name:Children
Gender:Girls
Silhouette:Ball Gown
Decoration:Bow
搜索选中的关键词

图 4-44　查看属性组合详情

三、关键词分析

关键词的好与坏将直接影响卖家是否会搜索到你的产品，更多地出现在搜索结果中就意味着更多的订单。关键词分为三类：大词、精准词、长尾词。大词接近于类目词，比如你卖服装，那么“服装/衣服”就属于大词的范畴；精准词指细分类词，如果你卖的产品是某一细分类的，比如说韩版短裙，那么相对于“服装/衣服”来说，“韩版短裙”则针对性更强，同时，这些词语更精准；长尾词则是指不常用但恰好有一些特定群体会搜索的词语，比如某明星的粉丝等。

在标题关键词的使用中，建议大词不要漏，精准词要相关性强，长尾词要恰当配合。大词涵盖了最大的搜索量，所以，在标题设置中，要尽可能多使用，尽可能做到相关产品都要用到大词；使用精准词搜索的买家，目的性很强，就是冲着某类产品甚至某个产品来的，所以，在搭配时，一定要相关性非常强，若一个产品使用了某一风马牛不相及的关键词，那么虽然可能引来流量，但也只能让买家飘过而已，并不能产生实际的购买；恰当搭配长尾词，并不是每个产品都有长尾词，所以，在长尾词使用方面，有则用，没有也无须生拉硬扯。

关键词可以通过搜索词来选择，搜索词可以通过以下四种途径收集。

（1）跨境电商平台站内自带的搜索工具，主要有三种方法：买家类目、买家搜索框和参考对手的设置。买家类目下的相关产品类目的关键词其实就是买家热搜词；买家搜索框输入你的产品的一个关键词，会自动跳出相关的关键词，其实就是买家热搜词；进入竞争对手卖家店铺，参考其产品标题等。

（2）Google 等搜索工具。

（3）海外各种相关论坛和社交网络平台。

（4）数据纵横—搜索词分析，可以利用数据分析来设置关键词和写标题。

可以在热搜词中下载最近 30 天原始数据，做成 Excel 表格，然后将表格转化为数字，如图 4-45 所示。

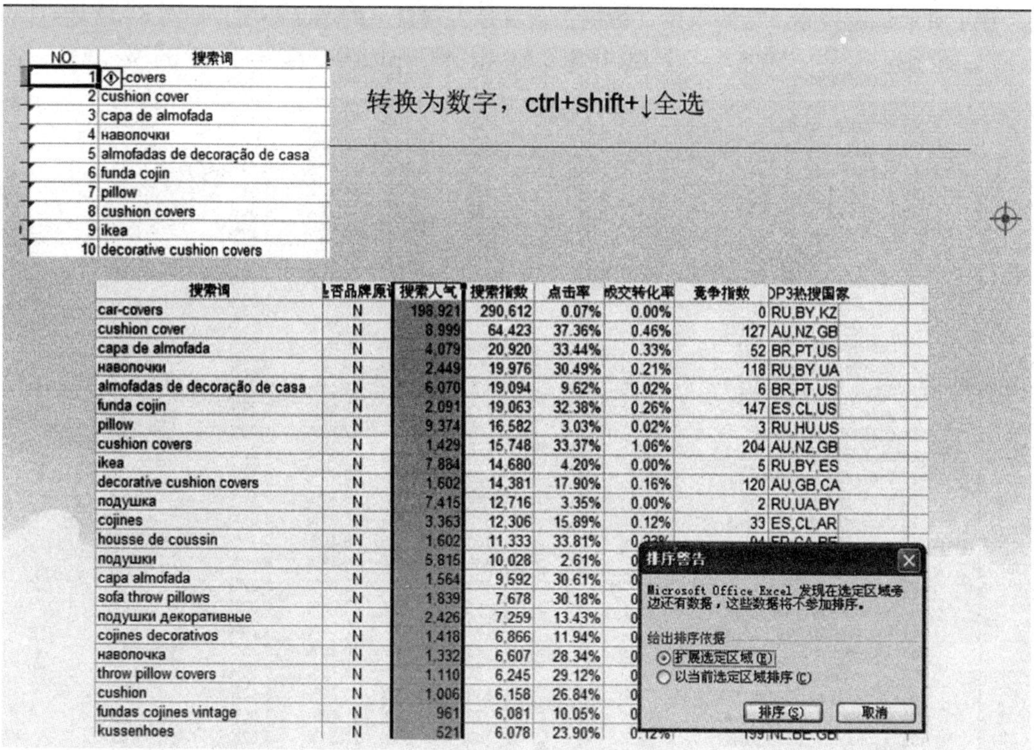
NO.　搜索词
1 car-covers
2 cushion cover
3 capa de almofada
4 наволочки
5 almofadas de decoração de casa
6 funda cojin
7 pillow
8 cushion covers
9 ikea
10 decorative cushion covers
转换为数字，ctrl+shift+↓全选
搜索词　是否品牌原词　搜索人气　搜索指数　点击率　成交转化率　竞争指数　TOP3热搜国家
car-covers N 198,921 290,612 0.07% 0.00% 0 RU,BY,KZ
cushion cover N 8,999 64,423 37.36% 0.46% 127 AU,NZ,GB
capa de almofada N 4,079 20,920 33.44% 0.33% 52 BR,PT,US
наволочки N 2,449 19,976 30.49% 0.21% 118 RU,BY,UA
almofadas de decoração de casa N 6,070 19,094 9.62% 0.02% 6 BR,PT,US
funda cojin N 2,091 19,063 32.38% 0.26% 147 ES,CL,US
pillow N 9,374 16,582 3.03% 0.02% 3 RU,HU,US
cushion covers N 1,429 15,748 33.37% 1.06% 204 AU,NZ,GB
ikea N 7,884 14,680 4.20% 0.00% 5 RU,BY,ES
decorative cushion covers N 1,602 14,381 17.90% 0.16% 120 AU,GB,CA
подушка N 7,415 12,716 3.35% 0.00% 2 RU,UA,BY
cojines N 3,363 12,306 15.89% 0.12% 33 ES,CL,AR
housse de coussin N 1,602 11,333 33.81%
подушки N 5,815 10,028 2.61%
capa almofada N 1,564 9,592 30.61%
sofa throw pillows N 1,839 7,678 30.18%
подушки декоративные N 2,426 7,259 13.43%
cojines decorativos N 1,418 6,866 11.94%
наволочка N 1,332 6,607 28.34%
throw pillow covers N 1,110 6,245 29.12%
cushion N 1,006 6,158 26.84%
fundas cojines vintage N 961 6,081 10.05%
kussenhoes N 521 6,078 23.90%
排序警告
Microsoft Office Excel 发现在选定区域旁边还有数据，这些数据将不参加排序。
给出排序依据
扩展选定区域(E)
以当前选定区域排序(C)
排序(S)
取消

图 4-45　热搜词原始数据转化

然后再用搜索指数乘以成交转化率，得到成交转化指数，如图 4-46 所示。

A	B	C	D	E	F	G	H	I	J
NO.	搜索词	是否品牌原	搜索人气	搜索指数	点击率	成交转化率	成交转化指数	竞争指数	OP3热搜国家
1	car-covers	N	198,921	290,612	0.07%	0.00%	=E2/G2	0	RU,BY,KZ
7	pillow	N	9,374	16,582	3.03%	0.02%		3	RU,HU,US
2	cushion cover	N	8,999	64,423	37.36%	0.46%		127	AU,NZ,GB
9	ikea	N	7,884	14,680	4.20%	0.00%		5	RU,BY,ES
11	подушка	N	7,415	12,716	3.35%	0.00%		2	RU,UA,BY
5	almofadas de decoração de casa	N	6,070	19,094	9.62%	0.02%		6	BR,PT,US
14	подушки	N	5,815	10,028	2.61%	0.00%		2	RU,BY,UA
3	capa de almofada	N	4,079	20,920	33.44%	0.33%		52	BR,PT,US
12	cojines	N	3,363	12,306	15.89%	0.12%		33	ES,CL,AR
31	диван	N	3,257	3,875	0.29%	0.00%		0	RU,UA,BY
27	чехлы для авто	N	3,023	4,656	0.00%	0.00%		1	RU,BY,KZ
4	наволочки	N	2,449	19,976	30.49%	0.21%		118	RU,BY,UA

2	cushion cover	N	8,999	64,423	37.36%	0.46%	296.35
8	cushion covers	N	1,429	15,748	33.37%	1.06%	166.93
636	pillowcover sofa decor couch	N	95	102	92.59%	92.59%	94.44
3	capa de almofada	N	4,079	20,920	33.44%	0.33%	69.04
6	funda cojin	N	2,091	19,063	32.38%	0.26%	49.56
69	cojin decorativo	N	47	1,654	14.00%	2.93%	48.46
4	наволочки	N	2,449	19,976	30.49%	0.21%	41.95
288	funda cojines	N	51	446	45.00%	8.33%	37.15
194	cat cushion	Y	32	644	6.36%	4.62%	29.75
18	cojines decorativos	N	1,418	6,866	11.94%	0.39%	26.78
19	наволочка	N	1,332	6,607	28.34%	0.40%	26.43
13	housse de coussin	N	1,602	11,333	33.81%	0.23%	26.07
10	decorative cushion covers	N	1,602	14,381	17.90%	0.16%	23.01
49	geometric cushion cover	N	184	2,615	39.40%	0.86%	22.49
24	чехлы на подушки	N	726	5,416	33.89%	0.35%	18.96
36	fundas de cojines	N	454	3,378	28.67%	0.56%	18.92
26	pillow case	Y	506	4,899	15.37%	0.38%	18.62
234	cushion blue	N	40	562	18.54%	3.31%	18.60
61	fundas de cojin	N	172	1,997	42.32%	0.75%	14.98

图 4-46　成交转化指数

可以按照表格中的排序选择适合自己产品的标题，需要注意的是，在选词时要避开品牌词，在主页面试着搜索下所筛选的关键词，查看是否与自己的产品匹配，如图 4-47 所示。

NO.	搜索词	是否品牌	搜索人	搜索指	点击率	成交转化	成交转化指数	竞争
2	cushion cover	N	8,904	62,023	34.16%	0.32%	198.47	
9	cushion covers	N	1,425	15,310	31.59%	1.02%	156.16	
45	fundas de cojines	N	409	2,694	34.91%	1.11%	29.90	
14	housse de coussin	N	1,553	10,693	32.70%	0.25%	26.73	
24	kussenhoes	N	510	5,305	20.67%	0.43%	22.81	
58	geometric cushion cover	N	139	2,087	34.41%	1.08%	22.54	
349	funda cojines	N	40	368	33.33%	5.05%	18.58	
113	cojin vintage	N	62	1,002	13.38%	1.49%	14.93	
16	sofa throw pillows	N	2,016	9,290	27.56%	0.16%	14.86	
10	decorative cushion covers	N	1,414	14,070	15.54%	0.08%	11.26	
106	pillow cover	N	132	1,036	16.19%	1.08%	11.19	
271	christmas cushion covers	N	47	443	31.09%	2.52%	11.16	
76	boston terrier	N	372	1,429	18.80%	0.78%	11.15	
25	cojines decorativos	N	1,204	5,264	10.74%	0.21%	11.05	
56	vintage cushion cover	N	150	2,215	21.45%	0.34%	7.53	
59	union jack	N	413	2,072	6.86%	0.36%	7.46	
164	cushion covers blue	N	13	703	22.75%	1.06%	7.45	
126	decorative throw pillow covers	N	110	908	21.31%	0.82%	7.45	
21	throw pillow covers	N	1,009	5,678	28.62%	0.13%	7.38	
20	throw pillows	N	1,208	6,104	19.72%	0.12%	7.32	
22	decorative throw pillows	N	983	5,674	18.01%	0.07%	3.97	
32	almofadas vintage	N	1,009	3,488	8.40%	0.11%	3.84	
27	fundas cojines vintage	N	688	4,720	9.49%	0.08%	3.78	
579	lavande	N	51	169	20.00%	2.22%	3.75	
302	red throw pillows	N	51	406	23.85%	0.92%	3.74	
248	dog cushion cover	N	51	498	32.84%	0.75%	3.74	
245	vintage pillow cover	N	43	498	10.45%	0.75%	3.74	
184	grey cushion cover	N	54	621	25.75%	0.60%	3.73	
40	capas de almofadas	N	536	3,102	18.86%	0.12%	3.72	
339	cushion cover 40x40cm	N	28	372	27.00%	1.00%	3.72	
195	european cushion cover	N	47	599	27.33%	0.62%	3.71	
291	decorative cushion	N	21	417	15.18%	0.89%	3.71	

图 4-47　搜索词

任务六 店铺经营分析

目前主流的店铺经营分析有全球市场实时风暴、店铺概况分析、店铺流量来源分析、装修效果分析、自由商品分析等。

一、全球市场实时风暴

全球市场实时风暴（以下简称实时风暴）是数据分析的一个重要模块，有着24小时实时更新的数据，含曝光、浏览、访客、产品访客行为数据等，可以监控店铺及平台活动效果、发掘潜力产品、第一时间得到数据。通过实时风暴可以查看当天（美国时间）主营行业实时交易额排名、店铺流量和销量数据的今日及周同比数据，及时了解店铺流量变化，判断商品信息优化、营销活动等调整带来的直接效果。还可以在流量集中的时段调整客服工作时间及直通车投放时间。目前，速卖通的实时风暴数据是5分钟自动更新一次，如图4-48所示。

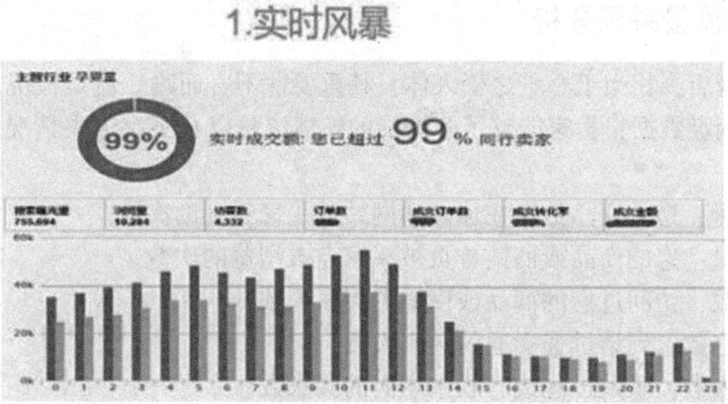
1.实时风暴
99%
实时成交额: 您已超过 99 % 同行卖家

图4-48 实时风暴

二、店铺概况分析

卖家可以通过店铺概况分析，查看店铺排名、店铺经营情况、店铺核心指标分析和店铺访客全球分布情况等。这些数据是使用与我们同行业同层级的卖家经营状况的平均值对比得出，可帮助卖家更清晰了解目前店铺整天经营状况，如图4-49、图4-50所示。

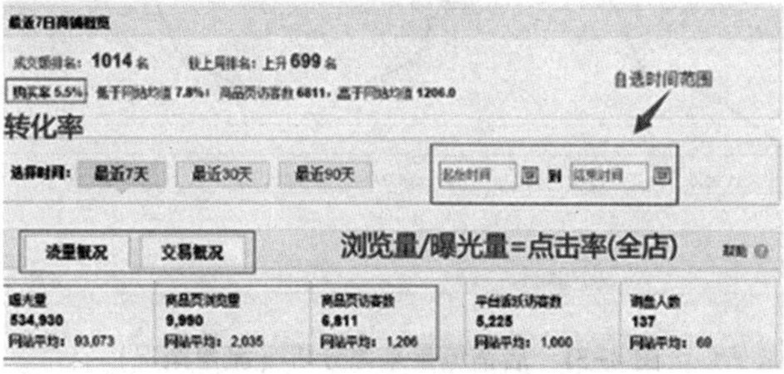
转化率
自选时间范围
最近7天
最近30天
最近90天
流量概况
交易概况
浏览量/曝光量=点击率(全店)

图4-49 店铺概况分析1

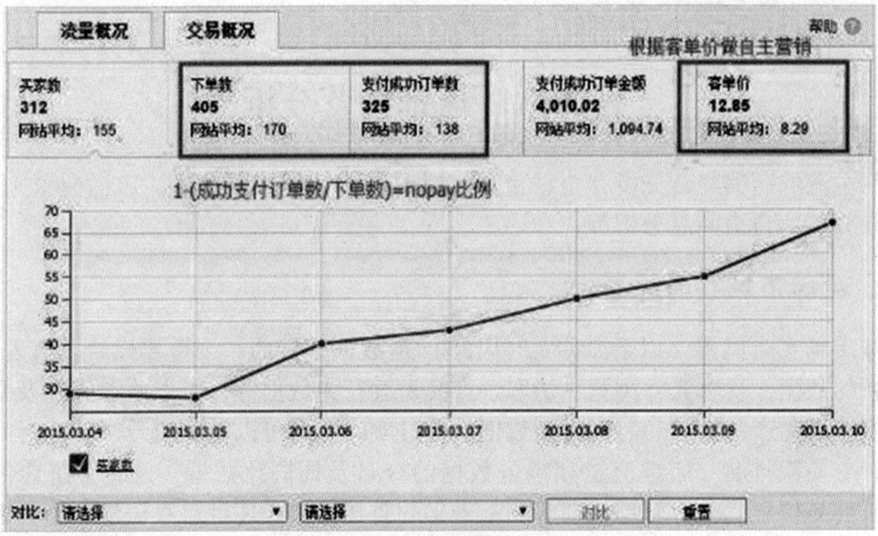
流量概况
交易概况
帮助
根据客单价做自主营销
买家数
312
网站平均：155
下单数
405
网站平均：170
支付成功订单数
325
网站平均：138
支付成功订单金额
4,010.02
网站平均：1,094.74
客单价
12.85
网站平均：8.29
1-(成功支付订单数/下单数)=nopay比例
2015.03.04
2015.03.05
2015.03.06
2015.03.07
2015.03.08
2015.03.09
2015.03.10
对比：请选择
请选择
对比
重置

图 4-50　店铺概况分析 2

三、店铺流量来源分析

流量之于网店，相当于心脏之于人体，其重要性不言而喻。流量概况展现了卖家商铺的流量数据和询盘数据，卖家能够了解商铺的整体流量以及买家流失情况。数据指标包括以下五个方面。

（1）曝光量：您的商品信息在速卖通网站被买家看到的次数。

（2）浏览量：您的商品或商铺首页被买家点击浏览的次数。

（3）访客数：访问过您的商品或商铺的买家人数。

（4）老访客数：到访过速卖通的买家人数。

（5）询盘人数：联系过您或有联系意向的买家数。

店铺流量来源分析如图 4-51、图 4-52 所示。

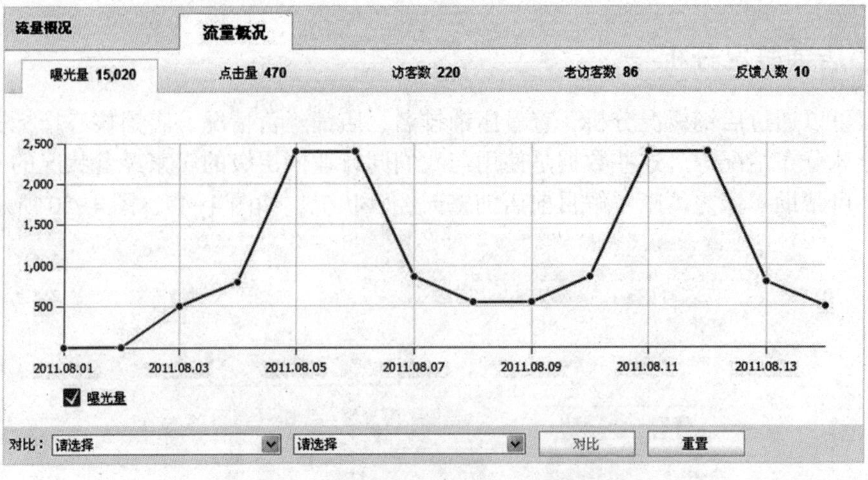
流量概况
流量概况
曝光量 15,020
点击量 470
访客数 220
老访客数 86
反馈人数 10
2,500
2,000
1,500
1,000
500
2011.08.01
2011.08.03
2011.08.05
2011.08.07
2011.08.09
2011.08.11
2011.08.13
曝光量
对比：请选择
请选择
对比
重置

图 4-51　店铺流量来源分析（流量概况）

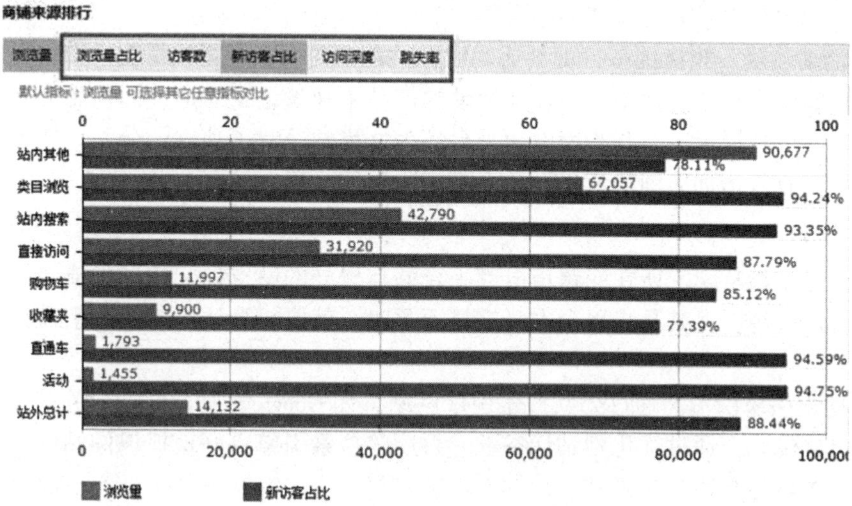
商铺来源排行
浏览量
浏览量占比
访客数
新访客占比
访问深度
跳失率
默认指标：浏览量 可选择其它任意指标对比
站内其他
类目浏览
站内搜索
直接访问
购物车
收藏夹
直通车
活动
站外总计
90,677
78.11%
67,057
94.24%
42,790
93.35%
31,920
87.79%
11,997
85.12%
9,900
77.39%
1,793
94.59%
1,455
94.75%
14,132
88.44%
浏览量
新访客占比

图 4-52 店铺流量来源分析（商铺来源排行）

跨境电商店铺流量来源主要有两部分：跨境电商平台站内引流和站外引流。

1. 站内引流

站内流量，是指来自卖家店铺所在的跨境电商平台内部的流量，主要有以下五种。

（1）类目流量，是指买家通过跨境电商平台提供的类目路径进入产品页面的流量。增加类目流量的前提就是选好类目和填好属性。发布产品的第一件事就是要选择好发布的类目，只有类目正确、相关性高，买家才能通过类目这个路径找到所需的产品，产品才会增加访问深度，降低跳失率。当产品适用于多个类目时，可以选择流量大的类目。确定类目后，填写产品属性，要尽量选择和产品本身一致并且相关的属性，而且要尽量全部填写。与选择类目一样，当产品适合多个属性时，要选择流量大的属性。例如，在速卖通可以通过热搜类目和热搜属性来选择流量大的类目和属性。

（2）站内搜索流量，即跨境电商平台上的自然搜索流量，指买家在平台搜索框中搜索某个关键词出现搜索结果后，点击某个搜索结果，为该产品所属卖家带来的流量。影响自然搜索流量的因素有很多，如店铺活跃度、店铺违规扣分情况、卖家服务等级和产品排名等。卖家需要了解所在跨境电商平台的相关规则，特别是违规扣分方面，尽量避免违规和被平台扣分；善于利用平台提供的各种功能工具，提高服务等级。

（3）直接访问流量。直接访问是指用户知道店铺或者在本地保存了相应宝贝的链接（本地收藏夹等），通过在浏览器上直接输入网址或用书签对网站进行访问的行为。一般是老客户的行为，或者是店铺或产品链接推荐被点击的后果。

（4）站内其他流量。查看数据纵横里的商铺流量来源时，经常会发现站内其他流量来源是店铺所有流量来源中最高的。站内其他流量来源主要包括从店铺首页、分组页、买家后台历史页以及其他分站转化过来的流量，例如分站的搜索、分站的类目浏览等。

关联营销是站内其他流量来源之一，当流量到达产品页面后，可以通过关联营销进行转化，使其一部分到达其他产品页面，这样可以有效增加其他产品的流量以及页面的访问深度、转化率，从而促成交易。可以使用跨境电商平台提供的产品信息模块制作关联营销，但这种方法比较受限制。也可以通过自定义模块用切片来灵活实现：同类质产品组合、搭配产品组合以及差异化产品组合等。

（5）活动流量。当店铺举行促销活动时，这部分流量会变得很可观。跨境电商平台一般都在买家的搜索结果页面中，为参加活动的产品单独设置了通道，而优惠券在买家的账户后台中也有单独展示，有些跨境电商平台还为优惠券设置了独立的分站。所以正确设置营销活动可以有效增加店铺的流量，从而带来更多的订单。

2. 站外引流

站外流量是指从卖家所在的跨境电商平台站点以外的站点访问店铺的流量。站外引流是重要的流量来源，尤其是当平台本身流量不足时，就要想办法进行站外引流，主要有以下四种方式。

（1）搜索引擎引流。通过公共搜索引擎网站，如 Google Adwords 进行关键词搜索。要进行搜索引擎优化，通过优化网站让谷歌、百度等搜索引擎更好地抓取网站信息，使网站排名靠前，更容易被用户搜索到。

（2）联盟营销引流。可以通过调整联盟营销的佣金设置来提高联盟营销流量，但要根据店铺自身的利润比来衡量和合理设置。

（3）电子邮件营销引流，即通过电子邮件、电子杂志等形式向用户推荐店铺和产品，从而实现引流。善于使用跨境电商平台的客户管理与营销工具，通过这个工具可以向购买过的老客户发送邮件。

（4）SNS 引流，就是通过社交网站来增加店铺以及产品的流量。

四、装修效果分析

店铺能否引人关注，除内容外，店铺的布局和样式是否美观起到了决定性的作用。除了产品因素外，一个产品风格统一、结构布局合理、装修美观的店铺会带来更多的收藏量、直接访问量以及站内其他的流量，所以装修店铺很重要，合理的店铺装修会带来更多的流量。

您可以通过装修效果趋势图和装修事件数据来分析装修效果。

根据装修效果分析，对跨境电商店铺的装修提出以下四点建议。

（1）店铺装修的第一要素就是要根据产品类型来定位店铺的风格和配色。要统一店铺的风格，建立店铺的视觉识别体系，从 Logo、店招、海报、产品图片等方面实现统一。

（2）如果使用平台提供的装修店铺模版，一定要把店铺收藏放到合适的位置，让客户很容易看到，从而可以随时收藏。可以在店铺的顶部、侧边栏以及底部同时设置店铺收藏栏。店铺的搜索栏也要放在醒目的位置，便于使用，另外在使用付费装修模板时，也要尽量选择搜索栏清晰的模板。

（3）店招在店铺中占据非常重要的位置，它会跟随买家的浏览轨迹到达店铺内的任何一个页面，可以在店招内添加产品超链接，这样就可以诱导用户到达所推送的产品页面，从而带来流量。

（4）关联营销模块可以放到产品详情页面的上方，也可以放在产品详情页面的底部，还可以上下都放，但建议不要占太多行，最好控制在两行以内，避免影响用户对当前产品详情的浏览体验，防止跳出。

五、自有商品分析

自有商品分析是根据各项指标，找出店铺自有商品的优点和缺点，用于指导店铺运营，解决问题，优化效果。速卖通的自有商品分析包括商品效果排行和商品来源分析。可以通过自定义选项来进行自有商品分析，可以经常查看曝光量、浏览量、访客数、购物车、成交转化率、订单，偶尔也要看看收藏。

卖家要思考这些数据反映的问题，想想这些数据带来的逻辑映射。例如，平均停留时间长短直接反映详情页面质量；搜索点击率低，问题可能出在主图和价格上；第一、第二产品曝光及购物车差距远大于成交订单差距，说明第一产品需要多做活动增加客人成交欲望等。

通过店铺单品流量来源可以检查卖家对单品的操作效果，例如优化关键词、产品关联、平台活动等。

项目小结

本项目主要介绍了跨境电商的网络营销推广和数据分析的具体方法，详细介绍如何开展店铺自主营销、联盟营销、店铺首页营销、橱窗营销、关联营销和平台活动的网络推广，介绍了如何开展文案策划、广告图设计、跨境网络店铺设计与装修的视觉营销，介绍了 SNS 营销和数据分析，介绍了如何利用行业情报、选品专家和关键词进行行业数据分析，介绍了全球市场实时风暴、店铺概述分析、店铺流量来源分析、装修效果分析、自有商品分析的店铺经营分析功能工具。

练习题

一、单选题

1. 限时限量折扣活动必须提前（　　）个小时创建。

A. 12　　B. 24　　C. 6　　D. 48

2. 下面不可以跨月创建的活动是（　　）。

A. 限时限量折扣　　B. 全店铺打折　　C. 店铺优惠券　　D. 全店铺满立减

3. 关于 Wish 平台，以下说法错误的是（　　）。

A. 限时限量折扣在开始前 6 个小时，处于“待展示”阶段，在此阶段前都可以修改活动内容

B. 全店铺满立减活动在开始前 24 小时，处于“待展示”阶段，在此阶段前都可以修改活动内容

C. 店铺优惠券活动在活动开始前均可编辑和关闭，活动一旦处于“展示中”状态则无法修改或关闭

D. 参加限时限量折扣活动的商品也可以参加平台活动

二、操作题

每位同学注册后进入敦煌网的卖家后台，了解敦煌网的网络推广和数据分析功能工具。

三、思考题

1. 联盟营销应该注意哪些问题?
2. 如何做一个好的文案策划?
3. SNS 营销的含义和内容有哪些?
4. 数据分析工具有哪些?

项目五　跨境支付

学习目的

通过对本项目的学习，学生应了解目前跨境支付的基本概念，熟悉跨境支付账户的设置，学会创建、绑定和修改 PayPal 收款账户的流程。

重点难点

熟悉跨境支付账户的设置，学会创建、绑定和修改 PayPal 收款账户的流程。

案例导入

案例：Apple Pay 对中国移动支付格局有何影响

Apple Pay 一经面世就以其便捷性、安全性等诸多优势吸引了各界人士关注。在美国，苹果公司与 VISA 等三家最大的发卡商、六大商业银行、梅西百货等 22 000 多家零售商达成了合作意向。在中国，已有消息称银联正与苹果进行合作接洽，一旦 Apple Pay 引入，将对国内移动支付格局产生较大影响。

Apple Pay 的移动支付解决方案主要由 NFC、Touch ID、Secure Element（安全元件）、Passbook 四个部分组成。用户通过 Passbook 将银行卡添加到 iTunes，线下支付时将手机靠近 POS 机，并按住 Home 键通过指纹识别后，即可完成结账，"Secure Element"芯片用于存储用户交易信息。在传统电子支付流程中，PAN 码和 PIN 码是两个核心数据。一直以来 PIN 的安全性远高于 PAN，是各相关方争夺主导权的关键。但 Apple Pay 引入 Token 体系，新增令牌服务提供商和令牌请求商两个参与方，以令牌代替 PAN 在支付的各个环节流转，大幅提高了 PAN 码的安全性。正由于 Apple Pay 新增了两个参与方，原有的移动支付商业模式可能会因此发生变化。目前，国内移动支付形成的商业模式是由商户抽取一部分刷卡手续费按"7：2：1"比例分配给发卡方（银行）、收单方（银行）、转接方（银联）。

目前国内线下支付领域主要有两个方向：一是银联、运营商等推动的 NFC 支付；二是支付宝、微信等互联网公司推出的扫码、声波支付。Apple Pay 如果成功引入中国，势必对原有的国内移动支付格局产生影响。

在银联方面，苹果最有可能合作的就是银联，这是因为：一方面，银联支持 NFC 功能的 POS 机在国内占有最大的市场份额；另一方面，银联目前主推的 NFC 全终端解决方案在技术层面可与苹果 NFC 无缝对接，成为合作的天然基础。二者合作的障碍也不容忽视，如 POS 机改造成本、收益分成及软件系统对接、数据改造、标准统一等。

对银联来说，与苹果合作是大势所趋，既可以借此机会推广“闪付”，又能够借助苹果的力量与支付宝等第三方支付公司相抗衡。但要避免苦心打造的支付场景成为苹果做移动支付生态的“嫁衣”。另外，银联还应争取做令牌服务提供商的角色，掌握在利益分配中的话语权。

在运营商方面，其主张 SWP-SIM 的 NFC 解决方案，与苹果使用的 ESE 方案具有本质区别。一旦银联与苹果达成合作，凭借苹果的高端用户基础和良好的付费习惯，全终端解决方案很可能成为行业标准，那运营商就有被边缘化和管道化的风险。

运营商应意识到，国内 NFC 市场需与手机、芯片厂商及金融机构等共同发力，方能促进整个行业的繁荣。运营商应采取包容的态度，先利用苹果的品牌效应将国内 NFC 支付市场这块“蛋糕”做大，培养用户的 NFC 支付习惯。另外，运营商还可通过定制机、合约机等方式与苹果合作，推广自身的移动支付平台。

在第三方支付方面，其在线下支付领域较银联不占优势，支付宝的声波支付及微信的扫码支付等一直不温不火。相较 Apple Pay，支付宝和微信的线下支付存在需联网、需输入密码等诸多不便，一旦苹果与银联达成合作，第三方支付公司将更加无法与银联在线下端竞争。另外，Apple Pay 还能够进行线上支付，Apple Pay 要做的是直接打通商户和银行，绕开第三方支付公司，即所谓的“去中介化”。这样的话，银联就会充分利用苹果的品牌效应和用户基础向一直被支付宝打压的线上支付布局，这对第三方支付公司将会是一个不小的挑战。

对于第三方支付公司来说，一方面可寻求与苹果合作的可能机会，对接自身的支付平台；另一方面可与 Android 阵营的手机厂商（如三星、小米）进行合作，推动其研发具备 NFC 功能的智能手机，布局线下端支付业务，撼动银联在线下的统治地位。

任务导入

本项目从国内支付宝入手，让学生了解国内支付方式国内支付宝的申请及应用，完成创建、绑定和修改国际支付工具 PayPal。掌握跨境支付的业务流程，掌握跨境支付后台购汇清算流程。

任务一　跨境支付概述

跨境支付的产生是以国际电商及国际贸易的快速发展为基础的，且跨境交易的产生是需要国内外企业相互合作完成的。相信随着技术、监管等相关方面的不断完善，它将扮演更重要的角色。

一、跨境支付的层次

目前，第三方支付企业开展跨境支付业务主要集中于互联网跨境支付，具体可分为三个层次。

（1）境内持卡人的境外网站支付，也称购汇支付。

（2）境外持卡人的境内网站支付，也称收汇支付。

（3）境外持卡人的境外网站支付。

二、跨境支付的业务流程

在具体业务流程方面，跨境支付的业务流程主要分为前台的购物支付流程和后台的购汇清算流程。以购汇支付为例，境内用户拍下境外商家的货品后，按商家网站所显示的人民币报价支付相应款项到第三方支付平台，随后境外商户向境内用户发货。

三、跨境支付后台购汇清算流程

跨境支付后台购汇清算流程主要发生在第三方支付平台和境内合作银行之间，由第三方支付平台向合作银行查询汇率，并根据交易情况批量购汇。买家收到货物后，第三方支付企业向银行发送清算指令，将外币货款打入境外商户的开户银行，从而完成整个交易。

任务二　账户设置

一、以前没有设置支付宝收款账户的情况

如果以前没有设置支付宝收款账户，可以通过创建或登录支付宝的方式进行绑定。具体操作流程如下。

（1）登录全球速卖通，点击“交易”进入“收款账户管理”界面，选择“人民币收款账户”，可以使用已经有的支付宝，如图 5-1 所示。

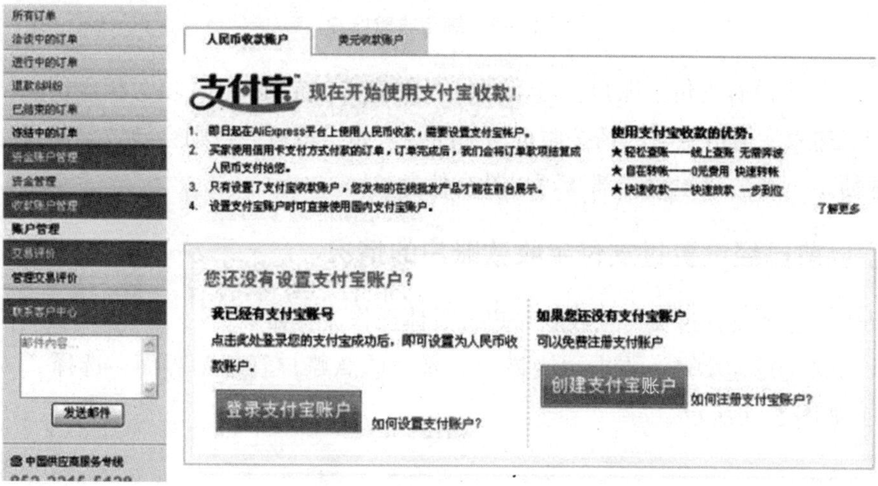
所有订单
进行中的订单
已结束的订单
账户管理
管理交易评价
发送邮件
人民币收款账户
支付宝
现在开始使用支付宝收款!
1. 即日起在AliExpress平台上使用人民币收款，需要设置支付宝帐户。
2. 买家使用信用卡支付方式付款的订单，订单完成后，我们会将订单款项结算成人民币支付给您。
3. 只有设置了支付宝收款账户，您发布的在线批发产品才能在前台展示。
4. 设置支付宝账户时可直接使用国内支付宝账户。
使用支付宝收款的优势：
了解更多
您还没有设置支付宝账户?
我已经有支付宝账号
点击此处登录您的支付宝成功后，即可设置为人民币收款账户。
登录支付宝账户
如何设置支付账户?
如果您还没有支付宝账户
可以免费注册支付账户
创建支付宝账户
如何注册支付宝账户?

图 5-1　收款账户管理

（2）点击“登录支付宝账户”后，出现图 5-2 所示的界面。

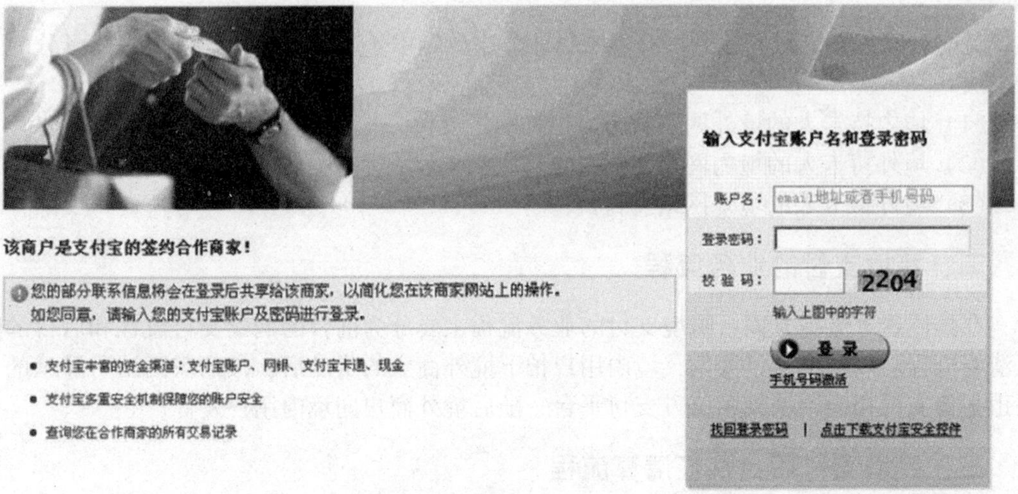
输入支付宝账户名和登录密码
账户名：
email地址或者手机号码
登录密码：
校 验 码：
2204
输入上图中的字符
登 录
手机号码激活
找回登录密码 | 点击下载支付宝安全控件
该商户是支付宝的签约合作商家！
您的部分联系信息将会在登录后共享给该商家，以简化您在该商家网站上的操作。
如您同意，请输入您的支付宝账户及密码进行登录。
支付宝丰富的资金渠道：支付宝账户、网银、支付宝卡通、现金
支付宝多重安全机制保障您的账户安全
查询您在合作商家的所有交易记录

图 5-2　登录支付宝账户

依次填写“支付宝账户姓名”“登录密码”“校验码”等必填项，填写完毕后点击“登录”。登录成功后，即完成收款账户的绑定，也可以对收款账户进行编辑，如图 5-3 所示。

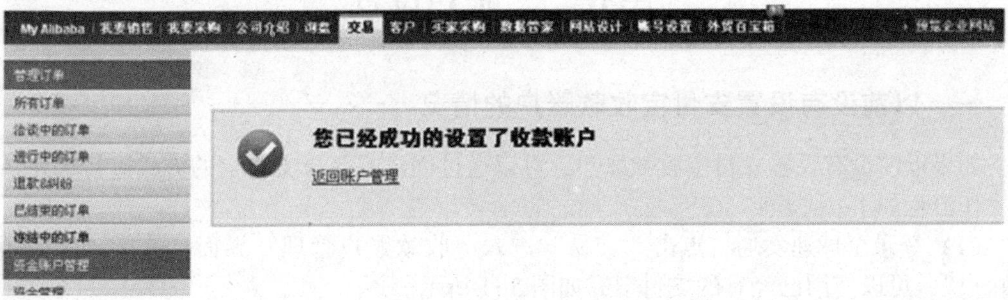
My Alibaba
交易
客户
管理订单
所有订单
洽谈中的订单
进行中的订单
退款&纠纷
已结束的订单
冻结中的订单
资金账户管理
您已经成功的设置了收款账户
返回账户管理

图 5-3　绑定收款账户

（3）如果还没有支付宝账户，可以点击“创建支付宝账户”，填写相应信息，完成支付宝注册。输入注册信息时，请按照页面中的要求如实填写，否则会导致您的支付宝账户无法正常使用。点击“填写全部”可以补全信息。

二、以前已经设置过支付宝收款账户的情况

如果以前已经设置过支付宝收款账户，具体操作流程如下。

（1）登录全球速卖通，点击“交易”进入“收款账户管理”界面，选择“人民币收款账户”，如图 5-4 所示。

管理订单
所有订单
洽谈中的订单
进行中的订单
退款&纠纷
已结束的订单
冻结中的订单
资金账户管理
资金管理
收款账户管理
账户管理
交易评价
管理交易评价
联系客户中心
邮件内容...
发送邮件
中国供应商服务专线
852-2215-5128
收款账户管理
人民币收款账户
美元收款账户
支付宝 现在开始使用支付宝收款!
1. 即日起在AliExpress平台上使用人民币收款，需要设置支付宝账户。
2. 买家使用信用卡支付方式付款的订单，订单完成后，我们会将订单款项结算成人民币支付给您。
3. 只有设置了支付宝收款账户，您发布的在线批发产品才能在前台展示。
4. 设置支付宝账户时可直接使用国内支付宝账户。
使用支付宝收款的优势：
★ 轻松查账——线上查账 无需奔波
★ 自在转帐——0元费用 快速转帐
★ 快速收款——快速放款 一步到位
了解更多
您已经设置过支付宝账户
请点击“确认为收款账户”将您的支付宝账户作为人民币收款账户。
支付宝账户姓名: [redacted]
支付宝账户: sh[redacted]@alipay.com
编辑
确认为收款账户
如何注册支付宝账户?
您的个人及公司账户，我们建议您及时进行处理 查看个人及公司账户

图 5-4　收款账户管理

（2）点击“确认为收款账户”后，您的支付宝即作为收款账户，如图 5-5 所示。

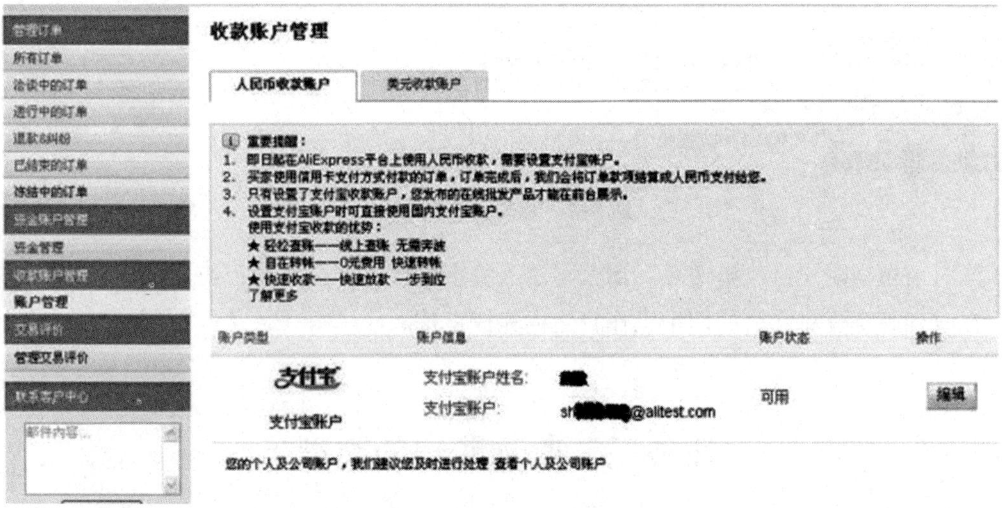
管理订单
所有订单
洽谈中的订单
进行中的订单
退款&纠纷
已结束的订单
冻结中的订单
资金账户管理
资金管理
收款账户管理
账户管理
交易评价
管理交易评价
联系客户中心
邮件内容...
收款账户管理
人民币收款账户
美元收款账户
重要提醒：
1. 即日起在AliExpress平台上使用人民币收款，需要设置支付宝账户。
2. 买家使用信用卡支付方式付款的订单，订单完成后，我们会将订单款项结算成人民币支付给您。
3. 只有设置了支付宝收款账户，您发布的在线批发产品才能在前台展示。
4. 设置支付宝账户时可直接使用国内支付宝账户。
使用支付宝收款的优势：
★ 轻松查账——线上查账 无需奔波
★ 自在转帐——0元费用 快速转帐
★ 快速收款——快速放款 一步到位
了解更多
账户类型
账户信息
账户状态
操作
支付宝
支付宝账户
支付宝账户姓名: [redacted]
支付宝账户: sh[redacted]@alitest.com
可用
编辑
您的个人及公司账户，我们建议您及时进行处理 查看个人及公司账户

图 5-5　确认为收款账户

以后的新订单款项都会进入该支付宝账户中。以前的个人及公司账户将不再使用。

三、需要修改已绑定的支付宝收款账户的情况

如果需要修改已绑定的支付宝收款账户，具体操作流程如下。

创建收款账户之后可以选择修改账户。在“收款账户管理”页面，点击“编辑”按钮，即提示登录支付宝账户输入新的支付宝账户号码，如图 5-6 所示。

交易
使用您新的支付宝账号登录
登入支付宝

图 5-6　修改支付宝收款账户

点击“登入支付宝”，显示登录支付宝界面，依次填写“支付宝账户姓名”“登录密码”“校验码”等必填项，填写完毕后点击“登录”。登录成功后，显示如图 5-7 所示的界面。

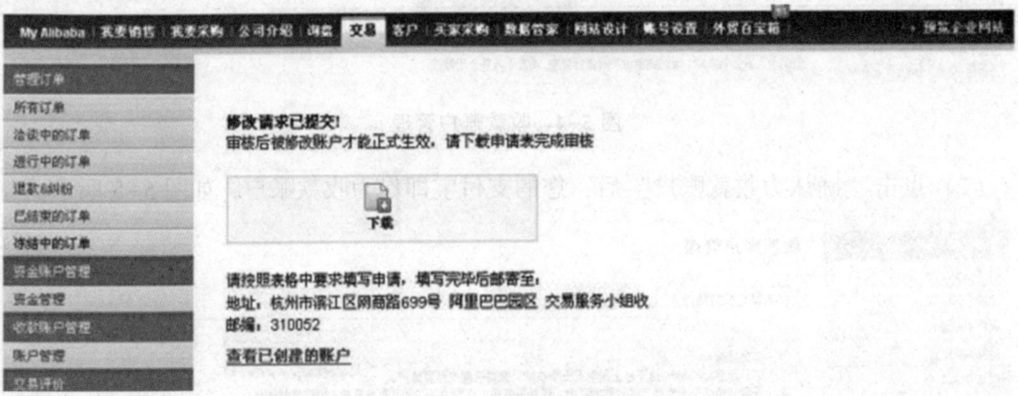
My Alibaba
我要销售
我要采购
公司介绍
询盘
交易
客户
买家采购
数据管家
网站设计
账号设置
外贸百宝箱
预览企业网站
管理订单
所有订单
洽谈中的订单
进行中的订单
退款&纠纷
已结束的订单
冻结中的订单
资金账户管理
资金管理
收款账户管理
账户管理
交易评价
修改请求已提交!
审核后被修改账户才能正式生效，请下载申请表完成审核
下载
请按照表格中要求填写申请，填写完毕后邮寄至：
地址：杭州市滨江区网商路699号 阿里巴巴园区 交易服务小组收
邮编：310052
查看已创建的账户

图 5-7　修改后登录成功

同时请填写账户修改申请表，请公司法人签字盖章邮寄至阿里巴巴。阿里巴巴工作人员会在收到邮寄资料之后的两个工作日之内完成审核。

任务三　收款账户的类型

国际支付宝目前仅支持买家美元支付，卖家可以选择美元和人民币两种收款方式。

买家通过信用卡付款，卖家收款时会出现两种货币收款情况：如果付款方式处显示为“信用卡（人民币通道）”，国际支付宝会按照买家支付当天的汇率将美元转换成人民币支付到卖家的国内支付宝或银行账户中（特别提醒：速卖通普通会员的货款将直接支付到卖家国内支付宝账户）；如果显示的是“信用卡（美元通道）”，则卖家美元收款账户收到美元。

买家通过 T/T（电汇）银行汇款支付时，国际支付宝将支付美元到卖家的美元收款账户（特别提醒：只有设置了美元收款账户才能直接收取美元）。

任务四 创建、绑定和修改 PayPal 收款账户的流程

1. 选择账户类型

（1）进入 www. paypal. com/c2，点击页面左下角的“请注册”或页面右上角的“注册”，如图 5-8 所示。

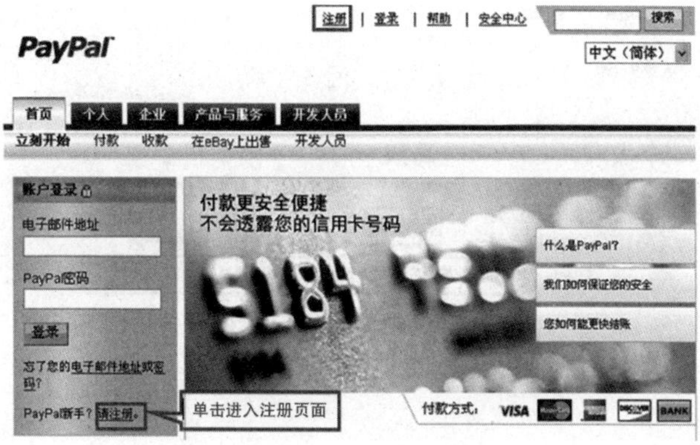
注册 | 登录 | 帮助 | 安全中心
搜索
PayPal
中文（简体）
首页 个人 企业 产品与服务 开发人员
立刻开始 付款 收款 在eBay上出售 开发人员
账户登录
电子邮件地址
PayPal密码
登录
忘了您的电子邮件地址或密码?
PayPal新手？请注册。
单击进入注册页面
付款更安全便捷
不会透露您的信用卡号码
什么是PayPal?
我们如何保证您的安全
您如何能更快结账
付款方式：VISA BANK

图 5-8 注册账户

（2）进入“创建您的 PayPal 账户”，在“您的国家或地区”下拉菜单中选择“中国（全球范围）”，如图 5-9 所示。

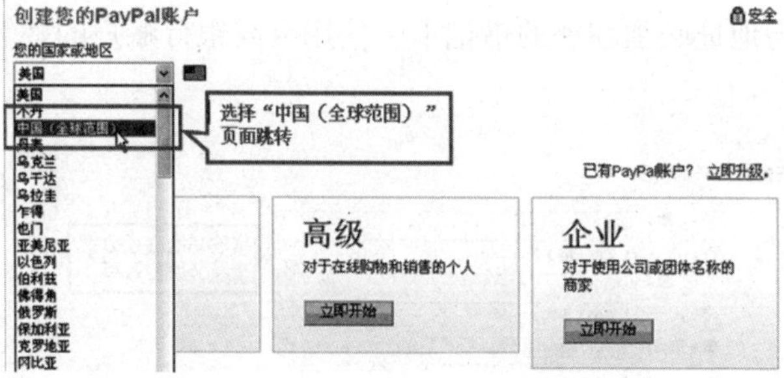
创建您的PayPal账户
安全
您的国家或地区
美国
选择“中国（全球范围）”
页面跳转
已有PayPal账户？ 立即升级。
高级
对于在线购物和销售的个人
立即开始
企业
对于使用公司或团体名称的商家
立即开始

图 5-9 选择“中国（全球范围）”

页面跳转为英文显示，点击“Your language”下拉菜单，选择“中文（简体）”即可恢复到中文显示，如图 5-10 所示。

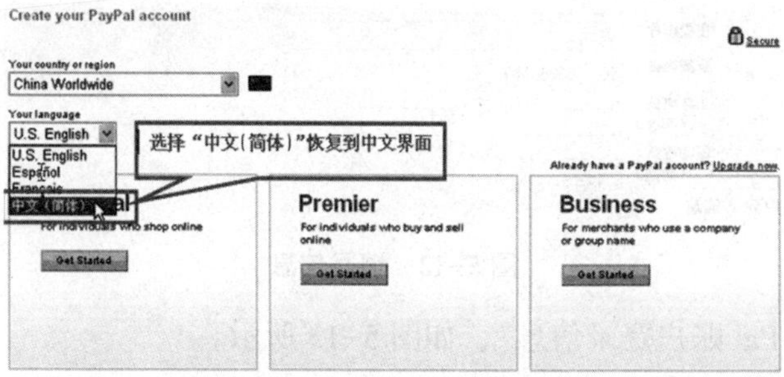
Create your PayPal account
Secure
Your country or region
China Worldwide
Your language
U.S. English
选择“中文(简体)”恢复到中文界面
Already have a PayPal account? Upgrade now.
shop online
Get Started
Premier
For individuals who buy and sell online
Get Started
Business
For merchants who use a company or group name
Get Started

图 5-10 选择“中文（简体）”

（3）选择您所要创建的用户类型，在对应的类型下点击“立即开始”。本示例将以创建高级账户为例。

小贴士：

A. 如还不清楚适合您的账户类型，点击了解账户类型。

B. 强烈推荐注册“高级账户”或“企业账户”，可以获得更多账户功能，自由接收信用卡付款，如图 5-11 所示。

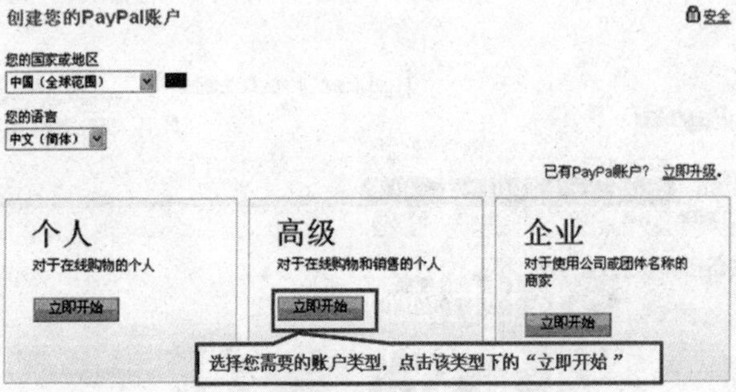
创建您的PayPal账户
安全
您的国家或地区
中国（全球范围）
您的语言
中文（简体）
已有PayPal账户？ 立即升级。
个人
对于在线购物的个人
立即开始
高级
对于在线购物和销售的个人
立即开始
企业
对于使用公司或团体名称的商家
立即开始
选择您需要的账户类型，点击该类型下的“立即开始”

图 5-11 更多账户功能

2. 输入信息

进入“账户注册”页面，开始填写有关信息。

（1）填写“PayPal 账户持有人联系信息”，如图 5-12 所示。

小贴士：

A. 中英文填写都可。

B. 账户的姓名与地址必须和您的借记卡、信用卡或银行账户的姓名与地址相关联。

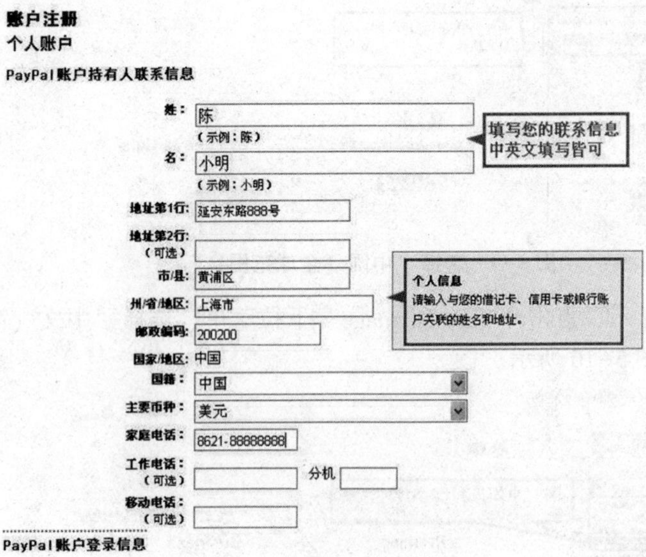
账户注册
个人账户
PayPal账户持有人联系信息
姓：陈
（示例：陈）
名：小明
（示例：小明）
填写您的联系信息
中英文填写皆可
地址第1行：延安东路888号
地址第2行：（可选）
市/县：黄浦区
州/省/地区：上海市
邮政编码：200200
个人信息
请输入与您的借记卡、信用卡或银行账户关联的姓名和地址。
国家/地区：中国
国籍：中国
主要币种：美元
家庭电话：8621-88888888
工作电话：（可选）
分机
移动电话：（可选）
PayPal账户登录信息

图 5-12 填写信息

（2）填写“PayPal 账户登录信息”，如图 5-13 所示。

小贴士：

A. 电子邮件地址必须完整。

B. 密码长度不得少于 8 个字符，并区分大小写。

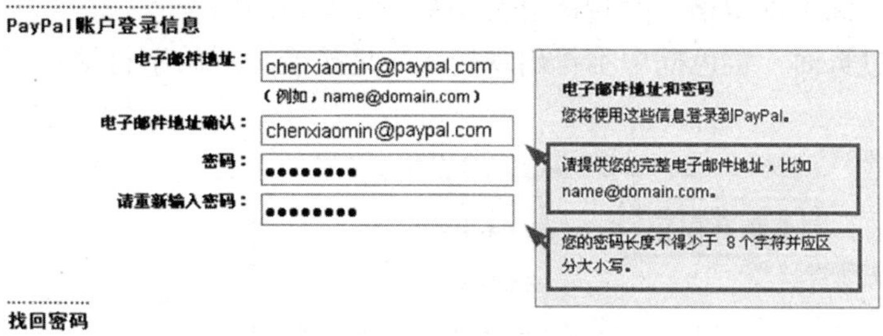
PayPal账户登录信息
电子邮件地址：
chenxiaomin@paypal.com
（例如，name@domain.com）
电子邮件地址确认：
chenxiaomin@paypal.com
密码：
请重新输入密码：
电子邮件地址和密码
您将使用这些信息登录到PayPal。
请提供您的完整电子邮件地址，比如 name@domain.com。
您的密码长度不得少于 8 个字符并应区分大小写。
找回密码

图 5-13 账户登录信息

(3) 填写“找回密码”，如图 5-14 所示。

小贴士：

A. 请选择两个不同的问题。

B. 输入自己能够记住的答案。

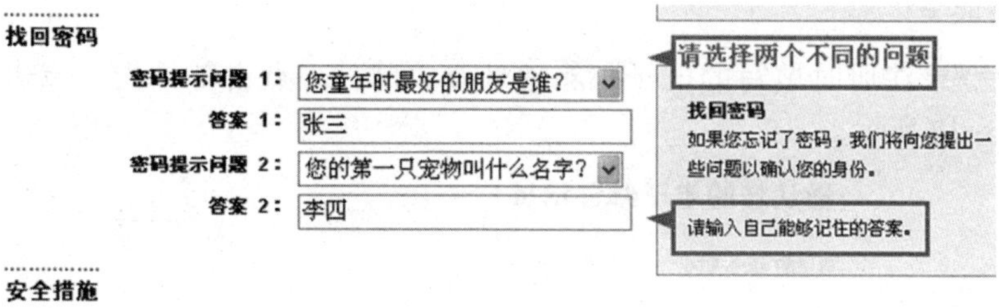
找回密码
密码提示问题 1：
您童年时最好的朋友是谁？
答案 1：
张三
密码提示问题 2：
您的第一只宠物叫什么名字？
答案 2：
李四
请选择两个不同的问题
找回密码
如果您忘记了密码，我们将向您提出一些问题以确认您的身份。
请输入自己能够记住的答案。
安全措施

图 5-14 找回密码

(4) 填写“安全措施”，如图 5-15 所示。

在“您是否同意用户协议与隐私保护规则以及其中的条款？”下方的单选按钮中选择“是”。

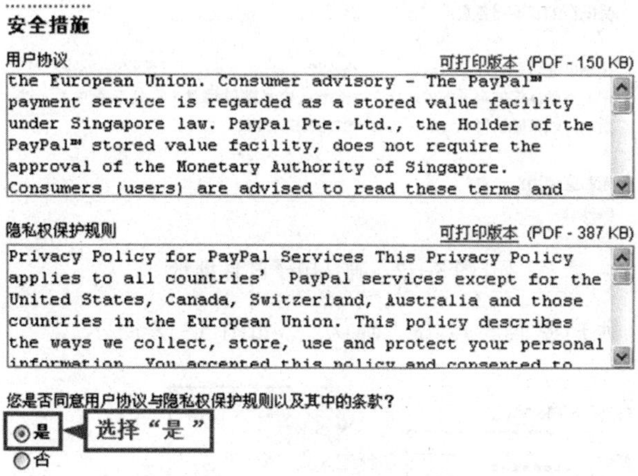
安全措施
用户协议
可打印版本 (PDF - 150 KB)
the European Union. Consumer advisory - The PayPal℠ payment service is regarded as a stored value facility under Singapore law. PayPal Pte. Ltd., the Holder of the PayPal℠ stored value facility, does not require the approval of the Monetary Authority of Singapore. Consumers (users) are advised to read these terms and
隐私权保护规则
可打印版本 (PDF - 387 KB)
Privacy Policy for PayPal Services This Privacy Policy applies to all countries' PayPal services except for the United States, Canada, Switzerland, Australia and those countries in the European Union. This policy describes the ways we collect, store, use and protect your personal
您是否同意用户协议与隐私权保护规则以及其中的条款？
是
选择“是”
否

图 5-15 安全措施

在“输入显示的代码”文本框中输入下方黄色框中显示的字符，完成后点击右下角“注册”按钮，如图 5-16 所示。

小贴士：

A. 输入的字符中间不加空格，并且区分大小写。

B. 如果您刷新过页面，黄色框中字符出现变化，请按变化后的字符填写。

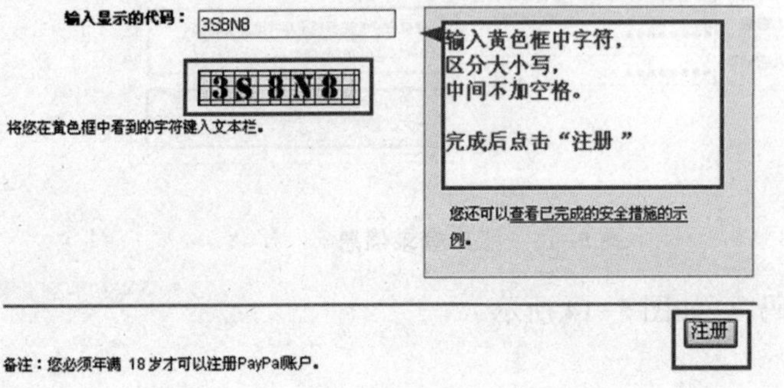
输入显示的代码：
3S8N8
3S8N8
将您在黄色框中看到的字符键入文本栏。
输入黄色框中字符，
区分大小写，
中间不加空格。
完成后点击“注册”
您还可以查看已完成的安全措施的示例。
注册
备注：您必须年满 18 岁才可以注册PayPal账户。

图 5-16　注册完成

3. 激活账户

（1）以登录注册时填写的电子邮箱地址查收邮件。点击邮件内“点击这里激活账户”，如图 5-17 所示。

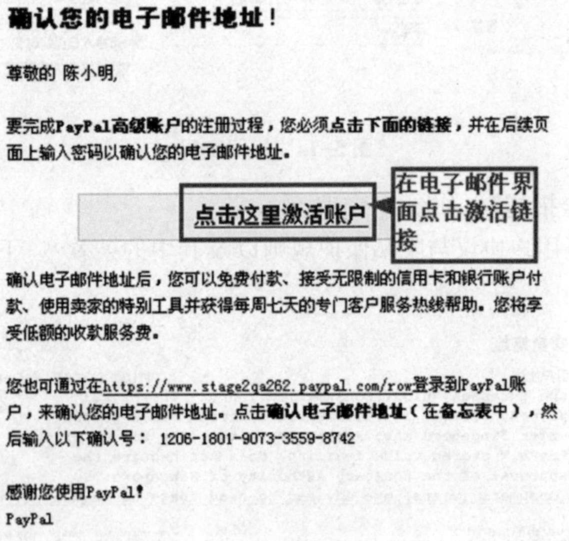
确认您的电子邮件地址！
尊敬的 陈小明，
要完成PayPal高级账户的注册过程，您必须点击下面的链接，并在后续页面上输入密码以确认您的电子邮件地址。
点击这里激活账户
在电子邮件界面点击激活链接
确认电子邮件地址后，您可以免费付款、接受无限制的信用卡和银行账户付款、使用卖家的特别工具并获得每周七天的专门客户服务热线帮助。您将享受低额的收款服务费。
您也可通过在https://www.stage2qa262.paypal.com/row登录到PayPal账户，来确认您的电子邮件地址。点击确认电子邮件地址（在备忘表中），然后输入以下确认号：1206-1801-9073-3559-8742
感谢您使用PayPal！
PayPal

图 5-17　确认电子邮件地址

（2）输入 PayPal 账户密码，点击“确认”，如图 5-18 所示。

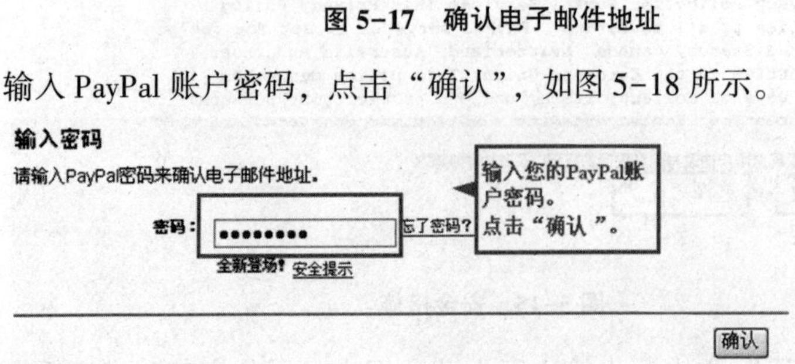
输入密码
请输入PayPal密码来确认电子邮件地址。
密码：
••••••••
忘了密码？
全新登场！安全提示
输入您的PayPal账户密码。
点击“确认”。
确认

图 5-18　确认密码

如果无法出现该页面，则登录您的 PayPal 账户，点击备忘列表中“确认电子邮件地址”，进入确认页面，输入电子邮件中显示的确认号，完成确认，如图 5-19 所示。

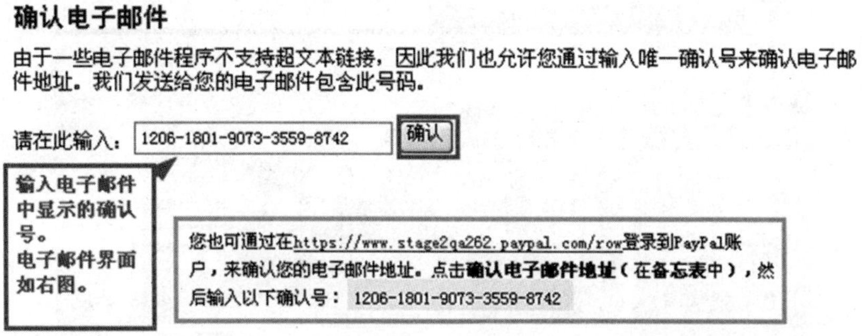
确认电子邮件
由于一些电子邮件程序不支持超文本链接，因此我们也允许您通过输入唯一确认号来确认电子邮件地址。我们发送给您的电子邮件包含此号码。
请在此输入：
1206-1801-9073-3559-8742
确认
输入电子邮件中显示的确认号。
电子邮件界面如右图。
您也可通过在https://www.stage2qa262.paypal.com/row登录到PayPal账户，来确认您的电子邮件地址。点击确认电子邮件地址（在备忘表中），然后输入以下确认号：
1206-1801-9073-3559-8742

图 5-19 完成确认

（3）完成激活，如图 5-20 所示。

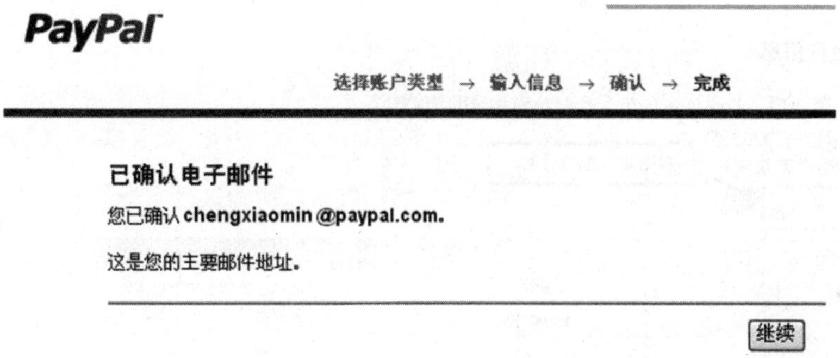
PayPal
选择账户类型 → 输入信息 → 确认 → 完成
已确认电子邮件
您已确认 chengxiaomin @paypal.com.
这是您的主要邮件地址。
继续

图 5-20 完成激活

这样 PayPal 账户注册就完成了。

任务五 注册和激活国际支付，创建美元收款账户

想要完全享受 PayPal 带来的安全、快捷、方便，必须得通过 PayPal 认证。这样才能充分发挥 PayPal 在国际贸易在线支付领域中的强大作用和功能。

1. 注册和激活国际支付

（1）本地银行认证（推荐）。通过本地银行认证，仅需“两步走”：第一步，添加在中国的银行账户；第二步，确认我的银行账户。

第一步：添加在中国的银行账户。登录您的 PayPal 账户，如图 5-21 所示。

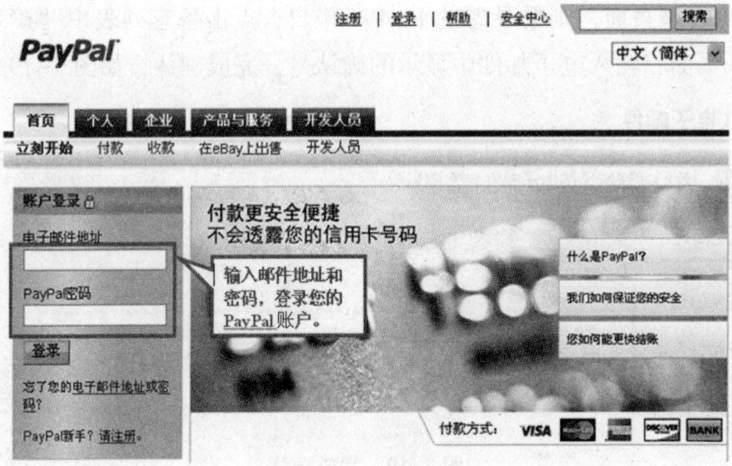
注册 | 登录 | 帮助 | 安全中心
搜索
PayPal
中文（简体）
首页 个人 企业 产品与服务 开发人员
立刻开始 付款 收款 在eBay上出售 开发人员
账户登录
电子邮件地址
PayPal密码
登录
忘了您的电子邮件地址或密码？
PayPal新手？请注册。
付款更安全便捷
不会透露您的信用卡号码
输入邮件地址和密码，登录您的PayPal账户。
什么是PayPal?
我们如何保证您的安全
您如何能更快结账
付款方式：
VISA
BANK

图 5-21　登录账户

点击账户信息中的“未认证”状态，如图 5-22 所示。

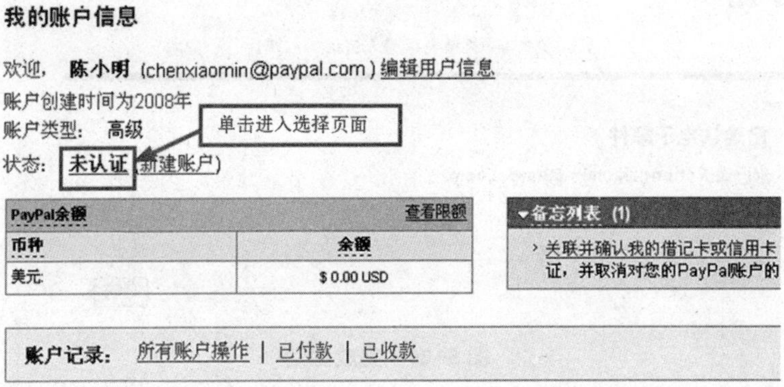
我的账户信息
欢迎，陈小明 (chenxiaomin@paypal.com) 编辑用户信息
账户创建时间为2008年
账户类型：高级
单击进入选择页面
状态：未认证（新建账户）
PayPal余额 查看限额
币种 余额
美元 $ 0.00 USD
备忘列表 (1)
关联并确认我的借记卡或信用卡
证，并取消对您的PayPal账户的
账户记录：所有账户操作 | 已付款 | 已收款

图 5-22　“未认证”状态

在选择认证方式的页面上，选中“认证我的银行账户”，点击“继续”，如图 5-23 所示。

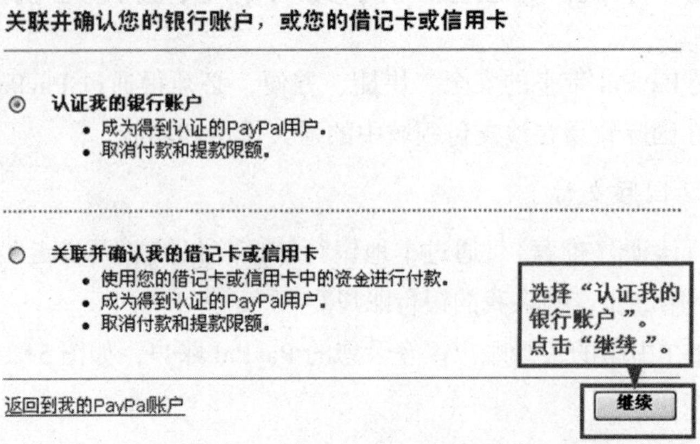
关联并确认您的银行账户，或您的借记卡或信用卡
认证我的银行账户
成为得到认证的PayPal用户。
取消付款和提款限额。
关联并确认我的借记卡或信用卡
使用您的借记卡或信用卡中的资金进行付款。
成为得到认证的PayPal用户。
取消付款和提款限额。
选择“认证我的银行账户”。点击“继续”。
返回到我的PayPal账户
继续

图 5-23　认证银行账户

填写完整的本地银行账户信息。

需要注意的是：输入错误的名字字符将会导致存款无法发送到银行账户。

如果在开立银行时使用的名字是汉字，请在此输入汉字；如果在开立银行时使用的名字是英文/拼音，请在此输入英文/拼音，如图 5-24 所示。

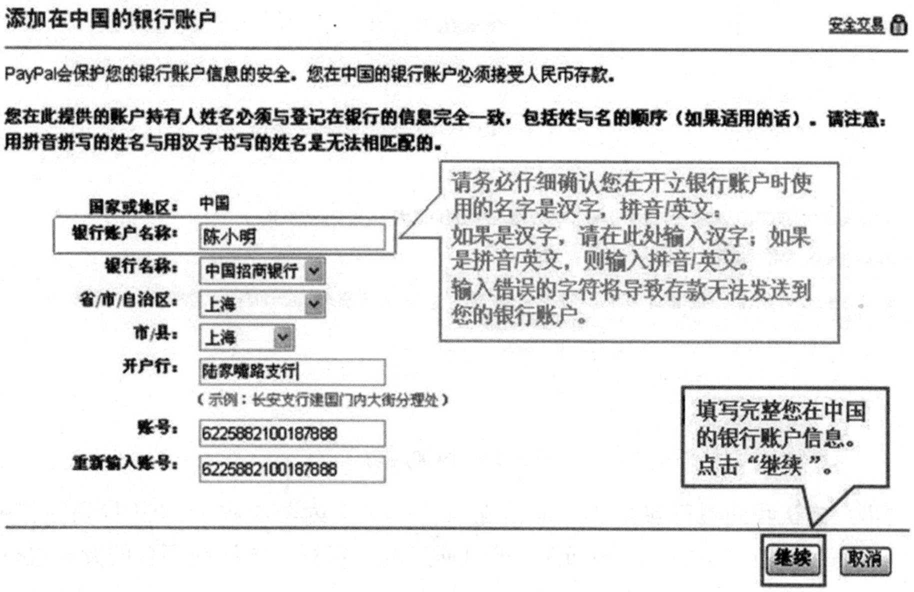
添加在中国的银行账户
安全交易
PayPal会保护您的银行账户信息的安全。您在中国的银行账户必须接受人民币存款。
您在此提供的账户持有人姓名必须与登记在银行的信息完全一致，包括姓与名的顺序（如果适用的话）。请注意：用拼音拼写的姓名与用汉字书写的姓名是无法相匹配的。
国家或地区： 中国
银行账户名称： 陈小明
银行名称： 中国招商银行
省/市/自治区： 上海
市/县： 上海
开户行： 陆家嘴路支行
（示例：长安支行建国门内大街分理处）
账号： 6225882100187888
重新输入账号： 6225882100187888
请务必仔细确认您在开立银行账户时使用的名字是汉字，拼音/英文。
如果是汉字，请在此处输入汉字；如果是拼音/英文，则输入拼音/英文。
输入错误的字符将导致存款无法发送到您的银行账户。
填写完整您在中国的银行账户信息。点击“继续”。
继续
取消

图 5-24 填写本地银行账户信息

确认所填写的银行信息，点击“添加银行账户”，如图 5-25 所示。

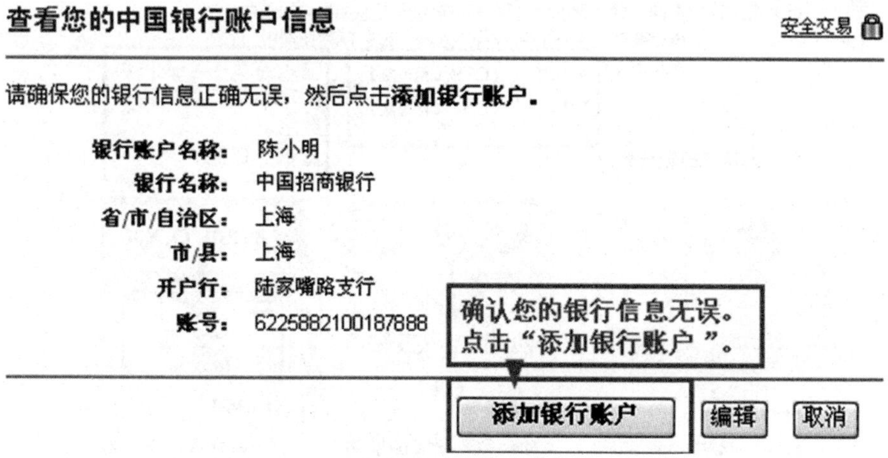
查看您的中国银行账户信息
安全交易
请确保您的银行信息正确无误，然后点击添加银行账户。
银行账户名称： 陈小明
银行名称： 中国招商银行
省/市/自治区： 上海
市/县： 上海
开户行： 陆家嘴路支行
账号： 6225882100187888
确认您的银行信息无误。点击“添加银行账户”。
添加银行账户
编辑
取消

图 5-25 添加银行账户

添加成功，如图 5-26 所示。

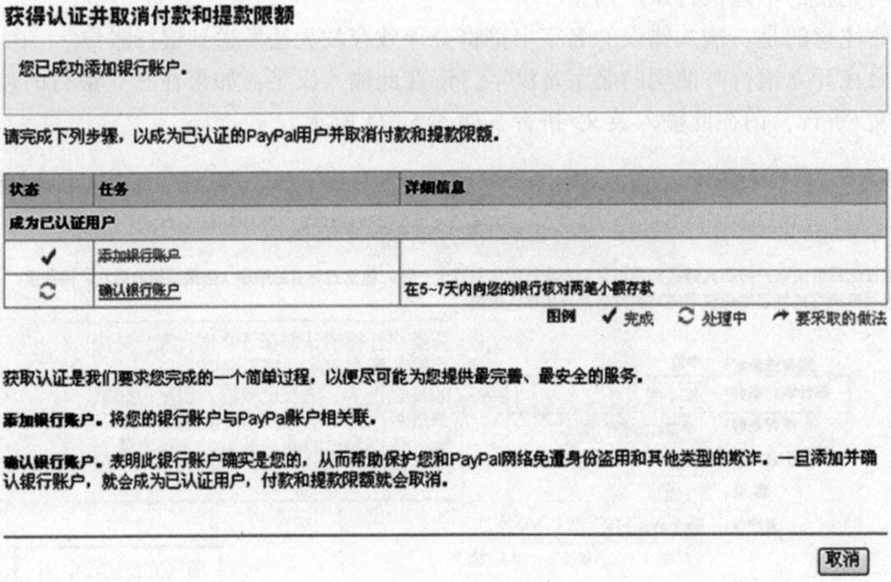
获得认证并取消付款和提款限额
您已成功添加银行账户。
请完成下列步骤，以成为已认证的PayPal用户并取消付款和提款限额。
状态
任务
详细信息
成为已认证用户
添加银行账户
确认银行账户
在5~7天内向您的银行核对两笔小额存款
图例 完成 处理中 要采取的做法
获取认证是我们要求您完成的一个简单过程，以便尽可能为您提供最完善、最安全的服务。
添加银行账户。将您的银行账户与PayPal账户相关联。
确认银行账户。表明此银行账户确实是您的，从而帮助保护您和PayPal网络免遭身份盗用和其他类型的欺诈。一旦添加并确认银行账户，就会成为已认证用户，付款和提款限额就会取消。
取消

图 5-26　添加成功

第二步：确认我的银行账户。一般情况下，3~7 天内会看到 PayPal 打到银行账户的两笔小额人民币款项（0.01~0.99 元）。可以通过网上银行、电话或柜台的方式进行查询。在收到款项后，请登录 PayPal 账户，点击“未认证”链接；在“完成银行确认”的页面上，根据格式输入两笔人民币款项的数额，点击“提交”，如图 5-27 所示。

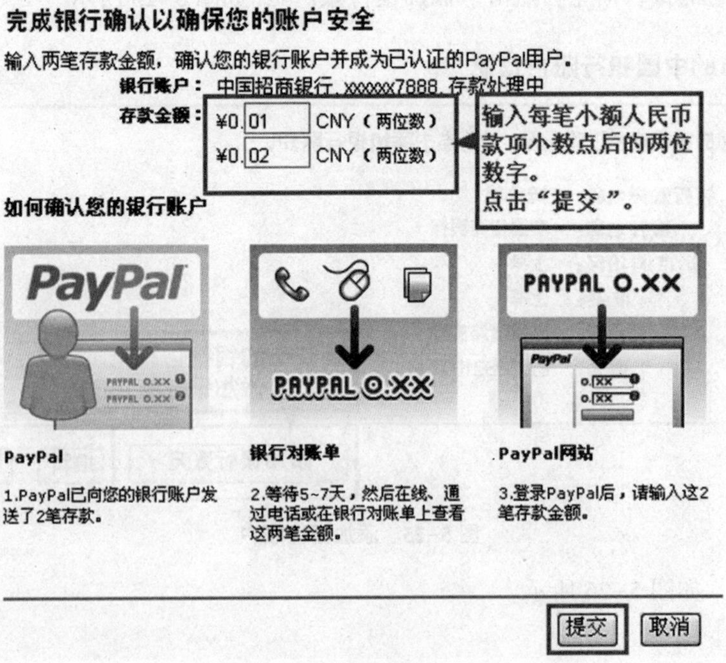
完成银行确认以确保您的账户安全
输入两笔存款金额，确认您的银行账户并成为已认证的PayPal用户。
银行账户： 中国招商银行，xxxxxx7888，存款处理中
存款金额： ¥0.01 CNY（两位数）
¥0.02 CNY（两位数）
输入每笔小额人民币款项小数点后的两位数字。
点击“提交”。
如何确认您的银行账户
PayPal
PAYPAL 0.XX
PAYPAL 0.XX
PAYPAL 0.XX
PayPal
1.PayPal已向您的银行账户发送了2笔存款。
银行对账单
2.等待5~7天，然后在线、通过电话或在银行对账单上查看这两笔金额。
PayPal网站
3.登录PayPal后，请输入这2笔存款金额。
提交
取消

图 5-27　完成银行确认

如果输入的款项正确，那银行账户便可以通过确认，如图 5-28 所示。

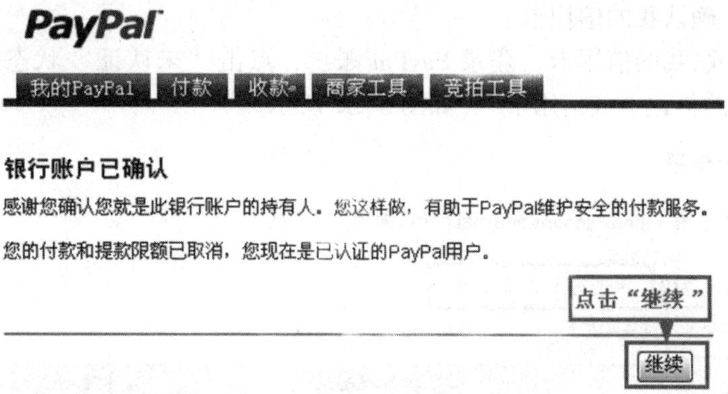
PayPal
我的PayPal
付款
收款
商家工具
竞拍工具
银行账户已确认
感谢您确认您就是此银行账户的持有人。您这样做，有助于PayPal维护安全的付款服务。
您的付款和提款限额已取消，您现在是已认证的PayPal用户。
点击“继续”
继续

图 5-28　通过确认

如果看到图 5-29 所示的页面，那就意味着 PayPal 中国（全球范围）账户已经完成认证。

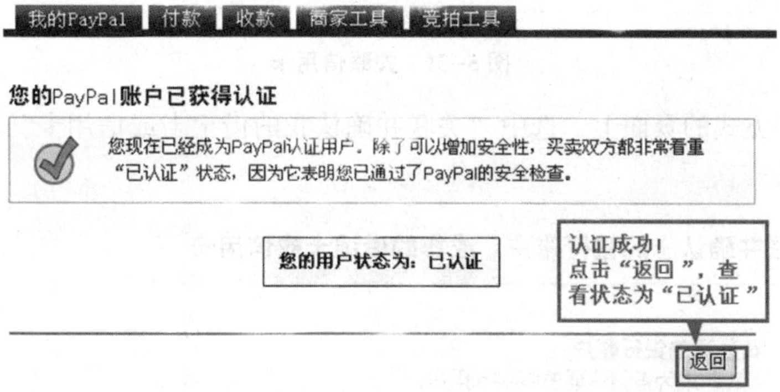
我的PayPal
付款
收款
商家工具
竞拍工具
您的PayPal账户已获得认证
您现在已经成为PayPal认证用户。除了可以增加安全性，买卖双方都非常看重“已认证”状态，因为它表明您已通过了PayPal的安全检查。
您的用户状态为：已认证
认证成功！
点击“返回”，查看状态为“已认证”
返回

图 5-29　完成认证

点击“返回”可以看到状态为“已认证”，如图 5-30 所示。

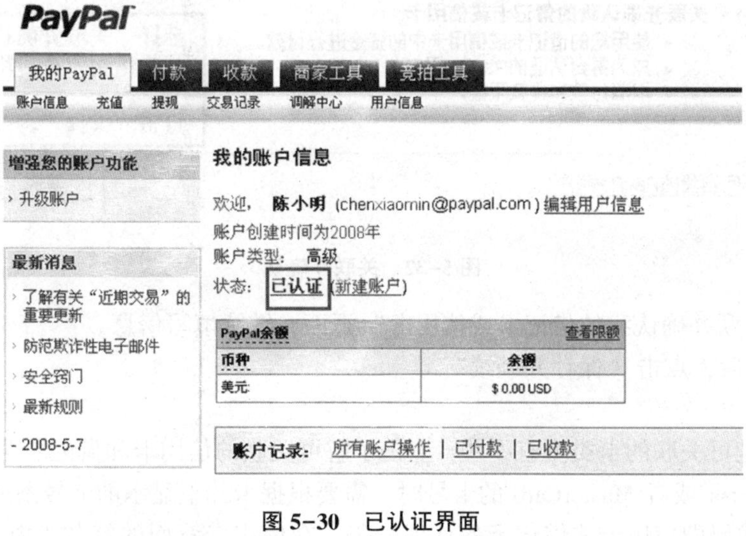
PayPal
我的PayPal
付款
收款
商家工具
竞拍工具
账户信息
充值
提现
交易记录
调解中心
用户信息
增强您的账户功能
升级账户
最新消息
了解有关“近期交易”的重要更新
防范欺诈性电子邮件
安全窍门
最新规则
- 2008-5-7
我的账户信息
欢迎，陈小明 (chenxiaomin@paypal.com) 编辑用户信息
账户创建时间为2008年
账户类型：高级
状态：已认证 (新建账户)
PayPal余额
查看限额
币种
余额
美元
$ 0.00 USD
账户记录：所有账户操作 | 已付款 | 已收款

图 5-30　已认证界面

（2）信用卡认证。不仅拥有本地中国银行账户能方便快捷地通过认证，如果您添加支持国际支付的双币信用卡，也可以轻松获得认证。信用卡认证步骤：第一步，关联我的信

用卡；第二步，确认我的信用卡。

第一步：关联我的信用卡。登录 PayPal 账户，点击“未认证”状态或备忘列表中的“关联并确认我的借记卡或信用卡”，如图 5-31 所示。

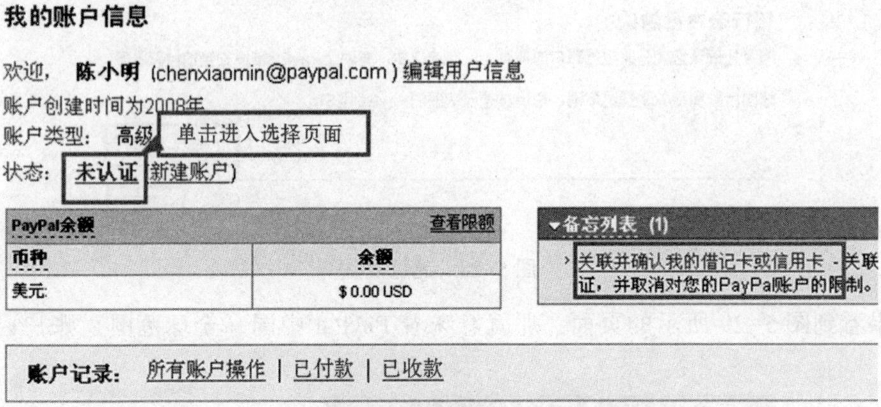
我的账户信息
欢迎，陈小明 (chenxiaomin@paypal.com) 编辑用户信息
账户创建时间为2008年
账户类型：高级
单击进入选择页面
状态：未认证 (新建账户)
PayPal余额
查看限额
币种
余额
美元:
$ 0.00 USD
备忘列表 (1)
关联并确认我的借记卡或信用卡 - 关联
证，并取消对您的PayPal账户的限制。
账户记录：所有账户操作 | 已付款 | 已收款

图 5-31 关联信用卡

在选择认证方式的页面上，选中“关联并确认我的借记卡或信用卡”，点击“继续”，如图 5-32 所示。

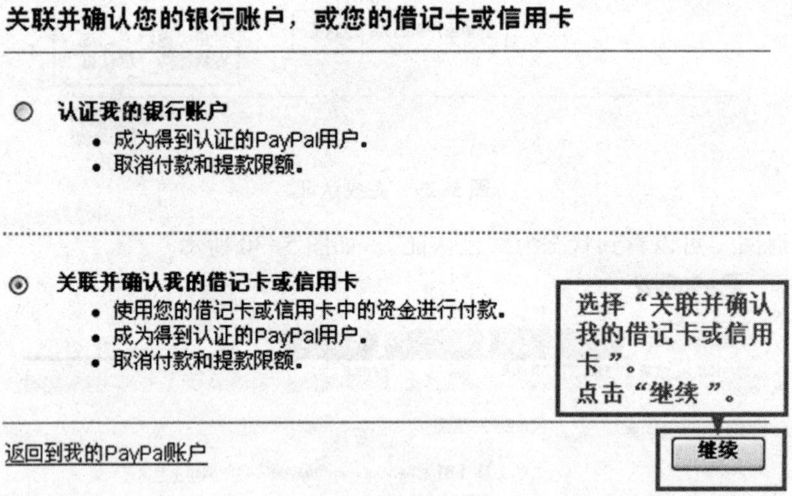
关联并确认您的银行账户，或您的借记卡或信用卡
认证我的银行账户
成为得到认证的PayPal用户。
取消付款和提款限额。
关联并确认我的借记卡或信用卡
使用您的借记卡或信用卡中的资金进行付款。
成为得到认证的PayPal用户。
取消付款和提款限额。
选择“关联并确认我的借记卡或信用卡”。
点击“继续”。
返回到我的PayPal账户
继续

图 5-32 关联并确认

进入“关联并确认我的借记卡或信用卡”页面，继续填写信息。

确认无误后，点击“保存并继续”。

小贴士：

A. 不清楚可关联的卡类型有哪些，点击了解可关联的信用卡和借记卡类型。

B. 输入 Visa 或者 MasterCard 的卡号时，需要根据卡片上显示的卡号添加空格。

C. 安全代码即信用卡或借记卡的认证号码，在信用卡背面的签名栏内，找到最后三位数字填入即可。American Express 安全代码是印在卡正面的 4 位数号码。该号码显示在卡号的后面或右侧。

确认后，出现以下提示页面，如图 5-33 所示。

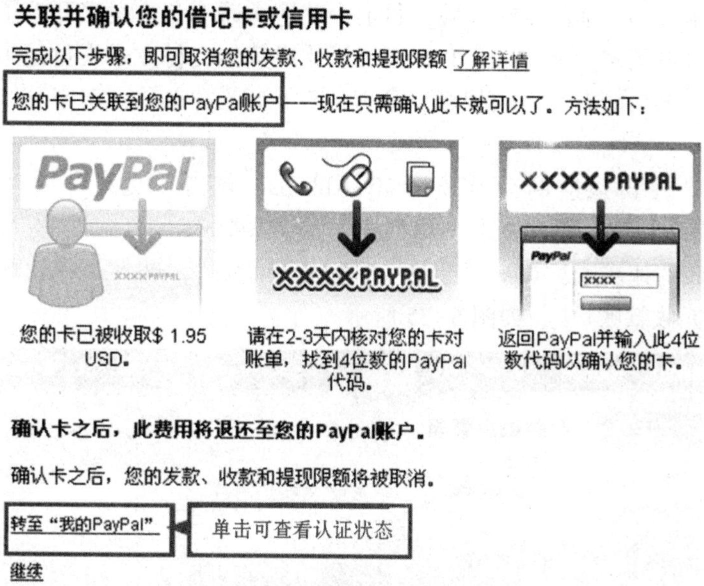
关联并确认您的借记卡或信用卡
完成以下步骤，即可取消您的发款、收款和提现限额 了解详情
您的卡已关联到您的PayPal账户——现在只需确认此卡就可以了。方法如下：
PayPal
XXXX PAYPAL
您的卡已被收取$ 1.95 USD。
请在2-3天内核对您的卡对账单，找到4位数的PayPal代码。
返回PayPal并输入此4位数代码以确认您的卡。
确认卡之后，此费用将退还至您的PayPal账户。
确认卡之后，您的发款、收款和提现限额将被取消。
转至“我的PayPal”
单击可查看认证状态
继续

图 5-33　提示页面

第二步：确认我的信用卡，获得 4 位扩展使用号。

在首次添加信用卡后，PayPal 会从信用卡中收取 1.95 美元，并提交一个 4 位代码。可在下一期信用卡账单上查找到与该费用相关的 4 位扩展使用号。

小贴士：

最多 4 个工作日内您可以通过在线访问信用卡账单获取您的扩展使用号；如果不能在线访问信用卡账单，请等待银行邮寄账单。

提交认证号码。登录 PayPal 账户，点击“未认证”状态，进入关联确认页面，输入该号码，点击“提交”。

认证完成，如图 5-34 所示。

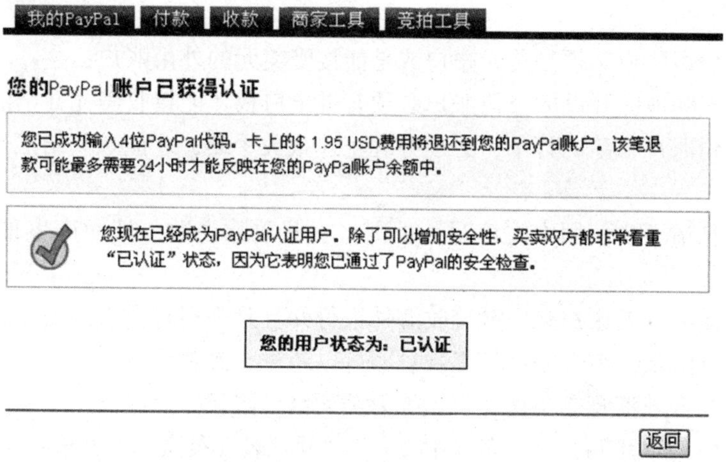
我的PayPal
付款
收款
商家工具
竞拍工具
您的PayPal账户已获得认证
您已成功输入4位PayPal代码。卡上的$ 1.95 USD费用将退还到您的PayPal账户。该笔退款可能最多需要24小时才能反映在您的PayPal账户余额中。
您现在已经成为PayPal认证用户。除了可以增加安全性，买卖双方都非常看重“已认证”状态，因为它表明您已通过了PayPal的安全检查。
您的用户状态为：已认证
返回

图 5-34　认证完成

2. 美元收款账户的创建和修改

为了规避信用卡支付存在的拒付风险，目前全球速卖通平台为卖家开设了外币收款账户功能，主要用于收取买家用 PayPal、T/T 银行汇款或其他支付方式支付过来的美元。目前外币收款账户的主要功能有美元收款账户管理、T/T 汇款和退款，卖家可以查看可提款资金、提款记录。

（1）新增账户。中国供应商会员登录 My Alibaba，点击“交易”—“银行账户管理”，进入“收款账户管理”界面，点击“创建美元收款账户”。

普通会员登录我的速买通，点击“交易”—“账户管理”，进入“收款账户管理”界面，点击“创建美元收款账户”，如图 5-35 所示。

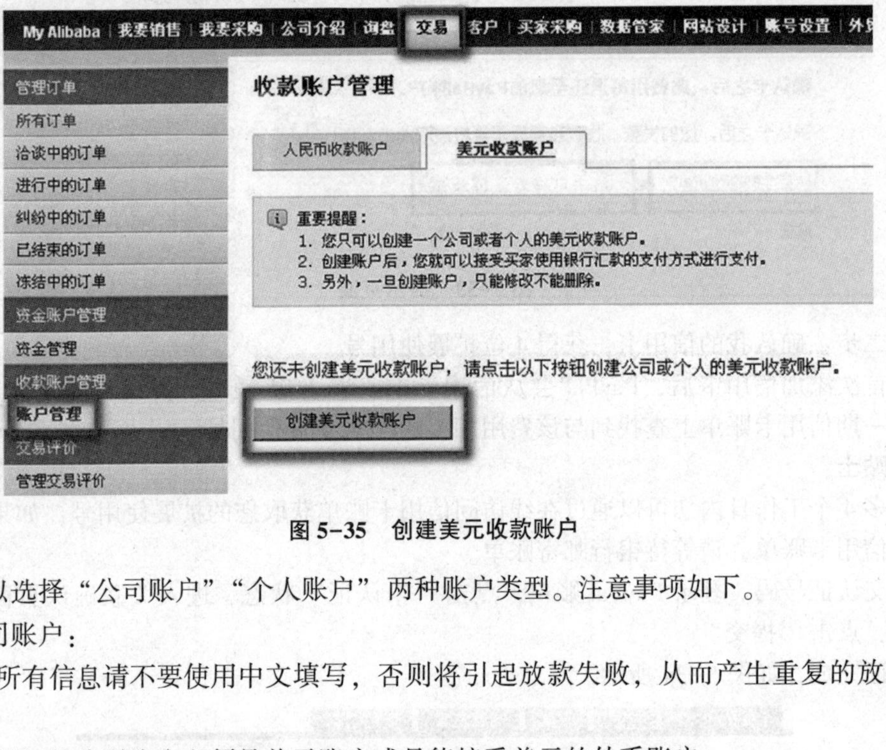
My Alibaba | 我要销售 | 我要采购 | 公司介绍 | 询盘 | 交易 | 客户 | 买家采购 | 数据管家 | 网站设计 | 账号设置
管理订单
所有订单
洽谈中的订单
进行中的订单
纠纷中的订单
已结束的订单
冻结中的订单
资金账户管理
资金管理
收款账户管理
账户管理
交易评价
管理交易评价
收款账户管理
人民币收款账户
美元收款账户
重要提醒：
1. 您只可以创建一个公司或者个人的美元收款账户。
2. 创建账户后，您就可以接受买家使用银行汇款的支付方式进行支付。
3. 另外，一旦创建账户，只能修改不能删除。
您还未创建美元收款账户，请点击以下按钮创建公司或个人的美元收款账户。
创建美元收款账户

图 5-35　创建美元收款账户

可以选择“公司账户”“个人账户”两种账户类型。注意事项如下。

公司账户：

A. 所有信息请不要使用中文填写，否则将引起放款失败，从而产生重复的放款手续费损失；

B. 设置的公司账户必须是美元账户或是能接受美元的外币账户；

C. 在中国大陆地区开设的公司账户必须有进出口权才能接收美元并结汇；

D. 使用公司账户收款的订单，必须办理正式报关手续，才能顺利结汇。

个人账户：

A. 所有信息请不要使用中文填写，否则将引起放款失败，从而产生重复的放款手续费损失；

B. 客户创建的个人账户必须能接收海外银行并且是公司对个人的美元的打款；

C. 收汇没有限制，个人账户年提款总额可以超过 5 万美元；

D. 结汇需符合外汇管制条例，每人 5 万美元结汇限额。

选择账户后，依次填写“开户名（中文）”“开户名（英文）”“开户行”“Swift Code”“银行账号”等必填项。填写完毕后，点击“保存”按钮，如图 5-36、图 5-37 所示。

（2）相关银行 Swift Code 查询。

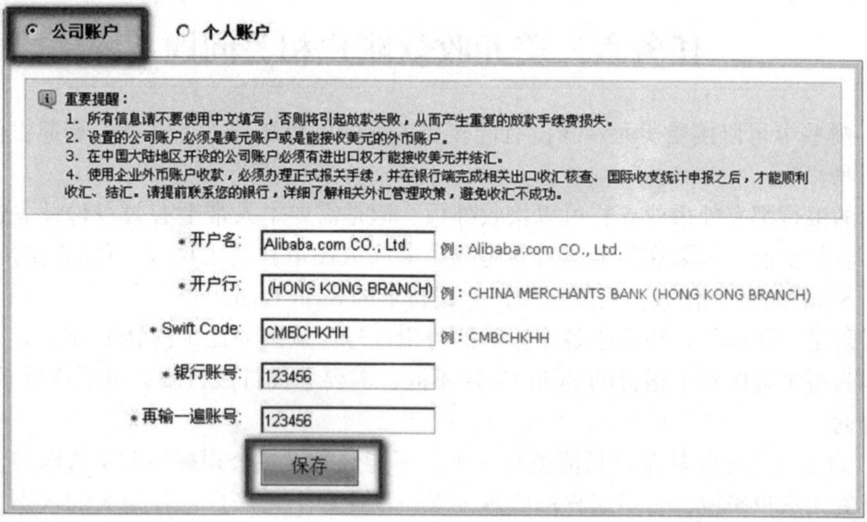
公司账户
个人账户
重要提醒：
1. 所有信息请不要使用中文填写，否则将引起放款失败，从而产生重复的放款手续费损失。
2. 设置的公司账户必须是美元账户或是能接收美元的外币账户。
3. 在中国大陆地区开设的公司账户必须有进出口权才能接收美元并结汇。
4. 使用企业外币账户收款，必须办理正式报关手续，并在银行端完成相关出口收汇核查、国际收支统计申报之后，才能顺利收汇、结汇。请提前联系您的银行，详细了解相关外汇管理政策，避免收汇不成功。
*开户名: Alibaba.com CO., Ltd. 例：Alibaba.com CO., Ltd.
*开户行: (HONG KONG BRANCH) 例：CHINA MERCHANTS BANK (HONG KONG BRANCH)
*Swift Code: CMBCHKHH 例：CMBCHKHH
*银行账号: 123456
*再输一遍账号: 123456
保存

图 5-36　公司账户

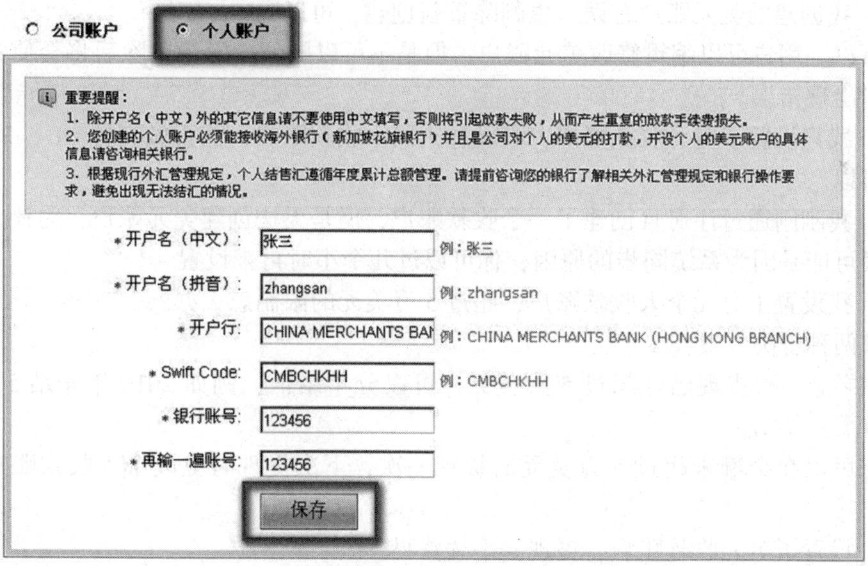
公司账户
个人账户
重要提醒：
1. 除开户名（中文）外的其它信息请不要使用中文填写，否则将引起放款失败，从而产生重复的放款手续费损失。
2. 您创建的个人账户必须能接收海外银行（新加坡花旗银行）并且是公司对个人的美元的打款，开设个人的美元账户的具体信息请咨询相关银行。
3. 根据现行外汇管理规定，个人结售汇遵循年度累计总额管理。请提前咨询您的银行了解相关外汇管理规定和银行操作要求，避免出现无法结汇的情况。
*开户名（中文）: 张三 例：张三
*开户名（拼音）: zhangsan 例：zhangsan
*开户行: CHINA MERCHANTS BAI 例：CHINA MERCHANTS BANK (HONG KONG BRANCH)
*Swift Code: CMBCHKHH 例：CMBCHKHH
*银行账号: 123456
*再输一遍账号: 123456
保存

图 5-37　个人账户

特别提醒：

A. 客户只能创建一个公司的美元账户，或者一个个人的美元收款账户，这一点和人民币账户有区别；

B. 创建账户后，买家才可以在付款界面采用银行汇款的支付方式进行支付。

（3）编辑账户。在“收款账户”页面您可以对账户信息如“开户行”“银行账号”等进行编辑，但是不能删除该账户。

任务六　美元收款账户相关问题

（1）哪些卡可以接受美元？我没有能接受美元的外币账户，怎么办？普通银行卡可以收取外币吗？

国内的银行都有外币业务，可以接收外币，但是需要本人带上有效身份证去银行开通个人外币收款功能。如果您的卡本身就是双币卡（人民币和美元），就可以直接接收了。

（2）Swift Code 是什么？我怎么知道我银行卡的 Swift Code？

该号码是国际编号，相当于各个银行的身份证号。从国外往国内转账外汇必须使用该号码。因为每个地区每个银行的 Swift Code 不同，需要您拨打银行服务电话或登录 Swift 国际网站查询。

（3）为什么美元收款账户只能填写一个，不能同时设置公司账户和个人账户？

对于美元账户来说，公司账户的收款要求、用途和个人账户存在很大的区别。如果客户同时设置了公司账户、个人账户，当公司账户有问题，打款到个人账户，会出现报关之后无法退税结汇等问题。

（4）我创建的美元账户有误，想删除重新创建，可以吗？

不可以。用户可以编辑修改美元账户，但是不可以删除。因为删除后将会使买家用银行汇款时出现错误。

（5）我只设置了美元收款账户，没设置人民币收款账户，能否做交易？

不可以。

（6）我刚刚通过注册且创建了一个收款账户，但是无法创建美元账户，为什么呢？

这很可能是因为系统同步的原因，你可以过几个小时再来设置。

（7）我设置了美元个人收款账户，超过 5 万美元的限制怎么办？

您有两种解决方案：

①如果您一次提现已经超过 5 万美元，可以分年结汇，例如 2010 年先结 5 万美元，剩余的待下一年结汇。

②您可以在金额未超过 5 万美元时提现一次，下次提现时更改个人收款账户，分开提现。

（8）设置了美元收款账户，提现要手续费吗？

美元提现手续费用按提取次数计算，提款时每笔提款手续费固定为 20 美元，已包含所有中转银行手续费。建议卖家减少提款次数，当可提资金累积到一定金额时再进行提现操作。

任务七　收费标准

国际支付宝（Escrow）只在交易完成后对卖家收取手续费，买家不需支付任何费用。

国际支付宝（Escrow）服务对卖家的每笔订单收取 3%（中国供应商会员）或 5%（普通会员）的手续费。3%（中国供应商会员）或 5%（普通会员）目前是全球同类支付服务中最低的费用。通用支付工具对比如表 5-1 所示。

表 5-1　通用支付工具表

支付工具	开户费用	产品登录费	成交费	收款手续费	提现手续费	卖家获利（售 300 美元产品为例）	节省费用
电汇	无	/	/	15~50 美元	无	250~285 美元	/
支付宝（Escrow）	无	/	3%（5%）	/	无	291 美元	最多 41 美元
其他跨国在线支付工具	无	0.1~1.5 美元	1.5%~5.25%	2.9%~3.9%	10 美元左右	276~261 美元	最多 25 美元

任务八　提现收款

1. 平台放款原则及规则

（1）平台放款原则。

A. 买家确认收货并同意放款。

B. 平台查到货物妥投信息。

只有同时满足交易成功和货物妥投两个条件，平台才会放款给卖家。

此外，为了帮助卖家加快资金回笼和资金周转效率，速卖通平台推出放款绿色通道，凡是经过审核、符合条件的订单将会提供放款绿色通道政策。

（2）平台放款规则。目前阿里巴巴速卖通平台支持 EMS、DHL、UPS、FedEx、TNT、SF、邮政航空包裹七种物流运输方式。针对以上方式，放款规则如下。

①总则。买家确认收到货物或买家确认收货超时情况下，系统会自动核实订单中所填写货运跟踪号（以下简称运单号）。系统将会核对运单号状态是否正常、妥投地址是否与订单中的收货地址一致等信息。

如运单号通过系统审核，系统会自动将款项支付到卖家的相应收款账户中。

如运单号未通过系统审核，订单将会进入服务部人工审核流程。

②人工审核规则。所有进入服务部人工审核流程的订单，服务人员都会根据运单号的查询情况进行判断。目前主要有以下几种情况。

A. 地址不一致（运单号妥投地址与买家提供的收货地址不一致）：服务人员会联系卖家，请卖家提供发货底单；

B. 未妥投（订单中部分或全部运单号的查询结果未正常显示妥投）：服务人员会联系买家，核实买家是否已经收到货物，如买家表示收到货物，正常放款；如未收到，请卖家配合向快递公司进行查询；

C. 运单号无效（运单号无法查询到任何信息）：服务人员会联系卖家提供发货底单；

D. 货物被退回（运单号显示货物已经被退回）：请联系卖家核实是否收到货物，并进行退款处理。

（3）为了保证您能够及时收到货款，请注意以下几点：

A. 请尽量使用平台支持的货运方式，并在发货期内填写真实有效的运单号；

B. 请及时更新运单号。如运单号在货运途中发生变更，请及时更新；

C. 请卖家配合服务人员提供相应的证明；

D. 在买家确认收货或者确认收货超时，且货运信息正常的情况下，您会在 3~5 个工作日内收到相应的订单款项。

2. 卖家收款

买家确认放款之后，系统会自动查询订单中货运跟踪号的状态，如状态正常，订单款项将会自动支付给卖家，订单结束，如图 5-38 所示。

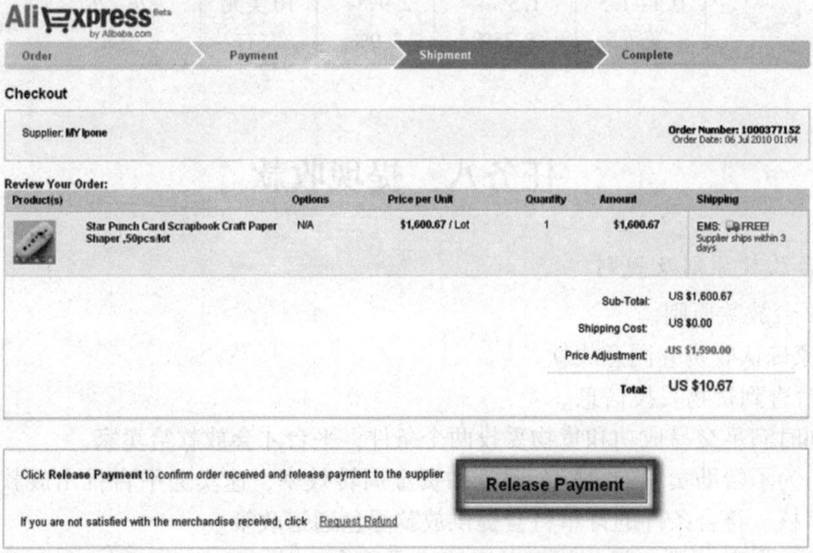
AliExpress Beta
by Alibaba.com
Order
Payment
Shipment
Complete
Checkout
Supplier: MY Ipone
Order Number: 1000377152
Order Date: 06 Jul 2010 01:04
Review Your Order:
Product(s)
Options
Price per Unit
Quantity
Amount
Shipping
Star Punch Card Scrapbook Craft Paper Shaper ,50pcs/lot
N/A
$1,600.67 / Lot
1
$1,600.67
EMS: FREE!
Supplier ships within 3 days
Sub-Total: US $1,600.67
Shipping Cost: US $0.00
Price Adjustment: -US $1,590.00
Total: US $10.67
Click Release Payment to confirm order received and release payment to the supplier
Release Payment
If you are not satisfied with the merchandise received, click Request Refund

图 5-38 平台收款

（1）对于卖家使用 TNT、UPS、FedEx、DHL、EMS 五种物流方式发货的，系统会自动核实物流情况。

①买家收货期内，系统核实物流妥投且妥投信息与买家收货地址信息一致时，会自动提醒买家在 5 天内确认收货。如果买家超时未确认，系统将默认买家确认收货，将订单结束并放款给卖家。

②买家收货期内，如果系统核实显示货物有投递到买家国家的物流信息，只是未显示正常妥投，只要买家确认收货且卖家能提供物流出具的妥投证明，系统也会放款给卖家。如果买家没有确认收货，系统会等到收货期超时后，再放款给卖家。

（2）对于卖家使用其他物流方式（航空包裹、SF）发货的，系统设定的收货超时时间为 27 天（除卖家延长收货期的订单外，此类订单发货期以实际延长后的期限为准）。

①若买家未在规定时间内确认收货，系统将自动确认买家收货，并核对物流状态。若物流妥投，平台放款。

②若未妥投（不包含货物退回情况），该订单款项将被系统暂时冻结 180 天，在此期间客服人员会不断与买家进行联系，询问收货情况，若在此期间卖家可以提供物流出具的妥投证明或者逾期买家未答复的证明，平台会放款给卖家。

（3）为确保平台顺利查询货物妥投信息，卖家应注意以下几点。

①保留发货过程中的所有单据，如发货单、收据等凭证，建议保留 6 个月以上。

②保持与快递公司或者货代公司的联系，若您所选择的运输方式的物流官网上长时间无法查询到货物妥投信息，请督促快递公司或者货代公司进一步了解货物的物流状态。

③保持与买家的联系，提醒对方及时确认收货并同意放款。

3. 卖家提现

所谓“提现”，是指将支付宝账户中的款项提取到银行账户中。下面分别介绍人民币收款账户提现方法和美元收款账户提现方法。

（1）人民币收款账户提现方法。

登录阿里助手，选择“支付宝账户”，如果在支付宝账户里未登记银行账号，系统先会提醒填写银行账号，输入支付宝账户的支付密码，如图 5-39 所示。

设置银行账号
申请提现
提现申请查询
银行账号管理
请输入您的支付密码：
确 定
忘了支付密码？

图 5-39　设置银行账号

进入“设置银行账号”，填写自己正确的银行信息并按规定填写，填写完毕保存账户信息。

特别提醒：银行账户的开户人姓名必须与开户时一致，银行账号必须填写正确，否则提现资金将存在风险，如图 5-40 所示。

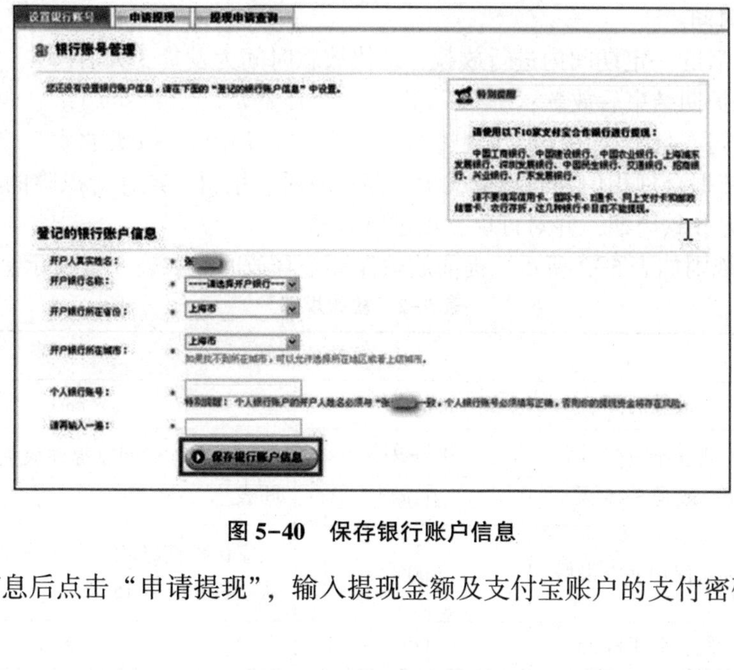
设置银行账号
申请提现
提现申请查询
银行账号管理
特别提醒
登记的银行账户信息
保存银行账户信息

图 5-40　保存银行账户信息

填写好信息后点击“申请提现”，输入提现金额及支付宝账户的支付密码，如图 5-41 所示。

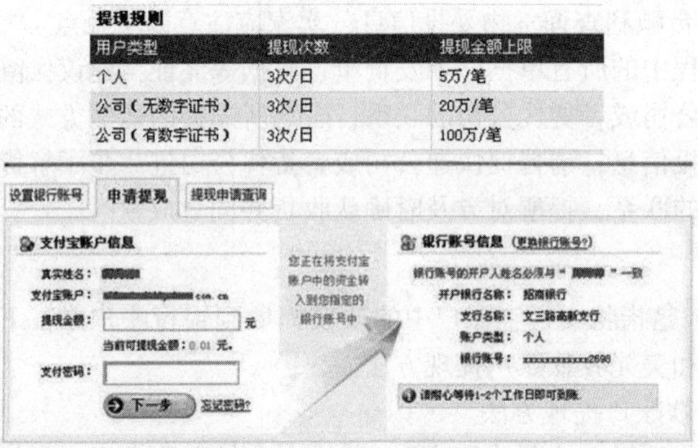
提现规则
用户类型
提现次数
提现金额上限
个人
3次/日
5万/笔
公司（无数字证书）
3次/日
20万/笔
公司（有数字证书）
3次/日
100万/笔
设置银行账号
申请提现
提现申请查询
支付宝账户信息
真实姓名：[redacted]
支付宝账户：[redacted]
提现金额：
元
当前可提现金额：0.01 元。
支付密码：
下一步
忘记密码?
您正在将支付宝账户中的资金转入到您指定的银行账号中
银行账号信息（更换银行账号?）
银行账号的开户人姓名必须与"[redacted]"一致
开户银行名称：招商银行
支行名称：文三路高新支行
账户类型：个人
银行账号：[redacted]2698
请耐心等待1-2个工作日即可到账。

图 5-41　输入支付密码

提现申请成功提交，请耐心等待款项到账，如图 5-42 所示。

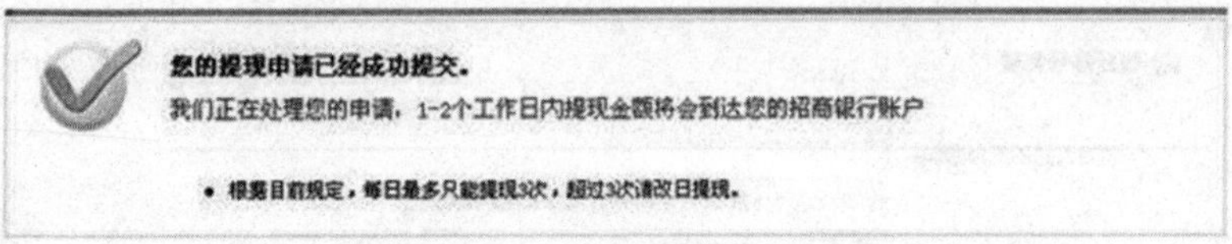
您的提现申请已经成功提交。
我们正在处理您的申请，1-2个工作日内提现金额将会到达您的招商银行账户
根据目前规定，每日最多只能提现3次，超过3次请改日提现。

图 5-42　等待款项到账

4. 放款

为确保速卖通平台交易安全，保障买卖双方合法权益，就通过速卖通平台进行交易产生的货款，速卖通及其关联公司根据相关协议及规则，有权根据买家指令、风险因素及其他实际情况决定相应放款时间及放款规则。

（1）放款时间。速卖通根据卖家的综合经营情况（例如好评率、拒付率、退款率等）评估订单放款时间。

A. 在发货后的一定期间内进行放款，最快放款时间为发货 3 天后；

B. 买家保护期结束后放款；

C. 账号关闭，且不存在任何违规违约情形的，在发货后 180 天放款。

如速卖通依据合理相信判断订单或卖家存在纠纷、拒付、欺诈等风险的，速卖通有权视具体情况延迟放款周期，并对订单款项进行处理。

（2）放款规则如表 5-2 所示，提前放款保证金释放时间如表 5-3 所示。

表 5-2　放款规则

账号状态	放款规则		
	放款时间	放款比例	备注
账号正常	发货 3 个自然日后（一般是 3~5 天）	70%~97%	保证金释放时间见提前放款保证金释放时间表
		100%	
	买家保护期结束后	100%	买家保护期结束：买家确认收货/买家确认收货超时后 15 天
账号关闭	发货后 180 天	100%	无

表 5-3　提前放款保证金释放时间表

类型	条件		保证金释放时间
按照订单比例冻结的保证金	商业快递+系统核实物流妥投	无	交易结束当天
	1. 商业快递+系统未核实到妥投 2. 非商业快递	交易完成时间−发货时间≤30 天	发货后第 30 天
		交易完成时间−发货时间 30~60 天	交易结束当天
		交易完成时间−发货时间≥60 天	发货第 60 天
固定保证金	账号被关闭	无	提前放款的订单全部结束（交易完成+15 天）后，全额释放
	退出提前放款		
	提前放款不准入		

项目小结

本项目主要学习跨境支付的基本概念，熟悉跨境支付账户设置的操作，学会创建、绑定和修改 PayPal 收款账户的流程等操作技能，从而对跨境支付的概念和支付流程有较深入的了解。

练习题

一、单选题

1. 买家付款方式有（　　）。

A. VISA　　B. Boleto　　C. Webmoney　　D. MasterCard

2. 俄罗斯买家的支付方式有（　　）。

A. QIWI　　B. Webmoney　　C. VISA　　D. MasterCard

3. 速卖通支持（　　）货币支付。

A. 巴西雷亚尔（BRL）　　B. 俄罗斯卢布（RUB）

C. 英镑（GBP）　　D. 美元（US）

4. 买家通过（　　）方式付款后需要卖家进行验款。

A. T/T　　B. MasterCard　　C. VISA　　D. Webmoney

二、操作题

1. 每位同学熟练掌握跨境支付账户设置的操作，并选择其中一个平台的网店进行操作。

2. 每位同学熟练掌握创建、绑定和修改 PayPal 收款账户的流程，并选择其中一个平台的网店进行操作。

三、思考题

1. 跨境电商平台的支付方式有哪些？

2. 美元账户如何创建？

3. 跨境电商平台收款和回款的规定有哪些？

项目六 采购及国际物流

学习目的

通过本项目的学习，学生应了解目前跨境电商网店商品选购的方法和技巧，掌握国际物流的基本概念，熟悉国际物流的海外仓物流方式、物流服务商选择方法、运费计算方法、运费模板设置和线上发货等操作流程。

重点难点

本项目重点难点是了解并掌握网店商品选购的方法和技巧、物流服务商选择方法、运费计算方法、运费模板设置和线上发货等操作流程。

案例导入

案例：合并运输改善宝洁物流配送作业水平

宝洁清洁用品集团是全球最大的日用消费品公司之一，通过设在肯塔基州 Florence 的区域配送中心为东北部美国地区提供产品。但是在现有的配送系统下，宝洁经常遇到运货延迟和货物毁损等问题，因此宝洁一直在寻求提升配送效率的办法，借此来提高配送精度、减少货损和改善服务品质。

Exel 是一家供应链集成商，在集装箱散装货集合运输中有深厚的行业经验。该公司将 IT 技术、仓储管理技巧、运输管理能力有机整合，为客户提供量身定制的解决方案。Exel 在对宝洁物流流程进行了详细的分析之后，最终确定直接换装和合并运货解决方案，从而有效地降低货运途中的毁损量，同时大大减少转运时间和改善服务品质。Exel 为宝洁设计的解决方案，是通过充分利用 Exel 位于宾夕法尼亚州 Mechanicsburg 的 Pleasantview 营业机构作为宝洁产品直接换装的作业基地，来最大限度地减少货物无效搬运，改善货运管理。现在，宝洁的产品出厂后就直接从肯塔基州 Florence 的区域配送中心运到 Mechanicsburg 的

Pleasantview 营业机构。在那儿，宝洁的产品和其他制造商发往东北部地区相同目标地点的货物合并。Exel 作为一个非资产性物流集成商，通过租赁和代理拥有发达的承运商网络。当货物抵达 Pleasantview 卸货时，这些事先确认的托盘就和其他厂家的货物合并发货。许多货物在抵达 Pleasantview 当天就转运走了。这个过程减少了在 Florence 的仓储环节，减少了货物抵达销售终端前装卸搬运的次数，保证每一个环节都有经验丰富的仓储作业人员进行仓储作业。而且产品通过直接换装到达顾客手里，缩短了转运时间，并实现了同一地理区域的物流资源共享，改善了运输管理效率。

这个以顾客价值为中心的解决方案如果没有宝洁、区域发货中心和 Pleasantview 营业机构之间高效的数据传递和共享是无法做到的。Exel 和宝洁一道安装了电子数据交换系统，订单以电子形式传递给宝洁的区域配送中心后，在准备发货的同时，订单的详细内容就传送给 Exel 的 Pleasantview 营业机构规划小组。这样，Pleasantview 营业机构在订单货物到达前就可以考虑运输作业了，这就增加了许多直接换装的作业机会。运输信息汇总后，每天通过电子数据交换系统传送给宝洁区域配送中心，用来进行货物跟踪和销售分析。宝洁的区域配送中心能够对 Exel 托运的每一批货物进行有效监控，盘查货损率并向 Exel 索赔。Exel 有标准的承运商服务水平打分卡，用来衡量每个承运商的运送水平。这样，就形成了一个高效、权责清晰的流水作业系统。直接换装和合并运输提高了配送作业效率，通过直接换装和运输管理优化，宝洁的产品运输和配送时间减少了一天，货物准时抵达率提高了 10%，货物损坏赔偿率减少了 8%。宝洁此次与 Exel 的合作大大提高了供应链效率，降低了物流成本。现在宝洁清洁用品集团运往东北部美国地区的货物 100% 由 Exel 负责。

【问题】

(1) 如何通过改善管理措施来减少货运中出现的货损和货差？

(2) 宝洁如何实现与承运商之间的协调？

任务导入

小明在选择好跨境电商出口平台之后，面临着选择商品（选品）的问题。假如选择市场上销售得好的商品，因为大家都在做，竞争激烈，往往会陷入价格战；假如选择市场上销售得不好的商品，竞争对手少，不过用户不买单，又面临滞销风险。那么，小明要卖什么商品才好呢？

任务一　跨境电商网店商品选择概述

一、网店店铺产品货源渠道

1. 选择的渠道及渠道介绍

店铺货源方面是许多想开网店或新手卖家必须考虑的问题。想把一家小店做大，除了价格优惠，还一定要有质量保证。那么，寻找合适的货源肯定是卖家首要解决的问题了。

货源的渠道包括以下几个。

（1）自产自销渠道。自产自销渠道具有技术专长性、兴趣爱好性、商品增值性、传统工艺性等特点。

（2）品牌代理商。品牌代理商的优点是货源稳定，渠道正规，商品不易断货；缺点是更新速度慢，价格相对较高。

（3）各种展会、交易会。各种展会、交易会的优点是成本低，竞争力强，商品质量稳定，售后服务有保障；缺点是一般不能代销，资金投入大，风险较大。

（4）普通批发市场。不管是实体店铺还是网店，大多数卖家是从批发市场进货的。因为虽然厂家是一手货，进货价格低，但是厂家一般有一定的大客户，不会和小卖家合作。当卖家还没有最终确定要卖什么产品的时候，去批发市场转一转，说不定会有意想不到的惊喜。批发市场的商品比较多，品种、数量都很充足，卖家有大的挑选余地，而且很容易实现货比三家。批发市场很适合兼职卖家，因为这里的进货时间和进货量都比较自由。批发市场是新手卖家不错的选择。

2. 在阿里巴巴网站批发

全国最大的批发市场主要集中在几个城市里，而很多卖家没有条件千里迢迢跑到这几个批发市场。阿里巴巴作为一个网络批发的平台，为很多小地方的卖家提供了很大的选择空间，它不仅查找信息方便，还专门为小卖家提供了相应的服务，且起拍量很小。

阿里巴巴不仅有批发进货，还有小额的拍卖进货，这些都是淘宝卖家很喜欢的进货方式。进货时最好选择支持支付宝或是诚信通会员的产品。一般诚信通会员三年以上或诚信通指数近百或上百的，都是比较值得信赖的。在阿里巴巴进货时应注意以下几点。

（1）阿里巴巴有很强大的搜索功能，进货时可以最大限度地进行货比三家。

（2）和商家商量时尽量使用贸易通，如果有什么纠纷，也好作为证据之一。

（3）第一次进货的时候可以选择本地的厂家，这样方便上门取货。网络进货不比批发市场，因为存在着一定的虚拟性，所以选择商家时一定要谨慎，一定要选择比较可靠的公司进行交易。

3. 寻找商家余货

这里的商家，指的是商品前一两道的卖家，如外贸服饰加工厂或批发商。外贸公司的尾货是指订单退货或临时取消订单所造成的库存。比较大的批发商一般会有一定的库存积压，有时甚至有名牌商品的积压，不过款式不是最新的，但是它的名牌效应还在，所以寻找到好的商家余货，其实是很不错的货源。

（1）商家余货一般市场需求量较大，商品的品质也有一定的保证，属于中高档产品，在网络交易中很容易获得买家的好评。

（2）商家余货的货源相对较少，所以竞争压力小，竞争力很强。还可以利用网店的地域性差异，提升积压产品的品质，提高价格。也就是说，这些商品在某地的市场不好，造成了积压，但是有可能在其他地方的市场比较大，也就有可能成为畅销品。

相较而言，商家余货在几种货源中算是很难找到的。尽管很多厂家会有库存积压，但是找到的难度系数很大。当然，如果所在的城市有很多厂家，那就另当别论了。

任务二　网货选择方法及技巧

对于做跨境电商来说，生意做得好不好、成功与否，产品的选择有很重要的作用。在计划从事跨境电商的时候，就应该了解：①如今什么行业比较好，在这个行业中哪些产品受欢迎；②店铺定位是什么，打算从事什么行业，打算选择行业内的哪些产品；③做哪个国家的跨境电商；④如何选择产品使其能与市场顺利对接。毕竟卖家是在从供应商那里进价的基础上，加价后再将产品销售出去的。产品就是跨境电商卖家与消费者接触的桥梁，消费者认可产品，才会购买产品。做跨境电商如何正确地选择产品呢？

1. 店铺的定位

做跨境电商的人，需要明确自身优势，以及目前所拥有的资源，包括客户资源、产品资源、人脉资源等。如果以前在某个行业有积累，可以先从这个行业入手，选择合适的产品来做跨境电商。这就涉及店铺的定位了。卖家需要明确目标市场、目标客户需求以及经营者的个性化核心竞争力。

2. 需求分析

店铺定位确定后，就需要针对进入的行业去了解市场的需求。不同国家的需求不同，卖家需要结合行业与国家特点，分析产品需求。对目标海外市场进行需求分析时，需要结合第三方数据信息，这些数据可通过行业协会、行业展会等获取。此外，卖家还需要定期跟进，使自己的产品能够与海外目标市场的需求更好地对接。

3. 通过跨境平台确定热销产品

产品的选择，需要结合各方面的信息综合考量。目前，做跨境电商的平台主要有亚马逊、速卖通、Wish 等。卖家可以在这些平台上，输入确定行业的相关关键词，之后，平台的搜索框下会出现一些热门搜索词，通过这些词，结合第三方数据工具进行分析，可得出参考结论。

4. 浏览国外行业网站选择受欢迎款式的产品

在行业网站上，聚集着专业性强的信息，如新闻资讯、产品款式。卖家在选择产品的时候，可以去看目标国家相关行业网站的产品，以作为自己做跨境电商选择产品时的参考。

5. 借助社交媒体了解产品需求

社交媒体聚集了大量的终端客户，卖家可以通过到国外的社交媒体了解用户的习惯和兴趣，了解所选行业和目标市场对于所选产品的喜爱程度。国外常见的社交媒体有 Facebook、Twiter 等。

6. 借鉴做得好的跨境电商商家

在任何行业都有做得好的商家，卖家选品时可以加以借鉴。在跨境电商平台，可以通过关键词搜索到一些排名靠前的榜样店铺，进入店铺之后，通过买家页面研究选品的技

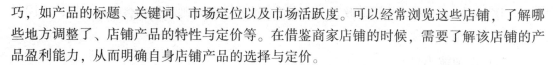

巧，如产品的标题、关键词、市场定位以及市场活跃度。可以经常浏览这些店铺，了解哪些地方调整了、店铺产品的特性与定价等。在借鉴商家店铺的时候，需要了解该店铺的产品盈利能力，从而明确自身店铺产品的选择与定价。

7. 产品的分类与产品线

任何一个商铺，不可能只销售几个产品，需要选择合适的产品、产品线。为了能够准时给客户发货，做跨境电商需要建立库存。但是，对于库存的把控，不同的产品要求不一样，这就涉及资金流的问题。做得好的跨境电商，通过将引流产品、核心盈利产品、常见产品进行合理搭配，可以吸引潜在的目标客户，增加客户的黏合度。对于跨境电商产品的选择，需要结合定位，同时进行产品间的关联性搭建，而不是盲目扩充。

任务三 国际物流介绍

国际物流又称全球物流，指生产和消费分别在两个或两个以上的国家或地区独立进行时，为克服生产和消费之间的空间距离和时间距离，对物资进行物理性移动的一项国际商品交易或交流活动，从而完成国际商品交易的最终目的，即实现卖方交付单证、货物和收取货款；而买方接受单证、支付货款和收取货物的贸易对流条件。国际物流包括国际小包、商业快递（Express）、专线物流等。

一、国际小包

国际小包裹又称国际小包，是指重量在 2 kg 以内，外包装长宽高之和小于 90 cm，且最长边小于 60 cm，通过邮政空邮服务寄往国外的小邮包。

国际小包分为普通空邮（Normal Air Mail，非挂号）和挂号（Registered Air Mail）两种。前者费率较低，邮政不提供跟踪查询服务，后者费率稍高，可提供网上跟踪查询服务。国际小包适合对运费成本敏感，对货运时间要求不高，价格较低、体积较大的产品。目前常见的国际小包有中国邮政小包、新加坡小包、荷兰小包、国际 e 邮宝等。

（一）中国邮政小包

中国邮政小包是中国邮政开展的国际邮政小包业务，通过中国邮政将货物发到国外，通过当地邮政系统送达买家手中。中国邮政小包可寄达全球 220 多个国家和地区各个邮政网点。一般 15 个工作日左右可送达。

优点：运费便宜，首重和续重都是 100 g，清关能力强，能邮寄的物品比较多（如化妆品、包、服装鞋子、各种礼品以及许多特殊商品等），可派送世界各地。

资费计算：

挂号资费：总额=标准资费×实际重量×折扣+挂号费 8 元

平邮资费：总额=标准资费×实际重量×折扣

例如：200 克到美国，当前折扣为八五折，标准资费 90.5 元/kg

平邮资费：90.5 元/kg×0.2 kg×0.85=15.39（元）

挂号资费：90.5 元/kg×0.2 kg×0.85+8 元挂号费=23.39（元）

中国邮政小包价格以中国邮政官方公布价格为准，各地邮政折扣会有所不同，不同货代价格和对应服务也会有差异。

（二）新加坡小包

新加坡小包是新加坡邮政推出的针对货物重量在 2 kg 以下的一种邮政小包。新加坡小包货物先到达新加坡，由新加坡邮政处理后再转运至全球各个国家及地区，主要优势如下。

（1）价格低。新加坡小包有明显的价格优势。

（2）速度快。到达多数国家的正常运输时间为 7 到 15 个工作日。

（3）安全性高。新加坡邮政提供的国际小包服务是世界认可的优质产品，掉包率低，既快速又安全。

（4）时效好。新加坡国际机场作为全球三大国际机场之一，运力非常充足，相比其他国际小包，新加坡小包时效颇具优势。

（三）荷兰小包

荷兰小包是荷兰邮政（TNT POST）推出的一项欧洲快捷小包业务。该服务立足于荷兰，辐射整个欧洲，依托荷兰邮政的网络和清关系统，打造高品质区域性小包服务。清关好，派送快，查询优。最主要的优势是它可走电池件。荷兰小包优势如下。

（1）邮政清关。一般的专线服务由当地清关代理清关，稳定性较差。该服务由荷兰邮政负责清关，属于邮政清关通道，稳定性较好。

（2）重货有价格优势。欧洲主要国家，500 g 以上的货物相对于市场上其他小包有一定的价格优势。

（3）派送时效好。市场上主流小包时效一般是 7~15 个工作日，荷兰小包到欧洲主要国家只需 5~10 个工作日。

（4）追踪查询好。欧洲主要国家，如英法德意等国，都可以查询到签收。货物跟踪信息详尽，接近于快递。

（四）国际 e 邮宝

国际 e 邮宝是中国邮政为适应国际电子商务寄递市场的需要，为中国电商卖家量身定制的一款全新经济型国际邮递产品。国际 e 邮宝和中国香港国际小包服务一样是针对轻小件物品的空邮产品，目前，该业务限于为中国电商卖家寄件人提供发向美国、加拿大、英国、法国和澳大利亚的包裹寄递服务。

递送时效：国际 e 邮宝正常情况下 7~10 个工作日即可完成妥投，在国内段使用 EMS 发运；出口至美国后，美国邮政将通过其国内一类函件网（First Class）投递邮件。通关采用国际领先的 EMI 电子报关系统，保障卖家投递的包裹迅速准确地运抵目的地。

二、商业快递（Express）

（一）UPS

UPS 是世界上最大的快递公司，一般 2~4 个工作日可送达，强项为美洲路线、日本路线。

优点：速度快，服务好，货物可送达全球200多个国家和地区，查询网站信息更新快，遇到问题解决及时，可以在线发货，全国109个城市提供上门取货服务。

缺点：运费较贵，要计算产品包装后的体积和重量，对托运物品的限制比较严格。

（二）DHL

DHL是欧洲最大的快递公司，一般2~4日工作日可送达，在欧洲、西亚、中东有绝对优势。

优点：速度快，去欧洲一般3个工作日，到东南亚一般2个工作日；可送达的国家比较多，网站货物状态更新也比较及时；遇到问题解决速度快；21 kg以上物品有单独的大货价格，部分地区大货价格比国际EMS还要便宜；一般通过货代能拿到五折左右的折扣。

缺点：走小货价格较贵，也需要考虑产品体积重；对托运物品限制比较严格，拒收特殊商品。

（三）Fedex

Fedex一般2~4个工作日可送达。东南亚价格及速度最有优势，美国、加拿大也比较有优势。

优点：到中南美洲和欧洲的价格较有竞争力，去其他地区的话，运费较贵；网站信息更新快，网络覆盖全，查询响应快。

缺点：价格较贵，需要考虑产品体积重，对托运物品限制比较严格。

（四）TNT

TNT是荷兰最大的快递公司，一般2~4个工作日可送达，在西欧国家清关能力较强。

优点：速度较快，可送达国家比较多，查询网站信息更新快，遇到问题响应及时。

缺点：需要考虑产品体积重，对所运货物限制比较多。

三、专线物流（Special Line）及其他快递

专线物流是针对某个国家或地区，如俄罗斯、中东、美国快递公司的自主渠道，可以跟踪包裹。其以100 g或500 g为一个单位，按具体线路计费。看具体国家和地区判断到达时间，一般4~7个工作日可以到达。

专线物流时效快、区域针对性强，并具有比一般快递更为优化的计重方式。费用介于邮政小包和EMS之间，能为小货件的寄送节约大量成本。实时提供全程网上跟踪服务，但清关能力较弱。

（一）AliExpress Standard Shipping

Aliexpress无忧物流（Aliexpress Standard Shipping）是阿里巴巴集团旗下全球速卖通及菜鸟网络联合推出的官方物流服务，为速卖通卖家提供国内揽收、国际配送、物流详情追踪、物流纠纷处理，售后赔付一站式的物流解决方案。Aliexpress无忧物流如图6-1所示。

速卖通官方物流
AliExpress 无忧物流

图 6-1　Aliexpress 无忧物流

1. 线路优势

（1）渠道稳定，时效快。菜鸟网络与优质物流商合作，搭建覆盖全球的物流配送服务。通过领先业内的智能分单系统，根据目的地、品类、重量等因素，匹配出最佳物流方案，核心国家或地区预估时效 16~35 天。

（2）操作简单。一键选择无忧物流即可完成运费模板配置，深圳、广州、义乌等重点城市提供免费上门揽收服务。

（3）平台承担售后。物流纠纷无须卖家响应，直接由平台介入核实物流问题并判责。因物流原因导致的纠纷、DSR 低分不计入卖家账号考核。

（4）交寄便利。北京、深圳、广州、上海、苏州、无锡、福州、厦门、青岛等多个城市提供上门揽收服务，非揽收区域卖家可自行寄送至集运仓库。

（5）赔付无忧。物流原因导致的纠纷退款，由平台承担，赔付上限为 800 元人民币。

2. 运送范围及价格

（1）运送范围：全球 254 个国家及地区。

（2）计费方式：小包 1 g 起重，按克计重；大包按实际重量与 500 g 起重，每 500 g 计重，不足 500 g 按 500 g 计费。部分国家不支持寄送大包货物。

小包计费：包裹申报重量<2 kg，且包裹实际重量<2 kg，且包裹单边长度≤60 cm，且包裹长+宽+高≤90 cm；

大包计费：包裹申报重量≥2 kg，或包裹实际重量≥2 kg，或包裹单边长度>60 cm，或包裹长+宽+高>90 cm；

价格生效时间：2016 年 6 月 10 日。

（3）目的地无法投递退件收费标准。选择销毁时不产生费用，选择退回的物流单将每单收取 0.6 元退件附加费。选择退回的物流单一旦发生无法投递的情况，将免费退回卖家手上，不再单独收取退回运费。

3. 时效

预计时效：正常情况下，16~35 天左右到达目的地，特殊情况除外（包括但不限于不可抗力、海关查验、政策调整以及节假日等）。

承诺时效：巴西承诺运达时间 90 天，其他国家承诺运达时间 60 天。

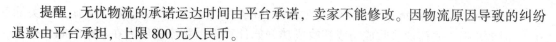

提醒：无忧物流的承诺运达时间由平台承诺，卖家不能修改。因物流原因导致的纠纷退款由平台承担，上限800元人民币。

（二）Special Line-YW

Special Line-YW，即航空专线—燕文，俗称燕文专线，是北京燕文物流公司旗下的国际物流业务，多为航空挂号小包。线上燕文专线目前已开通南美专线和俄罗斯专线，如图6-2所示。

YANWEN
EXPRESS

图6-2 燕文专线

1. 线路优势

（1）时效快。燕文航空挂号小包根据不同目的地选择服务最优质和派送时效最好的合作伙伴。燕文在北京、上海和深圳三个口岸直飞各目的地，避免了国内转运时间的延误，并且和口岸仓航空公司签订协议保证稳定的仓位。全程追踪，派送时效在10~20个工作日。

（2）交寄便利。北京、深圳、广州（含番禺）、东莞、佛山、杭州、金华、义乌、宁波、温州（含乐清）、上海、南京、苏州、无锡、郑州、泉州、武汉提供免费上门揽收服务，揽收区域之外可以自行发货到指定集货仓。

（3）赔付保障。邮件丢失或损毁提供赔偿，可在线发起投诉，投诉成立后最快5个工作日完成赔付。

2. 运送范围及价格

燕文航空挂号小包支持发往40个国家。

运费根据包裹重量按克计费，1 g起重，每个单件包裹限重在2 kg以内。

目的地无法投递退件收费标准。选择销毁时不产生费用，选择退回的物流单将每单收取0.7元退件附加费，选择退回的物流单一旦发生无法投递的情况，将免费退回卖家手上，不再单独收取退回运费。

3. 时效

正常情况：10~35天左右到达目的地。

特殊情况：35~60天到达目的地，特殊情况包括节假日、特殊天气、政策调整、偏远地区等。

时效承诺：物流商承诺货物 60 天（巴西 90 天）内必达（不可抗力及海关验关除外），时效承诺以物流商揽收成功或签收成功开始计算。因物流商原因在承诺时间内未妥投而引起的限时达纠纷赔款，由物流商承担，按照订单在速卖通的实际成交价赔偿，最高不超过 700 元人民币。

（三）Russian Air

Russian Air，即中俄航空专线，是通过国内快递集货、航空干线直飞、在俄罗斯通过俄罗斯邮政或当地落地配进行快递配送的物流专线的合称，是黑龙江俄速通公司与阿里巴巴速卖通合作项目，专为速卖通平台的电商设立，是速卖通平台的“合作物流”。其针对跨境电商客户物流需求的小包航空专线服务，快速稳定，并提供全程物流跟踪服务。Russian Air 如图 6-3 所示。

包机直飞 使命必达

图 6-3 Russian Air

1. 线路优势

（1）时效快。包机直达俄罗斯，80%以上包裹 25 天内到达买家目的地邮局。

（2）价格优惠。0.08 元/g+挂号费 7.4 元/件。

（3）交寄便利。北京、深圳、广州（含番禺）、东莞、佛山、杭州、金华、义乌、宁波、温州（含乐清）、上海、南京、苏州、无锡、郑州、泉州、武汉等地免费上门揽收，揽收区域或非揽收区域也可自行发货到指定集货仓。

（4）赔付保障。邮件丢失或损毁提供赔偿，可在线发起投诉，投诉成立后最快 5 个工作日完成赔付。

2. 运送范围及价格

中俄航空专线支持发往俄罗斯全境邮局可到达区域。

运费根据包裹重量按克计费，1 g 起重，每个单件包裹限重在 2 kg 以内。价格计算如表 6-1 所示。

表 6-1 价格计算

国家列表			配送服务费原价（根据包裹重量按克计费）元（RMB）/kg	挂号服务费 元（RMB）/包裹
Russian	RU	俄罗斯	80	7.4

* 此价格为速卖通平台补贴价格，价格如有调整会提前公告。

目的国无法投递退件收费标准：选择销毁时不产生费用，选择退回的物流单将每单收取 0.6 元退件附加费，选择退回的物流单一旦发生无法投递的情况，将免费退回卖家手上，不再单独收取退回运费。

3. 时效

正常情况：16~35 天左右到达目的地。

特殊情况：35~60 天到达目的地，特殊情况包括节假日、特殊天气、政策调整、偏远地区等。

时效承诺：物流商承诺货物 60 天内（自揽收成功/签收成功起计算）必达（不可抗力除外），因物流商原因在承诺时间内未妥投而引起的限时达纠纷赔款，由物流商承担。

（四）Aramex

Aramex，即中外运安迈世，在国内也称为“中东专线”，是发往中东地区国际快递的重要渠道。它具有在中东地区清关快、时效高、覆盖面广、经济实惠的特点，如图 6-4 所示。

aramex
delivery unlimited

图 6-4 Aramex

Aramex 作为中东地区最知名的快递公司，成立于 1982 年，是第一家在纳斯达克上市的中东国家公司，提供全球范围的综合物流和运输解决方案，其在全球拥有 354 个办公司，17 000 位员工。Aramex 与中外运于 2012 年成立了中外运安迈世（上海）国际航空快递有限公司，提供一站式的跨境电商服务以及进出口中国的清关和派送服务。

Aramex 服务目前支持中东、印度、东南亚、欧洲及非洲航线。目前平台上发货目的国有 22 个，即阿联酋、印度、巴林、塞浦路斯、埃及、约旦、科威特、黎巴嫩、阿曼、卡塔尔、沙特阿拉伯、土耳其、也门、孟加拉国、巴基斯坦、斯里兰卡、新加坡、马来西亚、印度尼西亚、泰国等，且均为全境服务。在目的地国家无异常情况下，一般 3~6 天完成派送。

Aramex 对接仓库有杭州仓库、义乌仓库、深圳宝安仓库、温州仓库、青岛仓库、许昌仓库、广州仓库、东莞仓库、汕头仓库、江门仓库。

任务四 海外仓储集货的物流方式

一、海外仓模式

海外仓储集货的物流方式简称海外仓模式，即电子商务企业提前将货物报关，统一将货物发至他国境内的仓库，待该国消费者需要购买该商品时，再将货物发往消费者。拥有海外仓库，卖家可以第一时间做出快速响应，及时通知国外仓库进行货物的分拣、包装；能从买家所在国本土发货，此时货物属于国内快递，可以确保货物安全、准确、及时、低成本地到达终端买家手中，从而缩短订单周期，完善用户体验，提升重复购买率。而且，海外仓适用范围极广，不受货物体积、重量等的限制。遇到退换货情况时，顾客只需要将货物退回至海外仓即可，省去了报关缴税的麻烦。此外，海外仓的大量使用可摊薄企业物流成本。对于跨境电商的客户来说，海外仓的客户体验很好。海外仓模式如图 6-5 所示。

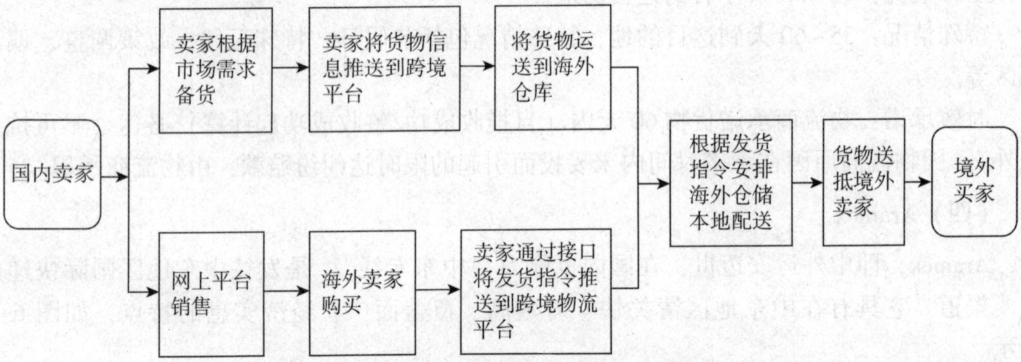
卖家根据市场需求备货
卖家将货物信息推送到跨境平台
将货物运送到海外仓库
国内卖家
根据发货指令安排海外仓储本地配送
货物送抵境外卖家
境外买家
网上平台销售
海外卖家购买
卖家通过接口将发货指令推送到跨境物流平台

图 6-5　海外仓模式

海外仓储服务指为卖家在销售目的地进行货物仓储、分拣、包装和派送的一站式控制与管理服务。确切来说，海外仓储应该包括头程运输、仓储管理和本地配送三个部分。

头程运输即中国商家通过海运、空运、陆运或者多式联运将商品运送至海外仓库。

仓储管理即中国商家通过物流信息系统，远程操作海外仓储货物，实时管理库存。

本地配送即海外仓储中心根据订单信息，通过当地邮政或快递将商品配送给客户。

目前海外仓成为业内较为推崇的物流方式，如 eBay 将海外仓作为宣传和推广的重点，推出 Winit 美国仓、英国仓、德国仓。出口易、递四方等物流服务商也大力建设海外仓储系统，不断上线新产品。速卖通、大龙网等国内大型跨境电商企业也都提前运筹海外仓布局和云仓储管理系统。

二、海外仓模式的种类

根据运营主体的不同，海外仓模式分为自营海外仓模式和第三方公共服务海外仓模式。

1. 自营海外仓模式

自营海外仓模式是指由出口跨境电商企业建设并运营的海外仓库，仅为本企业销售的商品提供仓储、配送等物流服务的物流模式。也就是说，整个跨境电商物流体系是由出口跨境电商企业自身控制的，类似国内电商物流中的京东物流体系、苏宁物流体系。例如，外贸电商兰亭集势自 2014 年起相继在欧洲、北美设立海外仓，实现中国商品在海外本土发货，采取的就是自营海外仓模式。

2. 第三方公共服务海外仓模式

第三方公共服务海外仓模式是指由第三方物流企业建设并运营的海外仓库，可以为众多出口跨境电商企业提供清关、入库质检、接收订单、订单分拣、多渠道发货、后续运输等物流服务的模式。也就是说，整个跨境电商物流体系是由第三方物流企业控制的，类似国内电商物流中的淘宝物流体系。例如，成立于 2012 年 11 月的万邑通信息科技有限公司，目前已在中国、美国、英国、德国和澳大利亚均拥有全球直营仓库。2013 年以来，万邑通针对 eBay 卖家推出了澳洲、美国、英国、德国四大公共海外仓服务，为包括中国的卖家提供国内外仓储管理、“最后一公里”派送管理、数据分析等多项服务，是中国最著

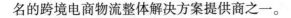

名的跨境电商物流整体解决方案提供商之一。

三、海外仓的优势、劣势

1. 海外仓的优势

海外仓的本质就是将跨境贸易本地化，提升消费者购物体验，从而提高出口跨境电商企业在出口目的地市场的竞争力。海外仓对出口跨境电商企业、买家和海外仓物流经营方都有多重好处。

（1）对出口跨境电商企业的好处。

①提高商品价格，实现更高利润。eBay 数据显示，存储在海外仓中的商品平均售价比直邮的同类商品高 30%，有助于提高单件商品利润率。

②稳定的供应链有助于增加商品销量。在同类商品中，从海外仓发货的商品销售量平均是从中国本土直接发货的商品销量的 3~4 倍。

③有效减少订单响应时间，提升物流配送时效，而且降低人工成本。

④批量地将商品运至海外，有效降低物流成本。海外仓所采取的集中海运方式大幅降低了单件商品的平均运费，尤其在商品重量大于 400 g 时，采用海外仓的费用优势更为明显。

⑤海外仓采取的集中运输模式突破了商品重量、体积和价格的限制，有助于扩大销售品类。

⑥提供快速的退换货服务，提升客户满意度。

（2）对买家的好处。

①可以使买家消费更多的海外商品品类。以往跨境电商采取国际小包快递的物流解决方式，适合小件商品、快速消费品的跨境零售出口，对体积较大、重量较重的商品不适合；采用海外仓物流模式，大大扩大了跨境零售出口商品的品种范围。

②可以使买家获得更快捷、便利的海外商品网上购物体验。海外仓能让海外网购用户的收货时间大大缩短，更便利、快捷的退换货和售后服务也可以大大提升买家的购物体验。在时效性和售后这两点，跨境电商通过海外仓逐步逼近线下购物体验。

（3）对海外仓物流经营方的好处。

①简化了跨境电商物流的业务流程。海外仓的出现，将原本复杂的跨境电商物流流程简化为分拣与投递两个环节。由于运转流程少，包裹的破损和丢失率大大降低，并实现了配送进度的实时跟踪查询，为商品的安全送达提供了切实的保障。

②海外仓可以有效规避物流高峰塞车。在圣诞节、万圣节等国外传统节假日，跨境电商由于销量激增，往往会出现快递爆仓的现象，跨境电商物流企业的物流能力备受质疑。如果采用海外仓，就可以按往年同期销售状况或者销售预估来预算未来一段时间的销售量，将部分货物提前发至海外仓，有效规避因物流塞车带来的恶性循环，提升客户对跨境电商物流服务的满意度。

2. 海外仓的不足

（1）跨境电子商务更容易受到进口国贸易保护者的抵制。由于跨境电子商务的快速发展侵犯到了进口国的传统商业利益，很容易受到进口国的抵制，再加上我国出口的部分商品在知识产权、产品安全等方面的不足，引起的贸易纠纷大量产生。

（2）出口跨境电商承担的外贸、货物清关任务增多。在一般贸易方式下，目的地的进口文件都由海外进口商办理。现在贸易碎片化，出口跨境电商采取海外仓物流模式，目的地的进口手续需要出口跨境电商一并办理，业务流程发生了变化。另外，以前走邮政小包采用的是邮政的清关方式，借用海外仓批量发货走海运采用的是大宗货物清关方式，要求提供相关证明，比如欧盟 CE 认证等。这对刚刚开始采取海外仓物流模式的出口跨境电商来说是一个不小的挑战。

（3）对出口跨境电商的能力、素质提出了更高要求。海外仓储意味着出口跨境电商将货物全部发到海外仓运营主体的仓库，由后者进行仓储、配送甚至库存管理。这需要两者之间进行密切的沟通和协调，包括库存的明细、货物的种类、SKU 条码的类别、结算费用的基准等。

四、海外仓运作流程和适用范围

1. 海外仓运作流程

（1）自营海外仓的业务流程。出口跨境电商通过海运、空运或者快递等方式将商品集中运往本企业经营的海外仓进行存储，并通过本企业的库存管理系统下达操作指令。

步骤一：出口跨境电商将商品运至或者委托物流承运人将货发至本企业经营的海外仓。这段国际货运可采取海运、空运或者快递方式到达仓库。

步骤二：出口跨境电商使用本企业的物流信息系统，远程操作海外仓储的货物，并且保持实时更新。

步骤三：出口跨境电商物流部门根据出口跨境电商的指令对货物进行存储、分拣、包装、配送等操作。

步骤四：系统信息实时更新。发货完成后，出口跨境电商的物流系统会及时更新库存，让出口跨境电商实时掌握状况。

（2）第三方公共海外仓的业务流程。出口跨境电商通过海运、空运或者快递等方式将商品集中运往第三方物流企业经营的海外仓进行存储，并通过第三方物流企业的库存管理系统下达操作指令。

步骤一：出口跨境电商将商品运至或者委托物流承运人将货发至第三方物流企业经营的海外仓。这段国际货运可采取海运、空运或者快递方式到达仓库。

步骤二：出口跨境电商通过第三方物流企业的物流信息系统，远程操作海外仓储的货物，并且保持实时更新。

步骤三：第三方物流企业根据出口跨境电商的指令对货物进行存储、分拣、包装、配送等操作。

步骤四：发货完成后，第三方物流企业的物流系统会及时更新库存，让出口跨境电商可实时掌握状况。

2. 海外仓的适用范围

随着跨境电商的品类逐渐增多和升级，以家居产品为代表的大货、重货越来越多且难以通过空运配送，原来多用传统海运，由于运送时间过长，很多出口跨境电商采用海外仓进行配送，缩短商品到达客户的时间以吸引更多买家。海外仓的建设及运营成本较高，主要适用于货价较高、货运周期长、对物流成本承担能力较强且市场销量较大的商品。另外，使用海外仓的产品最好是热销单品，因为库存周转快，以便卖家控制成本。

（1）自营海外仓的适用范围。自营海外仓是由出口跨境电商建立（或租赁）及运营的，是由出口跨境电商在国外新建的一个全新物流体系，因此，需要投入大量的资金，需要出口跨境电商具有较强的海外物流体系控制、运营能力，所以，自营海外仓适用于市场份额较大、实力较强的出口跨境电商。

（2）第三方公共海外仓的适用范围。公共海外仓是由第三方物流企业建立、运营的仓库，出口跨境电商是物流需求方，第三方物流企业是物流供给方，由第三方物流企业为出口跨境电商提供仓储、分拣、包装、派送等项目的一站式服务。与自营海外仓相比，第三方公共海外仓适用于市场份额相对较小、实力相对较弱的出口跨境电商。

五、海外仓发展过程中需要注意的问题

1. 海外仓的运营管理问题

不管采取自营海外仓还是第三方公共海外仓，要真正发挥海外仓的使用价值，必须解决海外仓在运营管理中出现的问题。在有些跨境电商物流企业的海外仓中，货物转仓后信息登记不及时，客户查看不便，客服应答敷衍；当客户寻求解决方案时，不断要求客户支付解决成本，导致客户解决问题的支出越来越大。还有一些跨境电商物流企业，丢包事件时常发生，卖家申请退款赔偿的周期十分长。此外，还存在虚假发货、买家地址发错、仓库与客服信息衔接不畅等一系列问题。这些问题已经严重影响了海外仓模式在客户心目中的地位。

因此，跨境电商物流企业在海外仓运营管理上，一是建立一套科学的海外仓仓储管理办法，优化业务流程，对海外仓进行标准化管理；二是应用海外仓仓储管理信息系统，让出口跨境电商可以方便地管理库存，使出口跨境电商与跨境电商物流企业的沟通更顺畅，实现信息流、物流的无缝对接；三是提高海外仓的自动化水平，使货物入库、货物转仓、订单接收、订单分拣、多渠道发货、货物配送以及顾客退换货等所有物流环节的操作更加智能化，减少货差、货损现象的发生。

2. 海外仓的物流成本控制问题

海外仓物流配送费用由三部分构成：头程费用、仓储及处理费，以及本地配送费用。其中，头程费用是指货物从本国到海外仓库产生的运费，仓储及处理费是指客户货物存储在海外仓库和处理当地配送时产生的费用，本地配送费用是指在目标市场对客户商品进行配送产生的本地快递费用。海外仓采取集中运输的方式，批量将商品运往海外仓库，大大降低了单件商品的头程费用。另外，货物从海外仓库配送到买家手中，这部分费用与目标

市场国内网购的配送费用相当，费用高低主要取决于出口跨境电商的销量以及议价能力。因此，海外仓物流成本控制的关键在于海外仓的仓储及处理费控制，海外建仓必定带来仓库的租赁或建设、人工等固定成本。同时，前期对商品库存量的预测非常困难。货物进多了，积压仓库，占用库存，库存商品的维护费用将大幅提高，若销售不佳，需支付调配其他市场或退库存的额外运费；若进少了，不能给消费者带来海外建仓快速配送的优质体验，达不到建仓的效果。

为最大化发挥海外仓的优势，跨境电子商务平台企业应当利用大数据技术为出口跨境电商提供市场产品分析，实现精选品类和准确预测补货周期，更准确地预估海外消费者的需求，从而有效降低出口跨境电商在库存和供应链管理上的风险，优化流动资金利用率。

3. 海外仓的风险控制问题

虽然国内政策红利为海外仓的建设带来了利好，但海外仓在前期租赁搭建、后期运营等方面仍然存在不少风险因素。一是对于风口下的跨境电商来说，海外建仓并不存在土地或建设成本过高等问题，目前主要问题在于缺乏通晓国内、国外市场的国际化人才，本国企业在国外寻找专业人才，来按照本国企业的管理方法做海外仓的搭建是有困难的。二是个别政府在用工、商业服务等方面的政策加大了海外仓在建设、运营中的风险。部分国家政府效率低下，也会导致海外仓建设进程过慢，风险增大。三是海外仓面临着空置风险。

为了防控海外仓建设、运营的风险，企业应采取相应措施。一是要加快跨境电商物流人才的培养。国内高校、职业院校在开发跨境电商人才培养方案时，适度跨界，优化课程设置，增开跨境电商物流课程，与国外院校合作办学，加快跨境电商物流人才的培养。二是跨境电商企业和跨境电商物流企业应加强对海外仓建设的意向国的政策研究，做好海外仓建设的可行性研究，使外部风险处在可控范围内。三是跨境电商海外建仓需结合自身规模、特点、需要等多重因素考虑来搭建，利用大数据技术对仓库的选址、规模进行分析，绝不盲目投入。

任务五　物流服务商的选择

物流是跨境电商的支柱，卖家们都希望把货交付给物流服务商后，就能高枕无忧地专注于销售，提升业绩。不过，物流商的服务也有优有劣，既有自己的优势渠道和长处，也有无法匹配卖家需求之处。怎样才能从众多物流服务商中，挑选到称心如意的“伙伴”，是物流成功运营的关键。

以下几点是所有卖家必须学会的甄选物流服务商的基础标准。

1. 匹配度

根据产品选择物流，是跨境电商的第一铁律。低价轻量货适合用国际小包，收费低廉，不过有 2 kg 限重；超重就要选择国际专线或快递，时效性和安全性更优；贵重商品则多依赖国际快递，时效最快。

同一级别物流产品往往有数量众多的供应商，但也有像顺丰国际一类提供多元服务的企业，它们有国际小包、国际特惠、国际标快，一站式满足卖家需求。此外，特殊产品如带粉末的化妆品，服务商的渠道能否接纳，也是匹配度的一个考量范畴。根据匹配度去锁定物流品类后，就该考察相应服务商的线路质量了，此时应考虑运价、时效性、安全性、服务等。

2. 运价

国际物流的成本无疑是卖家最关注的问题之一。运价不是越低越好，而是要可控。如果只有一票货品，那成本好算，但如果一个月有几千票货品，供应商给的报价里又含有十几套价格外加十几种限制条款，一年下来价格再变动若干次，那么最终的成本就非常难以核算和控制了。因此供应商是否提供透明、合理、稳定的报价很重要。

卖家在选择时还要通盘考虑有没有运费之外的其他隐性收费，如有没有燃油附加费、收不收 D 类报关费等，如果是轻抛货还要考虑体积重怎么计算，等等。可让供应商明确列出各种收费项目、计费方式，必要时可列入合同明细。

3. 时效

卖家对物流服务商的另一个重要考核标准，就是时效。

那物流是不是越快越好呢？如果符合买卖双方对时效的预期，在可控的成本下，时效当然是越稳定越好。建议淡季可以试着多联系几个物流商，同时走货测试线路质量，为旺季做好准备。在旺季时，也要考虑物流商的承运能力，看它们过往对于爆仓问题有没有好的应对方法和相应的理赔机制。

4. 派送

派送安全、稳妥可以避免很多后期不必要的售后麻烦和损失。卖家考核物流供应商时，可以详细了解其全环节操作是否足够专业。国内集货看其仓储分拨是否容易造成失误；头程看其渠道、清关优势，直发还是多层转包；目的地看落地派送质量及尾程可控性。

5. 服务

服务是成本和时效之外，必须考虑的一个重要因素。举例来说，物流商在节假日收不收件，有没有专业的车辆满足特殊的装货需求，是不是有全程路由跟踪，有没有海外客服为买家提供查件服务，还有赔付的问题，等等。各种服务的细节，决定了这家物流商是否值得依靠和信赖。有专业和稳定团队的物流商，会在卖家拓展海外市场或入驻电商平台时，把过往经验分享给卖家，让卖家少走弯路。

总而言之，找到一家长期、稳定、诚信、值得信赖的物流合作伙伴，就是对跨境电商最好的保障。

任务六　国际运费计算方法

1. 计费重量单位

特快专递行业一般以每 0.5 kg 为一个计费重量单位。

2. 首重与续重

特快专递货品的寄递以第一个 0.5 kg 为首重（或起重），每增加 0.5 kg 为一个续重。

通常起重的费用相对于续重费用较高。

3. 实重与材积

需要运输的一批物品包括包装在内的实际总重量称为实重；当需寄递物品体积较大而实重较轻时，受运输工具（飞机、火车、船、汽车等）承载能力及能装载物品体积所限，需采取量取物品体积折算成重量的办法作为计算运费的重量，称为体积重量或材积。体积重量大于实际重量的物品又称为轻抛物。

4. 计费重量

按实重与材积两者的定义与国际航空货运协会规定，货物运输过程中计收运费的重量是按整批货物的实际重量和体积重量两者之中较高者计算。

5. 包装费

一般情况下，快递公司提供纸箱、气泡等包装材料免费包装。但一些贵重、易碎物品，快递公司要收取一定的包装费用的。包装费用一般不计入折扣。

6. 通用运费计算公式

（1）当需寄递物品实重大于材积时，运费计算方法为：

运费=首重运费+（重量×2-1）×续重运费

例如，7 kg 货品按首重 20 元、续重 9 元计算，则运费总额为：20+（7×2-1）×9=137（元）。

（2）当需寄递物品实际重量小而体积较大时，运费需按材积标准收取，然后再按上列公式计算运费总额。求取材积公式如下：

规则物品：长（cm）×宽（cm）×高（cm）÷6 000=重量（kg）

不规则物品：最长（cm）×最宽（cm）×最高（cm）÷6 000 重量（kg）

计费重量单位：特快专递行业一般以每 0.5 kg 为一个计费重量单位。

（3）国际快件有时还会加上燃油附加费。燃油附加费计一般会同运费一起打折。

7. 总费用

总费用的计算公式为：

总费用=（运费+燃油附加费）×折扣+包装费用+其他不确定费用

任务七　物流方案查询方法

对于外贸零售行业卖家，国际包裹运送流程的跟踪查询是买卖中必不可少的部分。为了让这部分人能更方便查询到包裹的运送情况，国际包裹查询网提供了查询全世界各个国家的挂号包裹、国际快递及国际包裹运送情况的功能。国际包裹查询网能自动识别录入的一个或多个邮件跟踪单号，从对应国家官方网点跨境搜寻货物运送情况，包括运送中事件具体内容、更新时间、投递状态等重要信息，并将所有结果进行投递状态自动分组，不需要再到不同家查询，为使用者节省大量宝贵时间。

17TRACK（www. 17track. net）是一个为用户提供国际挂号包裹查询、国际快递查询、国际物流查询等功能的网站。17TRACK 的主要用户来自各类型的购物平台（eBay、阿里巴巴、全球速卖通、PayPal、亚马逊、敦煌网等），可以跟踪查询到通过航空小包或者国际快递的包裹。17TRACK 平台首页如图 6-6 所示。

17TRACK
Shopify App
产品
API
运输商入驻
工具
帮助
全球物流查询平台
支持查询全球1500+运输商、120+航司
1. 每行输入一个单号，最多只允许提交40个单号；
支持航空查询，格式：123-12345678。
运输商
(默认自动识别)
查询
BTD
宝通达物流
墨西哥小包专线
可走带电产品
扫码获得
最新报价

图 6-6 17TRACK 平台首页

一、单号输入说明

1. 单号输入

每行输入一个单号，最多只允许提交 40 个单号，请勿输入字母或数字以外的其他字符。

示例单号：RJ556381428CN（中国邮政挂号小包），CP921694660HK（香港邮政挂号大包），LN328306902US（美国邮政 E 邮宝），3861078222（DHL 快递）。

2. 选择包裹运输商

一般正常情况下，系统可以自动检测物流商、发件地及目的地，无须进行手动指定操作。如果单号可能属于多个运输商或无法识别，请手工指定运输商进行查询。更多关于运输商的选择请查看运输商选择对应的描述。

3. 过滤无效输入

系统会根据默认规则进行单号的提取，部分单号可能需要手动修正。

4. 单号快速查询

输入正确的查询单号后，点击“查询”按钮进行单号查询，页面将显示与运输商官网同步的跟踪详情。

二、查看跟踪结果说明

1. 批量快捷操作

单次查询多个单号可以在这里进行方便的操作，如复制查询结果、错误重查和展开详情操作。

2. 包裹状态

系统根据获取到的运输商单号详细信息，自动判断包裹的运输状态。系统包含多种包裹状态。

3. 发件地和收件地

一般情况下系统会自动根据单号识别包裹的收件地和发件地。如特殊情况下无法识别，可以手动指定对应的运输商进行查询。系统自动识别单号运输商后会进行物流信息的查询，也可以访问运输商的主页了解更多信息。

4. 复制查询结果和链接

单号查询结果或者查询链接可以直接复制后可以分享，方便查看。

5. 查询结果

系统默认显示最新的一条物流信息，展开后可同时查看查询包裹的发件运输信息和收件运输信息详情。

6. 即时翻译

系统支持即时翻译跟踪结果到多国语言，翻译结果由必应（Bing）官方提供。

三、选择运输商

1. 运输商分类

为了区分所有的运输商，系统将运输商分为邮政和快递（一级分类），各国邮政按照地理分布进行展示（二级分类），国际快递主要是按照境内中国以及其他区域进行划分（二级分类）。运输商分类如图 6-7 所示。

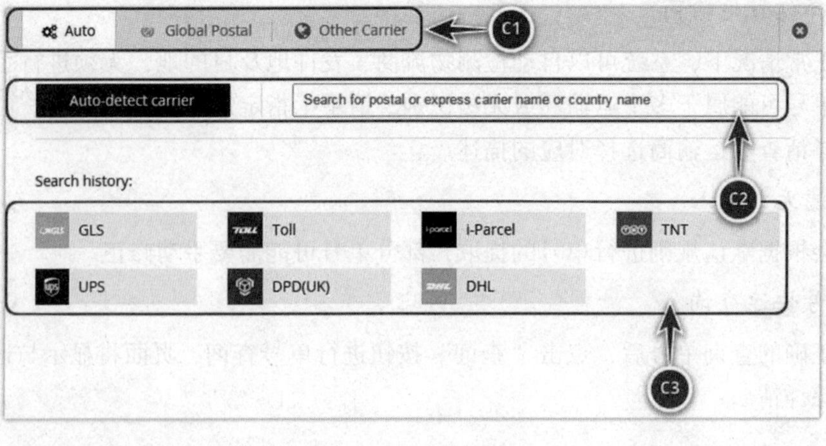
Auto
Global Postal
Other Carrier
C1
Auto-detect carrier
Search for postal or express carrier name or country name
Search history:
C2
GLS
Toll
i-Parcel
TNT
UPS
DPD(UK)
DHL
C3

图 6-7　运输商分类

2. 运输商搜索

一般正常情况下，请点击自动按钮进行单号查询。如果要搜索运输商，请在输入文本框中输入运输商的名称或对应的国家名，根据搜索结果再选择所需要的运输商。

3. 运输商搜索历史

如果经常需要指定运输商，这个功能有所帮助。17TRACK 会自动保留最近的 8 个运输商。

任务八 运费模板设置

数据统计发现，绝大部分海外买家喜欢用带有“Free shipping”（“包邮”）的短语来搜索商品，针对这种情况，很多速卖通卖家在产品标题开头都加了“Free shipping”，但是全世界的国家中有离中国很近的，也有离中国很远的。如果对所有国家都包邮，那么明显是不现实的，所以要想在标题中加“Free shipping”关键词，又不想亏钱，那么设定一个合理的运费模板就非常重要了。

通常情况，我们可将运费设为 3 个等级：

（1）运费在 100 元/kg 以内的国家设置成包邮。

（2）运费在 100 元/kg 到 120 元/kg 的设置成：首重收 3 美元，续重收 1 美元。

（3）其他国家设置成标准运费，也就是速卖通官方给的运费单价。

下面我们来说下每个等级包含了哪些国家。

点击“产品管理→运费模板→新增运费模板”填写运费模板名称，在邮政物流中勾选“China Post Air Mail”，如图 6-8 所示。

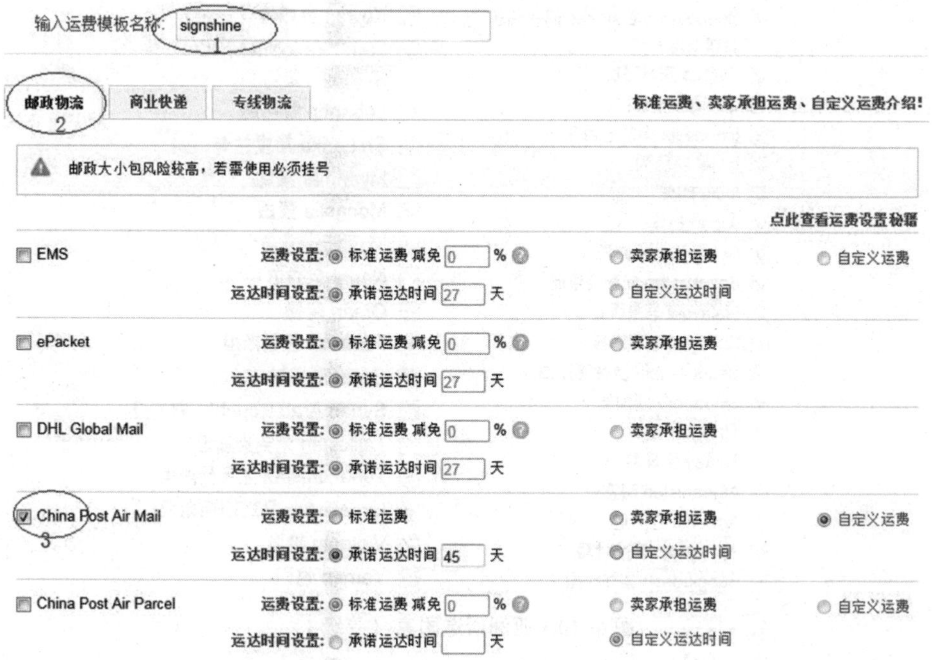
输入运费模板名称:
signshine
1
邮政物流
2
商业快递
专线物流
标准运费、卖家承担运费、自定义运费介绍!
邮政大小包风险较高，若需使用必须挂号
点此查看运费设置秘籍
EMS
运费设置: 标准运费 减免 0 %
卖家承担运费
自定义运费
运达时间设置: 承诺运达时间 27 天
自定义运达时间
ePacket
运费设置: 标准运费 减免 0 %
卖家承担运费
运达时间设置: 承诺运达时间 27 天
DHL Global Mail
运费设置: 标准运费 减免 0 %
卖家承担运费
运达时间设置: 承诺运达时间 27 天
China Post Air Mail
3
运费设置: 标准运费
卖家承担运费
自定义运费
运达时间设置: 承诺运达时间 45 天
自定义运达时间
China Post Air Parcel
运费设置: 标准运费 减免 0 %
卖家承担运费
自定义运费
运达时间设置: 承诺运达时间 天
自定义运达时间

图 6-8 勾选“China Post Air Mail”

在“China Post Air Mail”区域，每个运费组合都由两个部分组成，一个是送往的国家，一个是计算运费的方式，如图 6-9 所示。

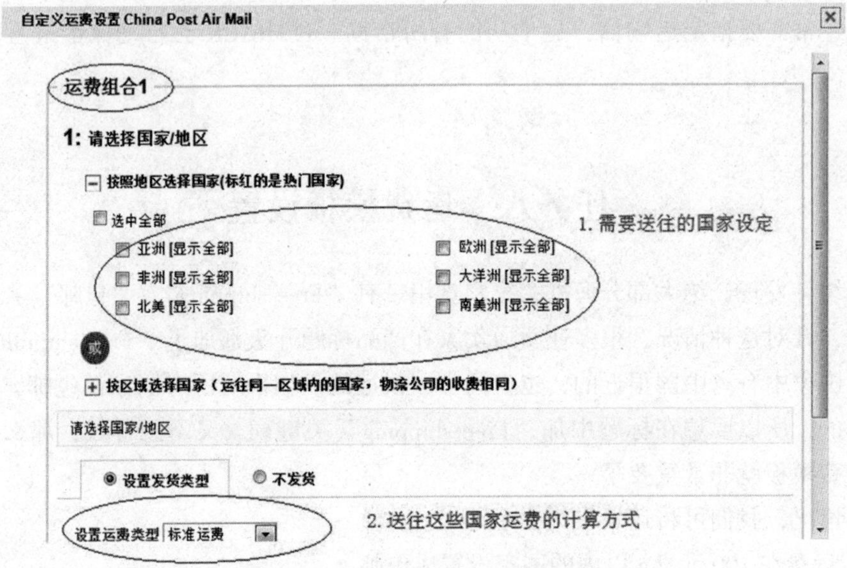
自定义运费设置 China Post Air Mail
运费组合1
1: 请选择国家/地区
按照地区选择国家(标红的是热门国家)
选中全部
亚洲 [显示全部]
欧洲 [显示全部]
非洲 [显示全部]
大洋洲 [显示全部]
北美 [显示全部]
南美洲 [显示全部]
1. 需要送往的国家设定
或
按区域选择国家（运往同一区域内的国家，物流公司的收费相同）
请选择国家/地区
设置发货类型
不发货
设置运费类型 标准运费
2. 送往这些国家运费的计算方式

图 6-9　自定义运费设置

出现运费组合 1，我们将它设定成运费等级 1，也就是包邮的等级。下面是包邮的国家（注意灰色的不要勾选），亚洲、欧洲、大洋洲、北美洲所选国家分别如图 6-10、图 6-11、图 6-12、图 6-13 所示。

亚洲 [收起]
United Arab Emirates 阿拉伯联合酋长国
Cyprus 塞浦路斯
Georgia 格鲁吉亚
Indonesia 印度尼西亚
Israel 以色列
India 印度
Japan 日本
South Korea 韩国
Kazakhstan 哈萨克斯坦
Malaysia 马来西亚
Philippines 菲律宾
Saudi Arabia 沙特阿拉伯
Singapore 新加坡
Thailand 泰国
Turkey 土耳其
Afghanistan 阿富汗
Armenia 亚美尼亚
Azerbaijan 阿塞拜疆
Bangladesh 孟加拉国
North Korea 朝鲜
Kuwait 科威特
Lao People's Democratic Republic 老挝
Lebanon 黎巴嫩
Sri Lanka 斯里兰卡
Myanmar 缅甸
Mongolia 蒙古
Maldives 马尔代夫
Nepal 尼泊尔
Oman 阿曼
Pakistan 巴基斯坦
Qatar 卡塔尔
Syrian Arab Republic 叙利亚
Tajikistan 塔吉克斯坦
Turkmenistan 土库曼斯坦
Uzbekistan 乌兹别克斯坦
Vietnam 越南
Yemen 也门

图 6-10　亚洲所选国家（等级 1）

- [ ] 欧洲 [收起]
  - [ ] Albania 阿尔巴尼亚
  - [x] Austria 奥地利
  - [x] Belgium 比利时
  - [x] Bulgaria 保加利亚
  - [x] Belarus 白俄罗斯
  - [x] Switzerland 瑞士
  - [x] Czech Republic 捷克共和国
  - [x] Germany 德国
  - [x] Denmark 丹麦
  - [x] Estonia 爱沙尼亚
  - [x] Spain 西班牙
  - [x] Finland 芬兰
  - [x] France 法国
  - [x] Greece 希腊
  - [x] Hungary 匈牙利
  - [x] Ireland 爱尔兰
  - [x] Italy 意大利
  - [x] Lithuania 立陶宛
  - [x] Latvia 拉脱维亚
  - [x] Netherlands 荷兰
  - [x] Norway 挪威
  - [x] Poland 波兰
  - [x] Portugal 葡萄牙
  - [x] Romania 罗马尼亚
  - [x] Russian Federation 俄罗斯
  - [x] Sweden 瑞典
  - [x] Slovenia 斯洛文尼亚
  - [x] Ukraine 乌克兰
  - [x] United Kingdom 英国
  - [ ] Andorra 安道尔
  - [ ] Faroe Islands 法罗群岛
  - [ ] Gibraltar 直布罗陀
  - [x] Croatia (local name: Hrvatska) 克罗地亚
  - [ ] Iceland 冰岛
  - [ ] Liechtenstein 列支敦士登
  - [x] Luxembourg 卢森堡
  - [ ] Monaco 摩纳哥
  - [ ] Moldova 摩尔多瓦
  - [ ] Macedonia 前南斯拉夫马其顿共和国
  - [ ] Montenegro 黑山
  - [x] Malta 马耳他
  - [ ] Reunion 留尼汪
  - [x] Slovakia (Slovak Republic) 斯洛伐克
  - [ ] San Marino 圣马力诺
  - [ ] Serbia 塞尔维亚
  - [ ] Vatican City State (Holy See) 梵蒂冈

图 6-11 欧洲所选国家（等级 1）

- [ ] 大洋洲 [收起]
  - [x] Australia 澳大利亚
  - [x] New Zealand 新西兰
  - [ ] American Samoa 美属萨摩亚
  - [ ] Cocos (Keeling) Islands 茯苓基林群岛
  - [ ] Cook Islands 库克群岛
  - [ ] Christmas Island 圣诞岛
  - [ ] Fiji 斐济群岛

图 6-12 大洋洲所选国家（等级 1）

- [ ] 北美 [收起]
  - [x] Canada 加拿大
  - [x] Mexico 墨西哥
  - [x] United States 美国
  - [ ] Antigua and Barbuda 安提瓜
  - [ ] Anguilla 安圭拉
  - [ ] Netherlands Antilles 荷属安的列斯
  - [ ] Aruba 阿鲁巴
  - [ ] Barbados 巴巴多斯
  - [ ] Bahamas 巴哈马

图 6-13 北美洲所选国家（等级 1）

运费类型选择“卖家承担运费”，点击“确认添加”即可，如图 6-14 所示。

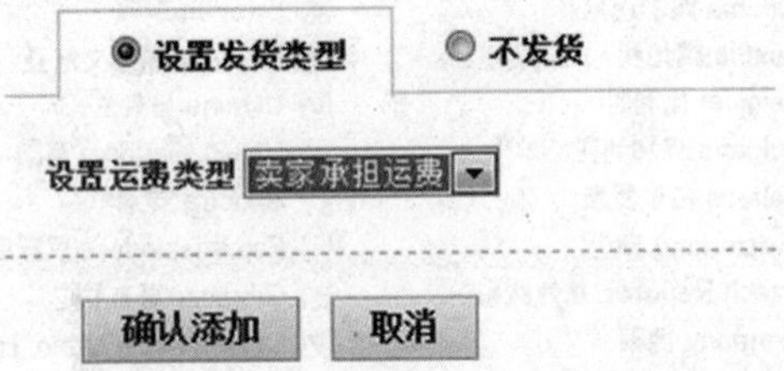
◉ 设置发货类型
◎ 不发货
设置运费类型 卖家承担运费
确认添加
取消

图 6-14　设置运费（等级 1）

包邮等级设定完后，组合 1 完成，如图 6-15 所示。

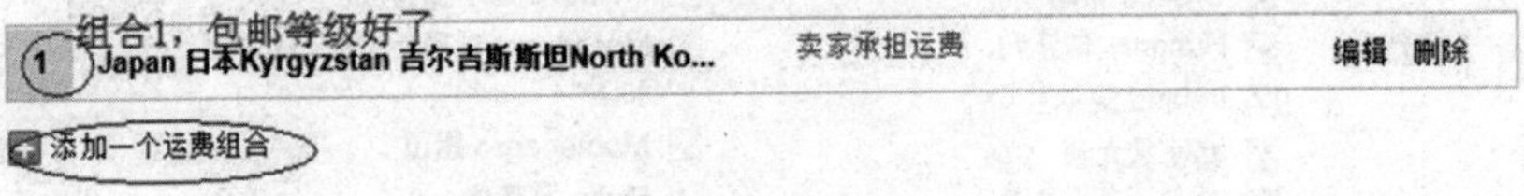
组合1，包邮等级好了
1 Japan 日本Kyrgyzstan 吉尔吉斯斯坦North Ko...
卖家承担运费
编辑 删除
添加一个运费组合

图 6-15　组合 1

接下来设定运费在 100~120 元/kg 的等级。

点击“添加一个运费组合”，然后与上面一样选择国家，亚洲、非洲、北美洲、南美洲所选国家分别如图 6-16、图 6-17、图 6-18、图 6-19 所示。

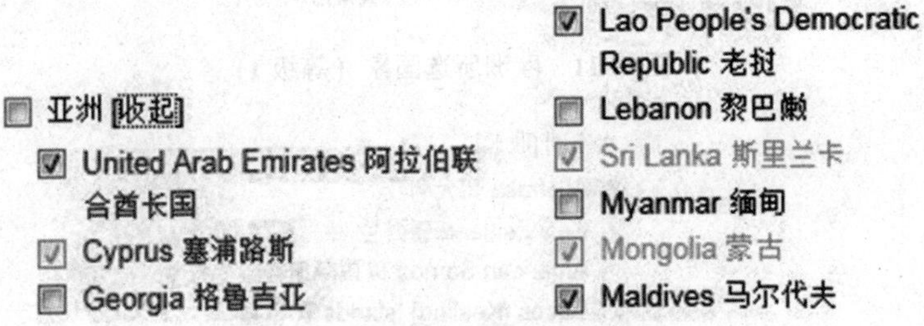
☐ 亚洲 [收起]
☑ United Arab Emirates 阿拉伯联合酋长国
☑ Cyprus 塞浦路斯
☐ Georgia 格鲁吉亚
☑ Lao People's Democratic Republic 老挝
☐ Lebanon 黎巴嫩
☑ Sri Lanka 斯里兰卡
☐ Myanmar 缅甸
☑ Mongolia 蒙古
☑ Maldives 马尔代夫

图 6-16　亚洲所选国家（等级 2）

☐ 非洲 [收起]
☐ Cameroon 喀麦隆
☐ Egypt 埃及
☐ Nigeria 尼日利亚
☑ South Africa 南非

图 6-17　非洲所选国家（等级 2）

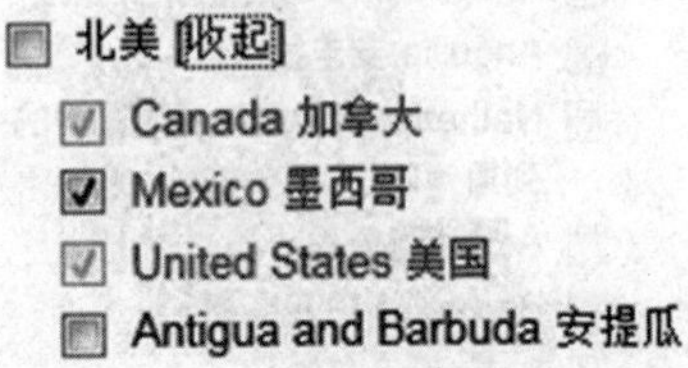
☐ 北美 [收起]
☑ Canada 加拿大
☑ Mexico 墨西哥
☑ United States 美国
☐ Antigua and Barbuda 安提瓜

图 6-18　北美洲所选国家（等级 2）

南美洲 [收起]
Argentina 阿根廷
Brazil 巴西
Chile 智利
Colombia 哥伦比亚
Peru 秘鲁

图 6-19　南美洲所选国家（等级 2）

运费类型选择“自定义运费”，点击“确定添加”即可，如图 6-20 所示。

设置运费类型 自定义运费
首重最低采购量
1
首重最高采购量
1
首重运费
US$ 3
每增加产品数
1
续加运费
US$ 1
确认添加
取消

图 6-20　设置运费（等级 2）

第二个等级也设定好了，接下来设定第三个等级，如图 6-21 所示。

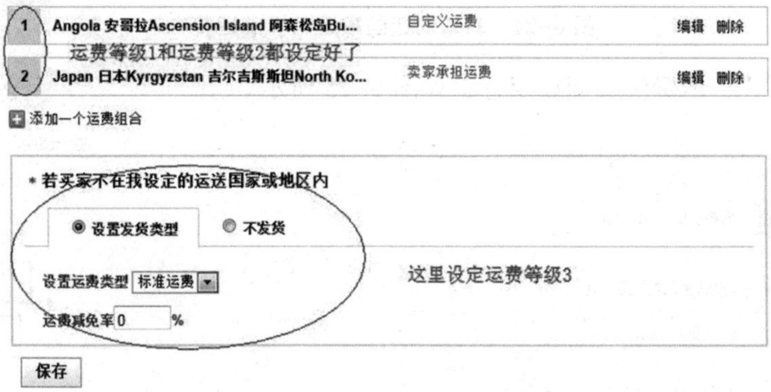
1 Angola 安哥拉Ascension Island 阿森松岛Bu...
自定义运费
编辑 删除
运费等级1和运费等级2都设定好了
2 Japan 日本Kyrgyzstan 吉尔吉斯斯坦North Ko...
卖家承担运费
编辑 删除
添加一个运费组合
* 若买家不在我设定的运送国家或地区内
设置发货类型
不发货
设置运费类型 标准运费
运费减免率 0 %
这里设定运费等级3
保存

图 6-21　设定第三个等级

点击“保存”，中国邮政小包的运费模板就设定好了。接下来，我们设定一个商业快递的运费模板，回到运费模板，选择 DHL，设定如图 6-22 所示。

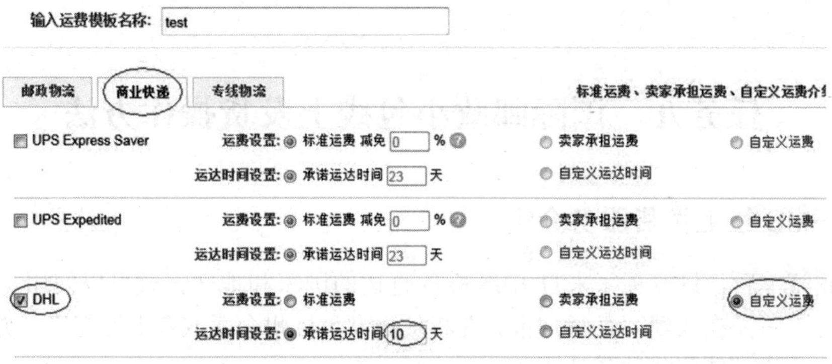
输入运费模板名称: test
邮政物流
商业快递
专线物流
标准运费、卖家承担运费、自定义运费介
UPS Express Saver
运费设置: 标准运费 减免 0 %
卖家承担运费
自定义运费
运达时间设置: 承诺运达时间 23 天
自定义运达时间
UPS Expedited
运费设置: 标准运费 减免 0 %
卖家承担运费
自定义运费
运达时间设置: 承诺运达时间 23 天
自定义运达时间
DHL
运费设置: 标准运费
卖家承担运费
自定义运费
运达时间设置: 承诺运达时间 10 天
自定义运达时间

图 6-22　DHL 设定

在“自定义运费”区域中，发往国家勾选所有红色的国家，运费设置如图 6-23 所示。

设置发货类型
不发货
设置运费类型 自定义运费
首重最低采购量
首重最高采购量
首重运费
每增加产品数
续加运费
1
1
US$ 30.00
1
US$ 10.00
确认添加
取消

图 6-23　运费设置（DHL）

确定添加后，对未勾选国家设定标准运费，如图 6-24 所示。

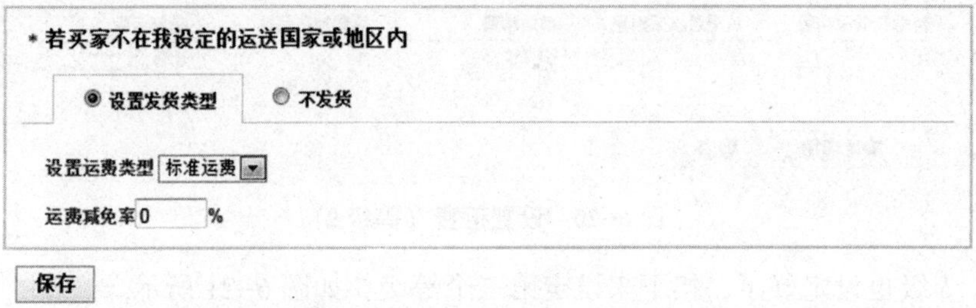
* 若买家不在我设定的运送国家或地区内
设置发货类型
不发货
设置运费类型 标准运费
运费减免率 0 %
保存

图 6-24　对未勾选国家设定标准运费

点击“保存”，运费模板即设定好，如图 6-25 所示。

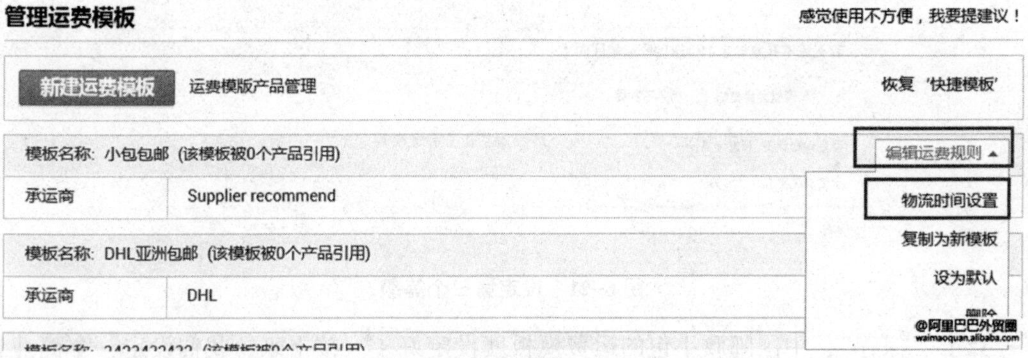
管理运费模板
感觉使用不方便，我要提建议！
新建运费模板
运费模版产品管理
恢复 '快捷模板'
模板名称：小包包邮（该模板被0个产品引用）
编辑运费规则
承运商
Supplier recommend
物流时间设置
复制为新模板
模板名称：DHL亚洲包邮（该模板被0个产品引用）
设为默认
承运商
DHL
@阿里巴巴外贸圈
waimaoquan.alibaba.com

图 6-25　运费模板完成

任务九　国际邮政小包线上发货操作方法

一、EMS 线上发货服务介绍

在接到订单后，只要买家来自 EMS 服务直达的国家和地区，就可以使用“EMS 线上发货”服务。只需在线填写发货预报，并将货物发至杭州仓库或者上海仓库，并在线支付 EMS 运费，仓库就能将货物送达买家。

注意：国家法律、法规、行政规章明令禁止流通、寄递或进出境的物品，如国家秘密文件和资料、国家货币及伪造的货币和有价证券、仿真武器、管制刀具、珍贵文物、濒危野生动物及其制品等，都不可以使用“EMS 线上发货”服务。不允许使用“EMS 线上发货”的货物还包括以下几类。

（1）平台禁止销售的侵权商品。

（2）各寄达国（地区）禁止寄递进口的物品。

（3）航空禁运品，如液体、粉末以及含液体或粉末的物品。

（4）EMS 禁止寄递的物品等。更多规定请参考《禁寄物品指导目录及处理办法（试行）》。

EMS 运送的货物有尺寸限制：“长、宽、高”任一边不得超过 1.5 m，“长+宽+高”不得超过 3 m。如果货物出现不符合 EMS 运输要求的，驻场服务人员会与发货人另行协商运输事宜。

二、使用流程

1. 第一步：点击“线上发货”，选择“EMS 线上发货”，填写发货预报

选择要发货的订单，点击“线上发货”，选择“EMS 线上发货”，进入填写预报信息的页面，如图 6-26 所示。

AliExpress 全球速卖通
English
Go to My Alibaba
交易
全部结果
搜索
线上发货
填写发货通知
用邮政速递物流“EMS线上发货”，享有优惠资费哦！
订单管理—订单详情
订单号：1012537881
状态：等待您发货
填写发货通知
线上发货

图 6-26　填写预报信息页面

根据所在地区，选择 EMS 线上发货至杭州仓库，如图 6-27 所示。

AliExpress 全球速卖通
阿里巴巴旗下网站
English
Go to My Alibaba
交易
管理订单
交易管理首页
进行中的订单
已结束的订单
冻结中的订单
退款&纠纷
所有订单
订单批量导出
待确认的出口通订单
(来自 Alibaba.com)
管理物流订单
交货到仓库
交货到承运商
物流方案查询
资金账户管理
美元资金管理
人民币资金管理
资金统计
收款账户管理
账户管理
运费管理账户
月结账户管理
选择物流方案
如何使用仓库线上发货？
如何使用e邮宝？
交易订单号 1012537881 查看订单包括信息
服务名称
运输时效
交货方式
试算运费
Expedited
UPS Expedited 3-7天 交货到深圳仓库 CN¥ 105.40
UPS Expedited 3-7天 交货到上海仓库 CN¥ 106.81
DHL Express - CN 3-7天 交货到上海仓库 CN¥ 123.06
DHL Express - CN 3-7天 交货到深圳仓库 CN¥ 123.06
DHL Express - HK 3-7天 交货到深圳仓库 CN¥ 124.10
DHL Express - HK 3-7天 交货到上海仓库 CN¥ 130.84
TNT 3-7天 交货到上海仓库 CN¥ 182.90
UPS Expedited 3-7天 交货到承运商 CN¥ 195.82
Standard
EMS 5-10天 交货到杭州仓库 CN¥ 114.00
EMS 5-10天 交货到上海仓库 CN¥ 114.00
e邮宝 5-10天 交货到承运商 CN¥ 120.00
收起
下单发货

图 6-27　选择 EMS 线上发货至杭州仓库

预报信息填写具体包括以下几个方面。

①基本信息，包括国内快递承运方、货运追踪号、包裹件数三项，如图 6-28 所示。

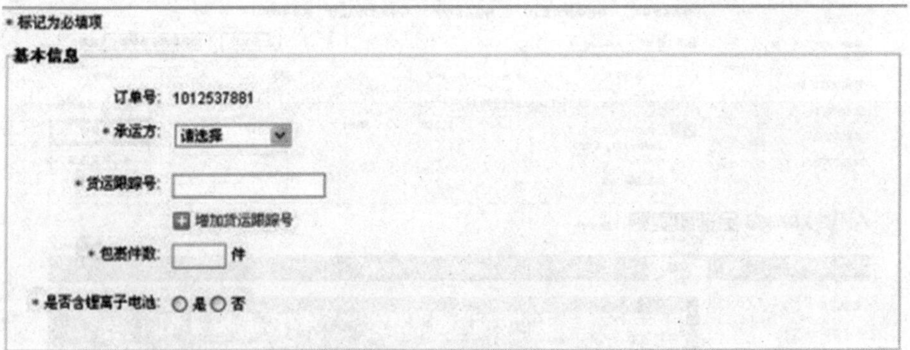
* 标记为必填项
基本信息
订单号: 1012537881
* 承运方: 请选择
* 货运跟踪号:
增加货运跟踪号
* 包裹件数: 件
* 是否含锂离子电池: 是 否

图 6-28　基本信息

注意：如果订单需要分多个包裹发货，产生了多个货运追踪号，请点击“+增加货运跟踪号”，务必把同一个订单的所有货运追踪号填入同一预报信息里。

②商品信息，包括中英文商品描述、海关商品编码（非必填）、产品件数三项，如图 6-29 所示。

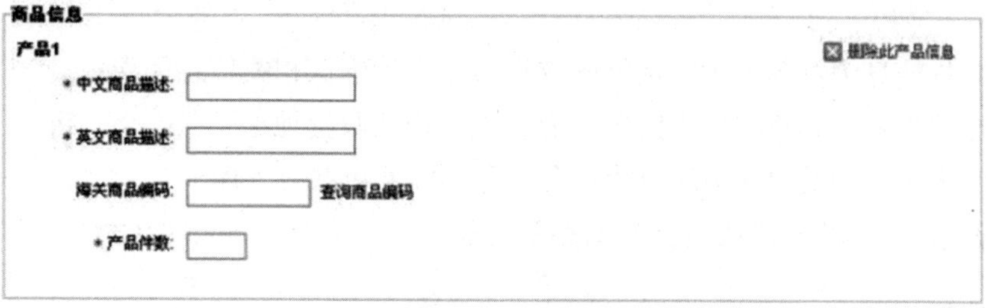
商品信息
产品1
删除此产品信息
* 中文商品描述:
* 英文商品描述:
海关商品编码:
查询商品编码
* 产品件数:

图 6-29　商品信息

注意：

A. 如果交易订单包含多个需要申报的品名，请点击“+增加商品描述”填入相应的信息；

B. 品名描述要求：品名填写必须准确、详细、具体，服装需要包括品名、纺织造法、款式、类别、成分含量等，玩具需要包括品名、用途、种类等。

③申报信息，包括申请人姓名、联系方式、申报金额及备注信息四项，如图 6-30 所示。

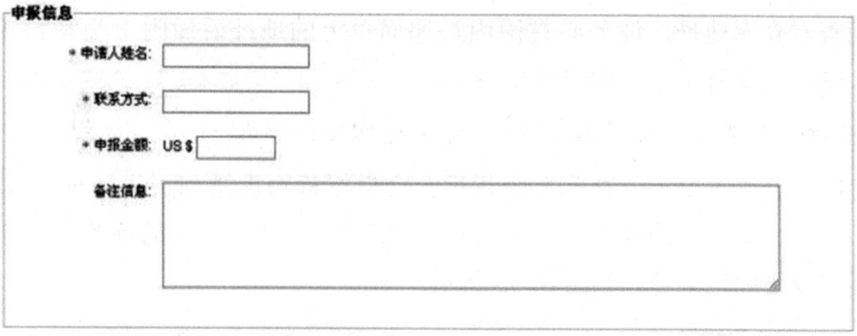
申报信息
* 申请人姓名:
* 联系方式:
* 申报金额: US $
备注信息:

图 6-30　申报信息

注意：

A. 申请人姓名需填入英文格式；

B. 海关规定，对产品申报价值超过 600 美元的快递运输货物，需要按要求正式报关；

C. 其他信息请填入备注信息框中。

④收货信息，包括收货人（联系人）姓名、联系方式、地址等项目，如图 6-31 所示。

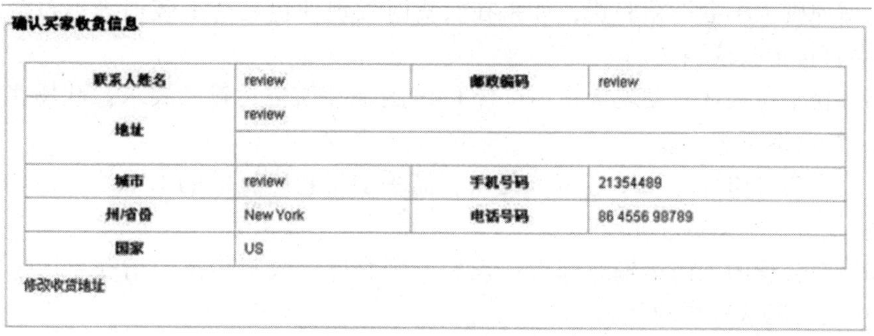
确认买家收货信息
联系人姓名
review
邮政编码
review
地址
review
城市
review
手机号码
21354489
州/省份
New York
电话号码
86 4556 98789
国家
US
修改收货地址

图 6-31　确认买家收货信息

注意：

A. 该收货信息为订单中买家选择的收货信息，请确认相关信息无误；

B. 如已和买家协商修改收货信息，请点击“修改收货地址”；

C. 仓库将根据所做预报中的收货信息打印国际面单并且入库。

⑤预报成功，等待仓库收货，如图 6-32 所示。

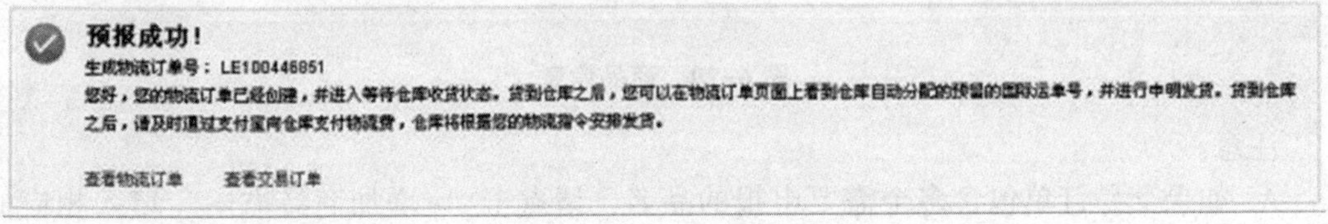
预报成功！
生成物流订单号：LE100446851
您好，您的物流订单已经创建，并进入等待仓库收货状态。货到仓库之后，您可以在物流订单页面上看到仓库自动分配的预留的国际运单号，并进行申明发货。货到仓库之后，请及时通过支付宝向仓库支付物流费，仓库将根据您的物流指令安排发货。
查看物流订单
查看交易订单

图 6-32　预报成功

2. 第二步：将货物发送到邮政速递物流仓库

卖家需要自行联系国内快递将货物发送到杭州仓库或上海仓库。可以在发货预报页面或帮助页面查看仓库地址。请务必在国内快递面单上的地址后面附上交易订单号码，如“杭州市××××仓库（订单号：10021978××）”。

3. 第三步：仓库收货，计算 EMS 运费并返回国际单号

如果货物符合签收要求，仓库在收货后，会根据货物重量和买家地址，计算 EMS 运费。此时，可以在后台“线上发货物流订单管理”的“待支付”的标签下，查看相应物流订单的运费及国际运单号，如图 6-33 所示。

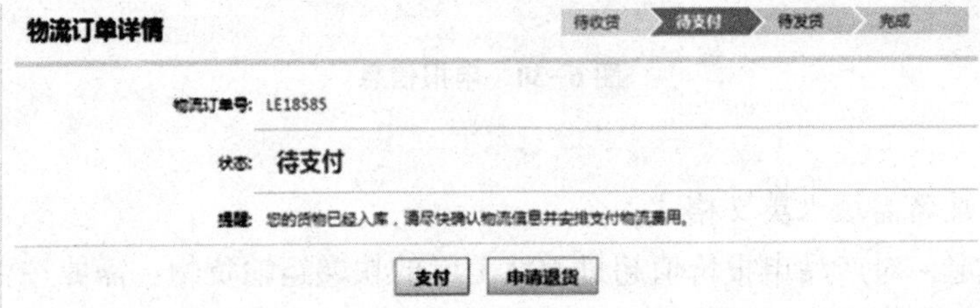
物流订单详情
待收货
待支付
待发货
完成
物流订单号：LE18585
状态：待支付
提醒：您的货物已经入库，请尽快确认物流信息并安排支付物流费用。
支付
申请退货

图 6-33　待支付

注意：

A. 仓库原则上不会拆箱验货，如果在收货时发现外包装严重破损等不符合收货要求的货物，会直接拒收或退货。

B. 如果仓库在收货后发现货物不符合 EMS 运输和航空运输的要求，驻场客服会主动联系发货人协商退货事宜。

C. 系统不会自动将国际单号带入订单，需手动将仓库反馈的 EMS 运单号填入订单。请注意备货期，避免造成“成交不卖”。

D. 如果在合理的国内运输时间后还没有看到仓库的收货信息，请联系国内物流公司或仓库驻场人员确认货物的状态。

E. 自 2012 年 7 月 1 日起，EMS 线上发货针对邮件长、宽、高三边中任一单边达到 60 cm 以上（包含 60 cm）的，都需要进行计体积重量计算，体积重量（kg）= 长（cm）× 宽（cm）×

高(cm)/6 000。长、宽、高测量值精确到厘米，厘米以下去零取整。

4. 第四步：用支付宝支付 EMS 运费

在“线上发货物流订单管理”的“待支付”下，支付物流订单。点击“支付”按钮，进入支付宝支付页面，通过支付宝将 EMS 运费支付给仓库。支付完成后，就可以在“等待仓库发货”下，查看货物的物流状态，如图 6-34 所示。

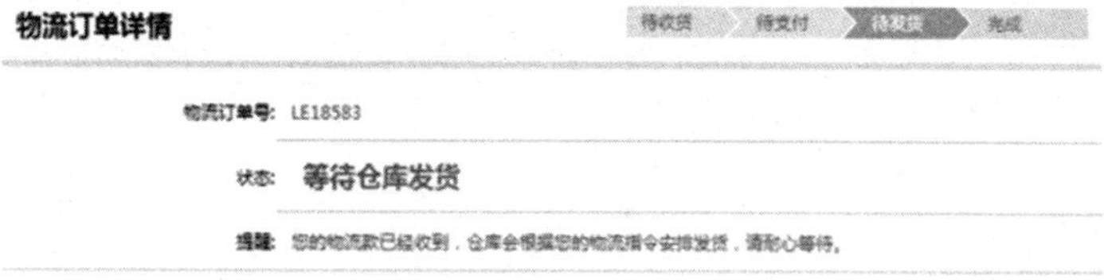
物流订单详情
待收货
待支付
待发货
完成
物流订单号: LE18583
状态: 等待仓库发货
提醒: 您的物流款已经收到，仓库会根据您的物流指令安排发货，请耐心等待。

图 6-34　待发货

5. 第五步：仓库发货给买家

仓库在确认收到支付的国际运费后，就会对货物进行最后的检查，并发货。之后可以到 EMS 官方网站，或者拨打邮政服务热线 11185 进行货物状态的查询，如图 6-35 所示。

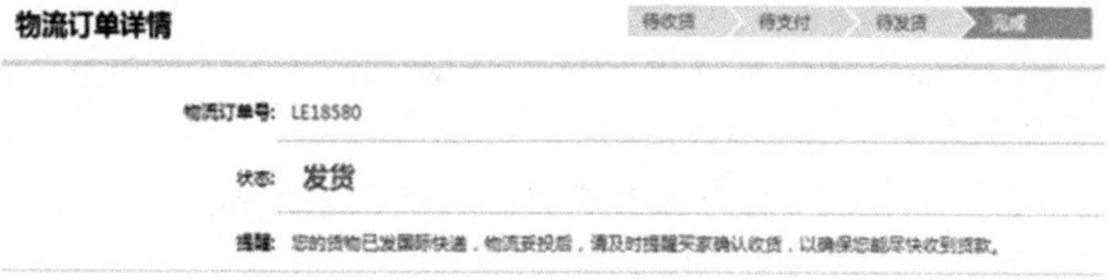
物流订单详情
待收货
待支付
待发货
完成
物流订单号: LE18580
状态: 发货
提醒: 您的货物已发国际快递，物流妥投后，请及时提醒买家确认收货，以确保您能尽快收到货款。

图 6-35　发货

6. 第六步：填写发货通知

系统不会自动填写发货通知，需要手动填入国际运单号，将交易订单变成“卖家已发货”的状态，如图 6-36 所示。

AliExpress 全球速卖通
English
Go to My Alibaba
交易
全部结果
订单ID:
产品名称:
买家名称:
下单时间:
订单状态:
全部订单
运单号:
搜索
批量发货
线上发货
填写发货通知

图 6-36　填写发货通知

注意：

请在备货期内填写发货通知，避免造成“成交不卖”。

项目小结

本项目主要学习目前跨境电商网店商品选购的方法和技巧，掌握国际物流的基本概念，熟悉海外仓物流方式、物流服务商选择方法、运费计算方法，了解运费模板设置和线上发货等操作流程，从而使同学们对跨境电商网店商品选购和国际物流有较深入的了解。

练习题

一、选择题

1. 选品和定价应该关注的数据包括（　　）。

A. 通过买家地域数据指标关注买家来自哪些国家，不同国家的买家需求是怎样的

B. 通过第三方数据关注买家使用了什么搜索词、有多少搜索次数，以及成交价和目标市场的零售价

C. 通过第三方数据机构的行业情报选择产品线，了解这个产品线的行业趋势，具体需关注上架产品数、竞争力、成交率判断等

D. 通过商铺分析查询自己店铺的流量数据，关注热卖产品

2. 下列关于国际物流的说法中正确的有（　　）。

A. 国际物流发货流程与国内物流差不多

B. 国内物流运送时间短，国际物流运送时间长

C. 国际物流不可以找到货代进行发货

D. 国内物流运费差异小，国际物流运费差异大

3. 下列物流方式中，属于国际快递的有（　　）。

A. PayPal　　B. FedEx　　C. DHL　　D. TNT

4. 运费模板设置的分类包括（　　）。

A. 专线物流　　B. 其他　　C. 商业快递　　D. 邮政物流

5. （　　）可更好地操作承诺运达时间，避免因未送达引起退款。

A. 设置多套运费模板　　B. 设置不发货国家

C. 选择好货代　　D. 保持良好的买家沟通

二、操作题

1. 每位同学熟练掌握运费模板设置，并选择一个平台的网店进行操作。

2. 每位同学熟练掌握线上发货操作流程，并选择一个平台的网店进行操作。

三、思考题

1. 跨境电商网店商品选购的方法和技巧有哪些？

2. 海外仓物流模式有哪些？

3. 物流服务商选择方法和技巧有哪些？

项目七　客户服务与维护

学习目的

通过本项目的学习，学生应了解跨境电子商务客户服务的基本概念、分类及能力要求，掌握跨境电商询盘回复技巧，子账号设置与管理，跨境电商信用评价与管理，退货处理，纠纷处理方式，并了解跨境电商贸易术语（英语）。

重点难点

本项目重点难点是跨境电商询盘回复技巧，子账号设置与管理，跨境电商信用评价与管理，退货处理，纠纷处理方式。

案例导入

案例：网络保质期欺诈：网购低度葡萄酒 发现两处保质期

2016 年 11 月 8 日，胡先生分两次在酒仙网购买意大利激情飞扬草莓味葡萄酒 15 瓶。第一次买了 10 瓶，折扣价 960 元；第二次买了 5 瓶，折扣价 445 元；共花了 1 405 元。这款酒的酒精度只有 6.5 度，按照规定酒精度小于 10%的饮料酒需要标示保质期。胡先生当时还在酒仙网上购买了该品牌其他口味的葡萄酒，因为偏爱草莓味，所以草莓味的葡萄酒买得最多。收到酒后他自己开了一瓶草莓味的葡萄酒饮用，发现该产品瓶颈处有“BBE JUN2017”字样，他觉得这些文字看上去蛮像生产日期或者保质期，就查了查，发现该文字翻译成中文是最佳饮用期限的意思，也就是最佳饮用期限是 2017 年 6 月。这款草莓味葡萄酒酒瓶背面中文标签上标示显示，这款葡萄酒原产地意大利，生产日期是 2014 年 6 月 6 日，保质期 10 年。胡先生认为这款进口草莓味葡萄酒的保质期是伪造的，属于不合格产品，便将酒仙网电子商务（天津）有限公司（以下简称酒仙网天津公司）诉至朝阳法院，请求判决酒仙网天津公司退还 1 405 元货款并作出十倍赔偿。法庭上，酒仙网天津公司不同意胡先生的诉讼请求，认为涉案酒水是进口产品，标注中文标签是符合国际食品法的标准。他辩称“BBE JUN2017”是最佳使用日期的意思，最佳使用日期与保质期是不同的概念，性质不能等同，BBE最佳使用日期是在此日期前使用的口感风味最佳，超过此日期仍然符合保质期。公司还认为，保质期是对产品的食用日期的担保，国外的包装都是同时标注。而涉案的酒水是进口酒，生产厂商进口渠道符合国家规定，质检合格，依法标注中文标签，涉案产品不存在质量问题。胡先生所称涉案产品存在质量问题，是对保质期与最佳使用期的误读。朝阳法院认为，酒仙网天津公司所称BBE为最佳饮用期的意思，依照《食品安全国家标准预包装食品标签通则》，该表述也为保质期的标示形式。这款进口葡萄酒在中文标签上载明生产日期为2014年6月6日，保质期10年，保质期即为2024年6月6日。酒仙网天津公司销售的这款产品存在两个保质期，不仅在标签上存在瑕疵，且易对消费者造成误导，无法明确正确的保质期。法院支持胡先生要求退货并进行十倍赔偿的诉讼请求。

2017年8月25日，朝阳法院判决酒仙网天津公司退还货款1 405元，并作出十倍赔偿14 050元。

选择案例理由：网购跟平日里在实体店购物不同的地方在于，在购买前不能拿到实物观察商品的质量，一般大家不怎么注意保质期，所以希望这个案例能引起大家的重视。

备选问题：

（1）不同国家在食品期限的规范方面存在差异，国内和国外在保质期方面的法律规定上有什么不同？

（2）商品保质期标注的类型有几种？

（3）消费者在网购时应该如何保护自身的合法权益？

任务导入

在面向个人消费者或小型零售商的跨境电子商务出口行业，中小型企业目前仍是主导。在这些中小型跨境电子商务企业里，客户服务人员的工作往往不只是欢迎客户、解决纠纷投诉等传统意义上的内容，还会负责销售、成本控制、团队管理等各个方面。伴随着众多企业的涌入，相关配套服务需求增加，客户服务人员的专业服务能力成为未来跨境电子商务出口企业的核心竞争力。

在跨境电子商务中，交流与沟通是贯穿整个业务过程的。对于从事跨境电子商务客户服务工作的人员来说，每天的具体业务操作都离不开与世界各地市场上的众多客户进行交流与沟通。跨境电子商务的客户服务工作是卖家和境外客户之间为了达成设定的交易目标，而将信息、思想和情感在卖家和客户间传递，以达成共同交易协议的过程。由此可见，跨境电子商务客户服务工作承担着卖家与境外客户之间信息交换的重任，是联系买卖双方的桥梁与纽带。跨境电子商务的客户服务人员需要明确跨境电子商务环境下客户服务工作的流程和内容，履行岗位职责，实现工作价值，保证卖家利益不受损害。

通过两两对话或分小组进行讨论的形式，让学生分享他们对跨境电商客服工作的看法和认识。

任务一 客户服务概述

一、概念

客户服务（Customer Service）也简称为“客服”，它体现了一种以客户为导向的价值观，整合及管理在预先设定的最优成本——服务组合中的客户界面的所有要素。广义而言，任何能提高客户满意服务度的内容都属于客户服务的范围。客户满意度是指客户体会到的他所实际“感知”的待遇和“期望”的待遇之间的差距。

二、客服分类

客服可分为人工客服和电子客服。电子客服又可细分为文字客服、视频客服和语音客服三类。文字客服是指主要以打字聊天或者电子邮件、站内信的形式进行的客户服务；视频客服是指主要以语音视频的形式进行的客户服务；语音客服是指主要以移动电话的形式进行的客服服务。速卖通、敦煌网等平台的站内信客户服务就是文字客服。

基于微信的迅猛发展，微信客服作为一种全新的客户服务方式，已出现在客服市场上。微信客服依托于微信的技术条件，综合了文字客服、视频客服和语音客服的全部功能，具有无可比拟的优势，因此备受市场好评。

三、商业流程

客户服务在商业实践中一般会分为三类，即售前服务、售中服务、售后服务。售前服务一般是指企业在销售产品之前为顾客提供的一系列活动，如市场调查、产品设计、提供使用说明书、提供咨询服务等；售中服务则是指销售者在产品交易过程中向购买者提供的服务，如接待服务、商品包装服务等；售后服务是指与所销售产品有连带关系的服务。

四、客户流失

客户流失的代价不仅仅表现为失去实际营业额，其潜在波动影响意味着更大的损失。

客户流失源于价值、系统以及人员三方面的问题。客户的需求不能得到切实有效的满足往往是导致企业客户流失的最关键因素，一般表现在以下几个方面。

（1）企业产品质量不稳定，客户利益受损。例如，对于呼叫中心来讲，如果客户打不进电话，或者打进了却总是掉线、占线，接线员服务不周到等，都属于产品质量上的问题。客户会因为这些原因而选择其他的同类服务商。

（2）企业缺乏创新，客户“移情别恋”。任何产品都有自己的生命周期，随着市场的成熟及产品价格透明度的提高，产品带给客户的利益空间减少。若企业不能及时进行创新，客户自然就会另寻他路，毕竟利益才是维系厂商关系的最佳杠杆。当呼叫中心的服务模式过于单调，不能满足客户需要的发展的时候，客户也会寻求其他的服务商家。

（3）内部服务意识淡薄。员工是企业的代言人，员工傲慢、客户提出的问题不能得到及时解决、咨询无人理睬、投诉没人处理、服务人员工作效率低下，也是直接导致客户流失的重要因素。有关数据显示，80%的顾客流失是由于员工服务态度差。员工的参与度成为影响服务质量的关键，管理者必须重视与员工的双向沟通。

（4）员工跳槽，带走了客户。很多企业在客户关系管理方面不够细腻、规范，因此业务员在客户与企业之间的桥梁作用就会变质，此时如果企业自身对客户影响相对乏力，一旦业务人员跳槽，老客户就随之而去，与此相对的是竞争对手实力增强。

（5）顾客遭遇新的诱惑。市场竞争激烈，为能够迅速在市场上获得有利地位，竞争对手往往会以特优的条件来吸引那些资源丰厚的客户。

（6）企业管理不平衡，令中小客户离去。很多企业设立了大客户管理中心，对小客户则采取不闻不问的态度，广告促销政策也都向大客户倾斜，使得很多小客户心理不平衡而离去。

（7）市场波动导致失去客户。任何企业在发展中都会遭受波折，企业的波动期往往是客户流失的高频段位。如若企业高层出现矛盾，也常出现客户流失。再有就是企业资金出现暂时的紧张，比如出现意外性经营风险时，会让市场出现波动，嗅觉灵敏的客户们也许就会选择其他企业的产品。

五、规范用语

（1）问候语一般这样说：“您好，欢迎致电××客户服务热线，客服代表×很高兴为您服务，请问有什么可以帮助您!”

（2）客户问候客服代表“小姐（先生），您好”时，客服代表应礼貌回应：“您好，请问有什么可以帮助您?”

（3）当已经了解了客户姓名的时候，客服代表应在以下的通话过程中，用客户的姓加上“先生/小姐”保持礼貌回应称呼：“某先生/小姐，请问有什么可以帮助您?”

（4）如遇到无声电话，客服代表询问：“您好！请问有什么可以帮助您?”稍停 5 秒还是无声，再说一遍：“您好，请问有什么可以帮助您?”稍停 5 秒，对方无反应，则说：“对不起，您的电话没有声音，请您换一部电话再次打来，好吗？再见!”然后稍停 5 秒，挂机。

（5）因用户使用免提而无法听清楚时，客服代表应说：“对不起，您的声音太小，请您拿起话筒说话好吗?”不可以说：“喂，大声一点儿!”

遇到客户声音小听不清楚时，客服代表在保持自己的音量不变的情况下，说：“对不起！请您大声一点，好吗?”若仍听不清楚，客服代表则说：“对不起！您的电话声音太小，请您换一部电话打来，好吗?”然后过 5 秒挂机。

遇到电话杂音太大听不清楚时，客服代表应说：“对不起，您的电话杂音太大，听不清，请您换一部电话再次打来好吗？再见!”稍停 5 秒，挂机。不可以直接挂机。

（6）如果客户需要你查询内容，就先对客户说：“请稍等”，不可以说“慢慢等着吧”。

（7）遇到客户讲方言客户代表听不懂时，客服代表应说：“对不起，请您讲普通话，好吗？谢谢!”当客户继续讲方言，不讲普通话时，客服代表则说：“对不起，请您找一个可以讲普通话的人来，好吗？谢谢!”

（8）遇到客户抱怨客户代表声音小或听不清楚时，客服代表应说：“对不起，（稍微提高音量），请问有什么可以帮助您?”不可以说：“听不见就算了。”

六、素质要求

一名合格的客服人员，应以严谨的工作作风、热情的服务态度、熟练的业务知识、积极的学习态度，耐心地向客户解释，虚心地听取客户的意见。具体应具备下列四个方面的素质。

1. 态度热情认真

只有热爱客服这一门事业，才能全身心地投入进去，所以态度热情认真是一个合格的客服人员的一个先决条件。

2. 业务知识熟练

客服人员应该拥有熟练的业务知识，并不断努力学习。只有熟练掌握了各方面的业务知识，才能准确无误地为用户提供业务查询、业务办理及投诉建议等各项服务，让客户在该有的服务中达到更好的满意度。

3. 耐心解答问题

一名合格的客服人员，在工作过程中，应保持热情诚恳的工作态度，在做解释工作时，要语气缓和，不骄不躁，如遇到客户不懂或很难解释的问题，要保持耐心，直到客户满意，始终信守“把微笑融入声音，把真诚带给客户”的诺言。

4. 合理沟通协调

沟通能力特别是有效沟通能力是客服人员应该具备的一个基本素质。客户服务是跟客户打交道的工作，倾听客户、了解客户、启发客户、引导客户，都是客服人员和客户交流时的基本功。只有了解了客户需要什么服务和帮助，了解了客户的抱怨和不满，才能找出公司存在的问题，对症下药，解决客户的问题。

七、跨境电商在线客户服务应该具备的能力

1. 传统外贸人的专业技能

跨境电商在线客户服务首先应具备传统外贸人的专业技能，如外语能力，对外贸行业的理解能力，丰富的外贸专业知识，以及支付、物流、关税等方面的知识。

2. 对于产品供应链的理解能力

其实无论做传统外贸还是跨境电商，要把生意做好，我们就应该有优质特色的产品。作为一名在线客户服务，应该非常了解自己经营的产品，熟悉各个产品的特色，只有这样，才可以履行在线客户服务基础的功能，与客户沟通，引导客户下单。

3. 对于跨境电商平台的熟悉程度，对于跨境贸易整个流程的透彻理解

在很多小型的跨境电商创业团队中，“在线客户服务”是一兼多能的，不仅仅负责在线跟客户沟通，也要兼顾平台运营。要成为一名合格的跨境电商在线客户服务，首先应该熟悉跨境电商平台的规章制度，如速卖通的招商门槛政策、速卖通的大促团购玩法等，熟悉平台的规则才可以顺应平台发展。其次，跨境电商在线客户服务应该对跨境电商的整套流程都非常熟悉，比如说物流、各国的海关清关等。

经常看到文章说，跨境电商其实对于英文的要求不高，比如，速卖通等操作平台界面

是中文，而且很多跨境电商卖家可以使用翻译软件。但是，如果要做好跨境电商运营，英文的能力是非常重要的。例如，可进行详细的页面描述，也更能解决客户的问题。同时，了解目的消费国的风土人情也是必要的，避免不经意间犯了买家的忌讳。掌握这些就可以更好地跟客户沟通，最终促进销售。

4. 一流的销售能力

跨境电商的“在线客户服务”其实还是一个外贸销售员，应善于分析客户，差异化地对待，引导客户下单，以促进销售。

5. 引导客户二次下单的能力

老客户重复下单的次数多少决定了店铺的成功与否。客户会二次或者多次下单的前提应该是对于第一次订单的高度满意，这跟跨境电商在线客户服务专业度和耐心都是分不开的。专业的跨境电商卖家会在第一次销售过程中真正解决客户的争议，客户的二次开发还包括第二次的优惠幅度、打折，建立客户关怀档案等。

任务二 跨境电商询盘回复技巧

一、识别买家身份

海外买家中，有大买家，也有小买家，主要可分为工厂（原料采购）、贸易商、中间商、终端销售、采购商、个人消费者和其他。

对于外贸新手而言，好不容易收到一条询盘，应先从该询盘中获取有效信息，弄清楚询盘人的情况。如果对方是一名管理人员，你的回复中至少应把人家要的信息给全，而且最好能把他没想到的部分也加上，以节约双方时间，促成交易。

二、明确买家需求

（1）先理解后报价：对买家的询盘进行详细分析，切勿急躁，回复重要优质信息。

（2）不问已经告知的问题：仔细看询盘内容，对方已经告诉你的信息，不要再问。

（3）帮买家多走一步：换位思考，思考买家在什么场景问这个问题，换作你，你希望得到什么样的答复。

这里给大家分享一些以前买家们反馈的问题。

①似乎卖家都不仔细看我的询盘，每天收到被杂七杂八的报价淹没，却都没按照我要的回复。（It seems that sellers do not read the buying post carefully or choose to ignore requirements. I was spammed with offers which did not meet my requirements at all and I clearly described my requirements.）

②回复根本不是我想要的，我很生气。（The replies are not even close to what I am requesting. I am angry about this.）

③你们根本不关注我要的是什么信息。（You pay no attention whatsoever as to what I requested.）

④这些公司都不仔细看我写了什么，也从不看对话框来明确我的意思。（The

companies are not reading what I need correctly. Not even looking at my website I sent for clarification.)

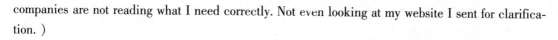

三、解析买家询盘信息

明确买家需求之后，就要对这条询盘进行分解。买家的询盘中可能提到的需求有以下分类：①目标价格；②MOQ（最小起订量）；③OEM/ODM（代工/贴牌）；④是否允许寄样；⑤颜色/尺寸等产品额外要求；⑥语言问题（是否需要支持其他语种，尤其是产品说明书）；⑦出口经验要求；⑧证书类；⑨付款方式；⑩物流问题；⑪公司资质要求。

1. 针对价格的建议

（1）当买家询问的产品较多的时候，最好列一个 Excel 表格给买家，这样一目了然。

（2）当买家给出的价格低于成本价时，不要气馁，用专业度和诚恳打动对方。说明产品优势，需要拿出各种论据加以支持，态度真诚，尽量赢得客户。这类询盘报价的前提是你对自己的产品非常熟悉和自信。

（3）是否需要降价？当买家说你的产品价格太高的时候，你是否需要降价？这要具体问题具体分析。有些国家的买家会觉得一旦降价，在质量上可能减分，他们就不会和你合作。这时，需抓住机会，以产品说明你的实力。也可以安排实地看厂，或者直接把产品图片、产品操作视频或者工厂图片、工厂视频拍摄传给买家。

2. 针对寄样的建议

（1）如果客户第一封信就向你要样品，最好考虑清楚再给予回复。想一想：这个买家之前有和你咨询过非常专业的产品信息吗？是否有强烈的购买欲望？如答案是否定的，此类客户可以选择不寄。但是若买家愿意付快递费，也可以考虑。还可以建议先拍照或者拍摄产品视频传给买家，等买家确实满意之后再决定。

（2）买家觉得寄送的样品较差。首先需要明确是产品本身的质量问题，还是样品在运输过程中导致的破损。如果是前者，试着和买家谈判；如果是后者，则建议再次寄样或者和买家解释清楚，拍前后照片给买家，赢取买家信任。

四、着手回复询盘

1. 回复询盘注意事项

在回复询盘时需要关注以下几点。

（1）是否明确买家目的。

（2）邮件语言是否啰唆。

（3）回复内容结构是否完整。

（4）价格和产品是否已经考虑同行竞争。

（5）是否主动推进并留给买家再次回复形成互动的空间。

（6）产品行业专业度是否足够。

（7）询盘究竟多久回复较合适。

（8）如何写邮件标题。

2. 自身优势的体现

自身优势可以体现在以下几点。

（1）发货期快。

（2）价格有绝对的优势。

（3）有多年生产或外贸经验。

（4）参加过买家当地的展会或业内知名展会。

（5）有自己的研发团队。

（6）有跟知名品牌或企业合作。

（7）有证书，品质有保证。

（8）提供 OEM、个性化定制服务。

3. 回复询盘时间

一个询盘究竟多久回复较合适？一般而言，买家询盘时效需求分为以下几种类型。

（1）希望卖家快速回复：24~48 小时，至少 3 天内回复，不然对方可能找其他卖家。

（2）更愿意和旺旺在线的卖家沟通。

（3）不要放虚假的状态：没人接客就不要展示“online chat”，如果离开就展示“away”。

（4）希望平台直接规定卖家必须 3 天内回复。

（5）希望平台直接按照“Response Rate”来搜索，以方便买家快速找到回复快的卖家。

（6）希望平台直接切换旺旺状态：10 分钟没操作就不要展示为“online”了。

鉴于此，卖家应在以下方面加以优化。

（1）尽可能 24 小时回复外贸邮件，保持旺旺在线。

（2）如果你的回复率在 30%以上，尽快开通及时回复率。

（3）用自己的个人邮箱也没关系，但是得邮箱同步。

（4）下载 App，手机绑定常用邮箱，第一时间检查买家询盘。

4. 邮件标题注意事项

邮件的标题也非常重要，以下列举几个注意事项。

（1）邮件标题用客户名称与供应商名称。例如：“To… from…”结构的邮件标题，可以让买家清晰看到这个邮件的接收人与发件人。如果是回复询盘的邮件，不必更改太多标题内容，因为买家对自己发的询盘多少有点印象。

（2）邮件标题用产品报价。例如：“Preferential quotation for Model 123 at the price of US ＄8.99 FOB Yantian（123 型优惠报价为 8.99 美元离岸价盐田）”这个标题清晰明了，买家一看就知道某一种型号产品的具体报价。但是当产品型号非常长的时候就可以加以调整，否则邮件容易被服务器当作垃圾邮件过滤掉。

（3）邮件标题用客户求购的产品名称。例如：Product catalog of digital photo frames with patented designs（具有专利设计的数码相框产品目录）这个邮件标题既能够突显买家查询的产品类型，也能突出自己产品的优势。

写完回复后再次检查确定是否有落款，是否准确按照买家要求加以回复，买家问的问题有没有漏答，产品的优势有没有明确，最后再确定有无跟进策略。

五、后期跟进

以上只是初次询盘的回复，回复发完之后后续的跟进也非常重要。后期的跟进分为以下几类。

（1）发完回复后买家再也不回复。

（2）样品未能满足买家要求。

（3）买家说采购计划未确定。

（4）认证等条件未达要求。

（5）付款方式未达成一致。

（6）沟通不错但买家就是不下单。

（7）价格与客户目标价差距太远。

（8）样品寄送后买家无联系。

（9）跟进多次失去联系。

是不是此时也需要买家在 3 天内回复呢？其实不然，一些国家的买家平时非常忙，尤其如果前期买家已经和你沟通了许多，贸易也走了很多环节的时候，买家不回复你可能是没有及时打开邮箱，或者暂时忙着安排其他事情。这种情况下，应对客户表示理解。如果长期没收到，可再发一封信问一下，在信里告诉卖家你会继续等候进一步消息。此外，建议卖家和买家形成互动，就像朋友一样，如果有 Skype 和 MSN，发信之前都可以在沟通工具上先聊一下。

六、其他

基于网站端之前对买家做的调研发现，买家最希望卖家能尽早回复。速卖通买家们多次反馈网站部分卖家旺旺不回复，询盘不回复。基于此，为了留住更多买家，扩大供应商的买家库，阿里巴巴国际站增加了“及时回复率”这个功能。阿里巴巴国际站及时回复率直接体现了供应商的沟通能力和服务意愿，一直是买家最为关注及重视的指标，数据表明买家更愿意主动联系及回复率较高的供应商。及时回复率指阿里卖家在回复买家咨询上的回复速度，询盘及时回复以及 TradeManager 及时回复的整体比例，体现了卖家服务买家的意愿度和服务能力。

任务三　子账号的设置与管理

一、敦煌网平台子账户的设置与管理

子账号顾名思义就是辅助主账号工作的，比如一个卖家他可以设立多个子账号，不同的账号设置不同的权限。目前子账号只有增值服务会员有这个特权设置，其中钻石会员可以设置 10 个子账号，而白金和黄金会员分别可以设置 5 个子账号。下面就来学习如何设置与管理子账号。

首先，需要在首页进入，在“设置”中选择“子账户管理”，如图 7-1 所示。

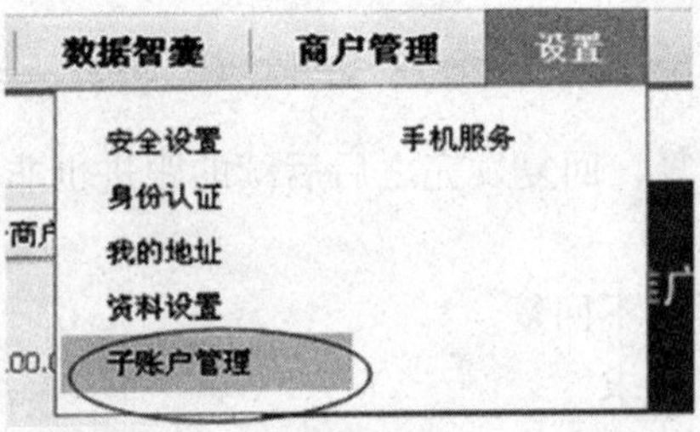
数据智囊
商户管理
设置
安全设置
手机服务
身份认证
我的地址
资料设置
子账户管理

图 7-1 选择“子账户管理”

之后可以看到如图 7-2 所示的页面。

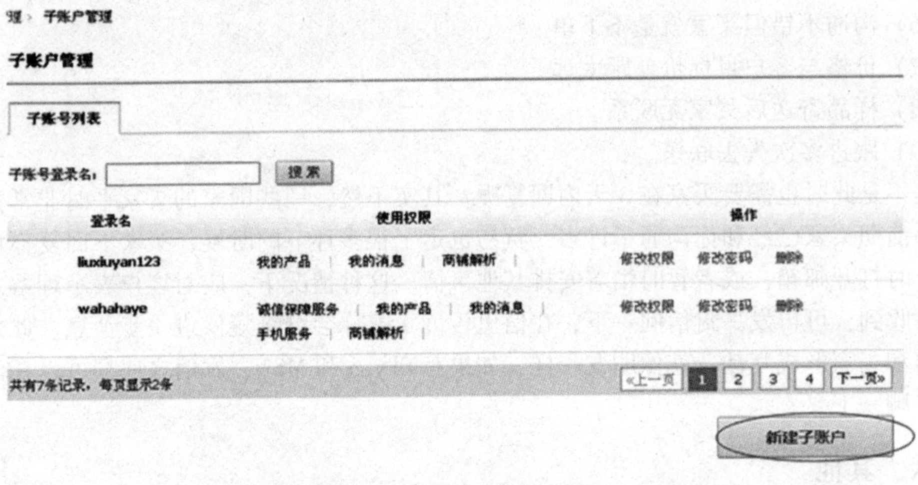
理 › 子账户管理
子账户管理
子账号列表
子账号登录名：
搜索
登录名
使用权限
操作
liuxiuyan123
我的产品 | 我的消息 | 商铺解析 |
修改权限 修改密码 删除
wahahaye
诚信保障服务 | 我的产品 | 我的消息 |
手机服务 | 商铺解析 |
修改权限 修改密码 删除
共有7条记录，每页显示2条
«上一页 1 2 3 4 下一页»
新建子账户

图 7-2 子账户管理页面

你可以通过点击图 7-2 所标的“新建子账号”按钮进入进行子账号的创建，如图 7-3 所示。

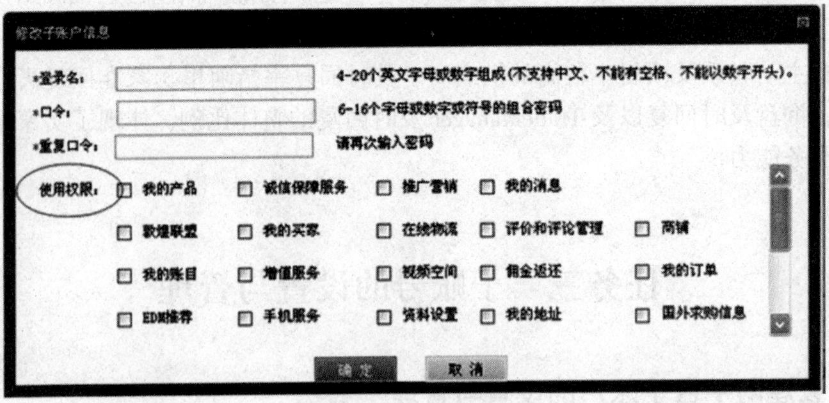
修改子账户信息
*登录名：
4-20个英文字母或数字组成(不支持中文、不能有空格、不能以数字开头)。
*口令：
6-16个字母或数字或符号的组合密码
*重复口令：
请再次输入密码
使用权限：
我的产品
诚信保障服务
推广营销
我的消息
数据联盟
我的买家
在线物流
评价和评论管理
商铺
我的账目
增值服务
视频空间
佣金返还
我的订单
EDM推荐
手机服务
资料设置
我的地址
国外求购信息
确定
取消

图 7-3 创建子账户

从图 7-3 可以看出，此时是可以设置使用权限的。可以直接用鼠标点击项目前面的复选按钮进行选择设置。设置成功后，如有需要修改的地方，也是可以重新设置权限的，如图 7-4 和图 7-5 所示。

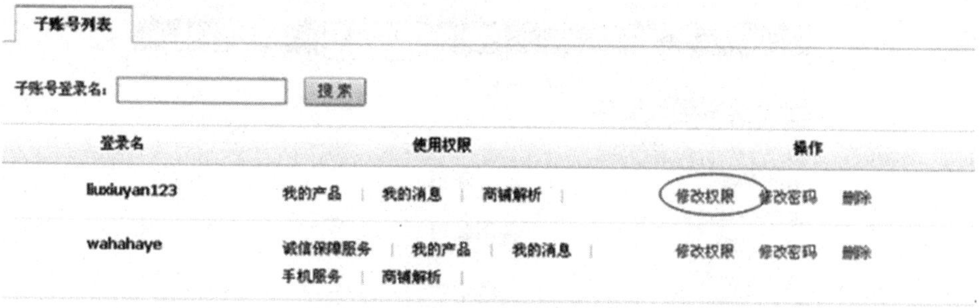
子账号列表
子账号登录名：
搜索
登录名
使用权限
操作
liuxiuyan123
我的产品 | 我的消息 | 商铺解析 |
修改权限 修改密码 删除
wahahaye
诚信保障服务 | 我的产品 | 我的消息 |
手机服务 | 商铺解析 |
修改权限 修改密码 删除

图 7-4　修改权限

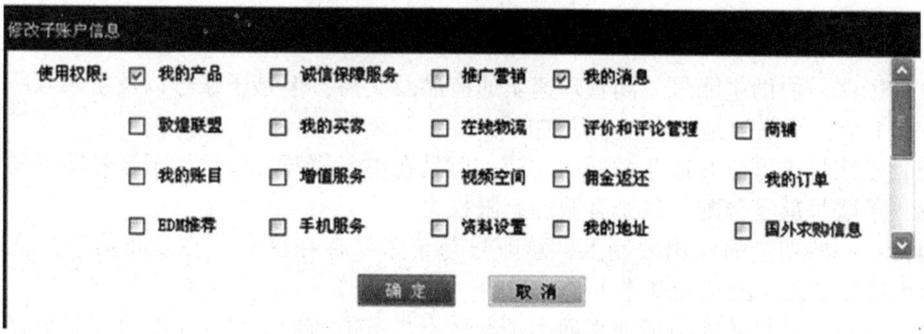
修改子账户信息
使用权限：
我的产品
诚信保障服务
推广营销
我的消息
敦煌联盟
我的买家
在线物流
评价和评论管理
商铺
我的账目
增值服务
视频空间
佣金返还
我的订单
EDM推荐
手机服务
资料设置
我的地址
国外求购信息
确定
取消

图 7-5　具体权限修改

以上就是敦煌网子账号全部操作的步骤。通过子账号的设置，我们可以在领导离开的情况下，给员工分配不同的使用权限，协助主账号的操作与管理。此外，主账号可以操作和看到任何子账号中的权限；而子账号只能看到主账号上面的所有内容，只能在主账号分配给子账号的使用权限范围内进行操作。

二、速卖通子账号设置与管理

1. 子账号的条件

速卖通子账号受主账号控制，但子账号也可以单独操作。比如，一家公司有 5 个人，老板管主账号，其他 4 个员工用子账号。子账号可以使用速卖通，可以发布和管理属于自己的产品和订单。管理员账号可以查看下属所有子账号的产品和订单。子账号无法进行美元提现、商铺管理、产品分组等相关操作。子账号有自己独立的账号 ID 和密码，可以用来登录速卖通管理和发布属于自己的产品和订单，也可以使用子账号登录阿里旺旺。

2. 子账号的设置

请先登录速卖通后台，在“账号设置”① 下点击“添加子账号”，把带“ * ”的填写完毕即可。添加成功后点击“管理子账号”即可看到系统自动生成的子账号 ID。提醒：只有管理员账号才有添加子账号的功能。子账号设置如图 7-6 所示。

---

① 注：在速卖通平台，“账”写为“帐”。

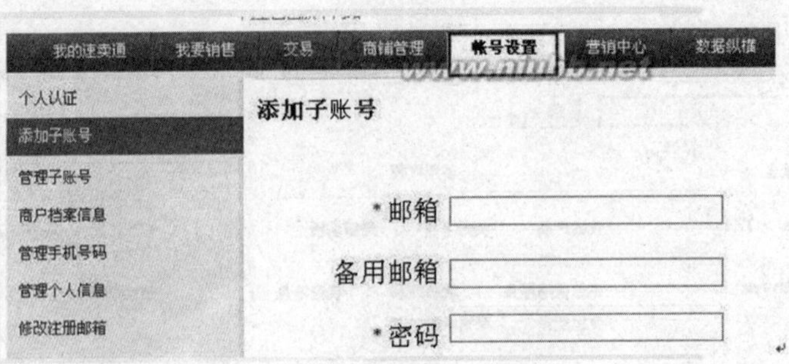
我的速卖通
我要销售
交易
商铺管理
帐号设置
营销中心
数据纵横
个人认证
添加子账号
管理子账号
商户档案信息
管理手机号码
管理个人信息
修改注册邮箱
添加子账号
*邮箱
备用邮箱
*密码

图 7-6　子账号设置

3. 子账号与主账号区别

（1）子账号协助主账号一同管理速卖通产品及交易，但是子账号以及主账号所关联的店铺只有 1 个，子账号是没有独立店铺的。

（2）子账号不可以开通速卖通的商铺，但是在主账号开通以后，子账号即可操作。

（3）子账号就是分配给各个客服的有限权力。

（4）在一些功能的使用限制上，总账号与子账号存在区别；在发布信息、交易管理时，总账号和子账号的功能基本上是一样的。

（5）只有总账号才能申请速卖通，子账号不具备申请的资格。子账号到时可以上传产品，管理销售自己上传的那部分。不过不具备收款账户等设置权限。

任务四　信用评价与管理

我们以敦煌网为例，介绍评价的基本知识与管理。

一、什么是评价体系

Review 是收到商品后买家对卖家的整体服务和所购买的商品做出的反馈，包括了买家对整体服务的评价、商品描述、沟通、物流、运费的交易评价，还包括了对已购买产品的评价和反馈。评价体系可以通过买家对卖家的有效评价，提升卖家的综合信用水平。卖家也可以通过买家的评价分数判断买家诚信度。

二、评价分数的用处

评价分数有如下几个作用。

（1）在产品最终页及店铺产品最终页面显示卖家的评价分数，分数越高，买家下单的概率越大。

（2）买家的评价留言对其他买家有很好的指导和建议作用。

（3）评价分值会影响买家搜索时的产品排序。

（4）产品评价越多，且五星好评越多，产品的转化率越高。

三、评价显示位置

（1）产品名称下面会显示该产品的评价数量。

（2）在产品最终页右侧有 Positive Feedback（好评率），买家可通过点击进入查看评价。

（3）在右侧 Detailed seller ratings，当鼠标滑过时，显示四项服务评分，如图 7-7 所示。

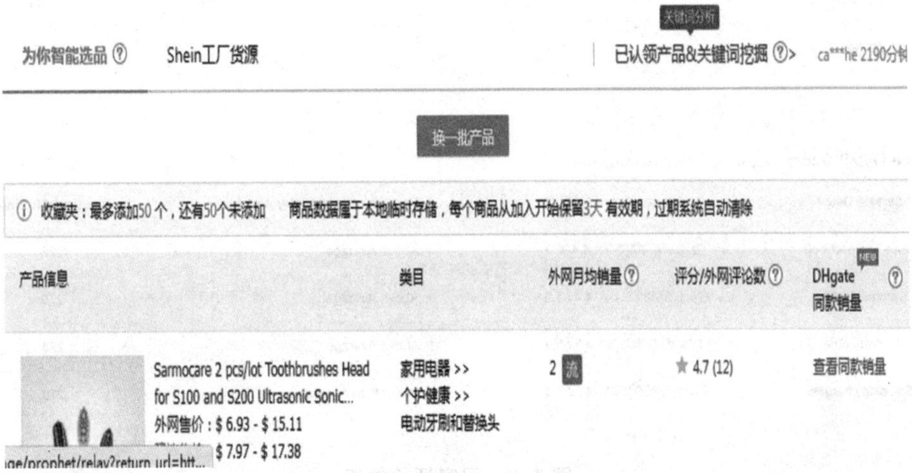
为你智能选品
Shein工厂货源
已认领产品&关键词挖掘
换一批产品
收藏夹：最多添加50个，还有50个未添加　商品数据属于本地临时存储，每个商品从加入开始保留3天有效期，过期系统自动清除
产品信息
类目
外网月均销量
评分/外网评论数
DHgate同款销量
Sarmocare 2 pcs/lot Toothbrushes Head for S100 and S200 Ultrasonic Sonic...
外网售价：$ 6.93 - $ 15.11
$ 7.97 - $ 17.38
家用电器 >>
个护健康 >>
电动牙刷和替换头
2
4.7 (12)
查看同款销量

图 7-7　评分评论数

点击产品评价数量，可自动跳到“Customer Reviews”页面，如图 7-8 所示。

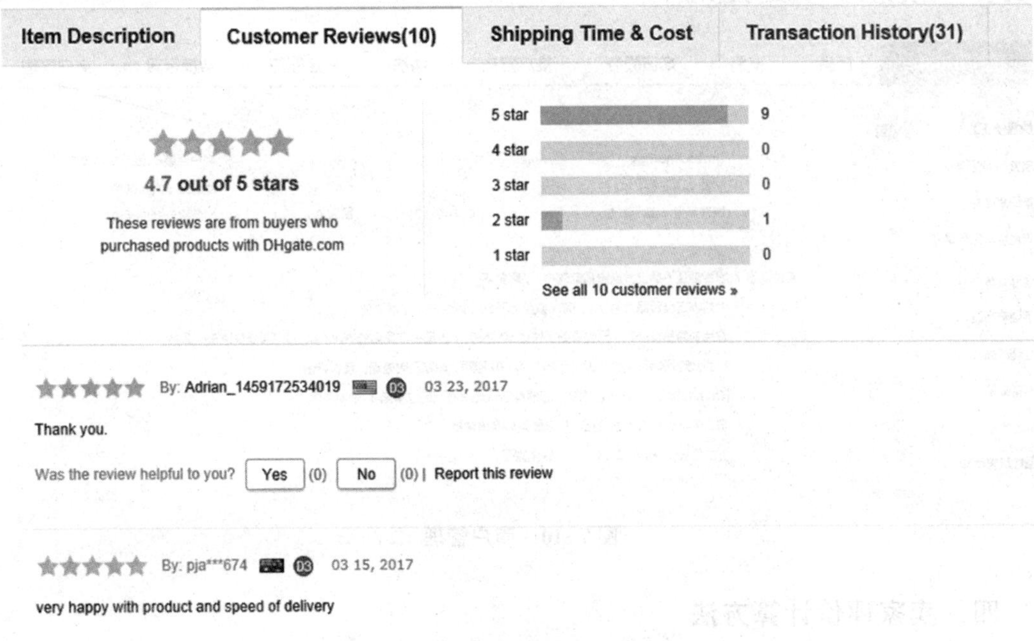
Item Description
Customer Reviews(10)
Shipping Time & Cost
Transaction History(31)
4.7 out of 5 stars
These reviews are from buyers who purchased products with DHgate.com
5 star 9
4 star 0
3 star 0
2 star 1
1 star 0
See all 10 customer reviews »
By: Adrian_1459172534019 03 23, 2017
Thank you.
Was the review helpful to you? Yes (0) No (0) | Report this review
By: pja***674 03 15, 2017
very happy with product and speed of delivery

图 7-8　“Customer Reviews”页面

点击 Positive Feedback（好评率）的百分比，可查看所有买家的评价情况，如图 7-9 所示。

Review Score:242

	Last 2 months	Last 6 months	Last 12 months	Total
Positive	128	241	260	260
Neutral	4	9	11	11
Negative	2	5	5	5

Service Detail Score (Mainly Industry : Home & Garden)

Service Detail	Service Score	Compared to Industry Average	Number of Ratings
Items as described	4.4/ 5.0	Above Average	276
Communication	4.4 / 5.0	Above Average	276
Delivery time	4.5 / 5.0	Above Average	276
Shipping charges	4.7 / 5.0	Lower than Average	276

图 7-9　买家评价情况

卖家可以登录后台，点击“商户管理”查看商户等级，如图 7-10 所示。

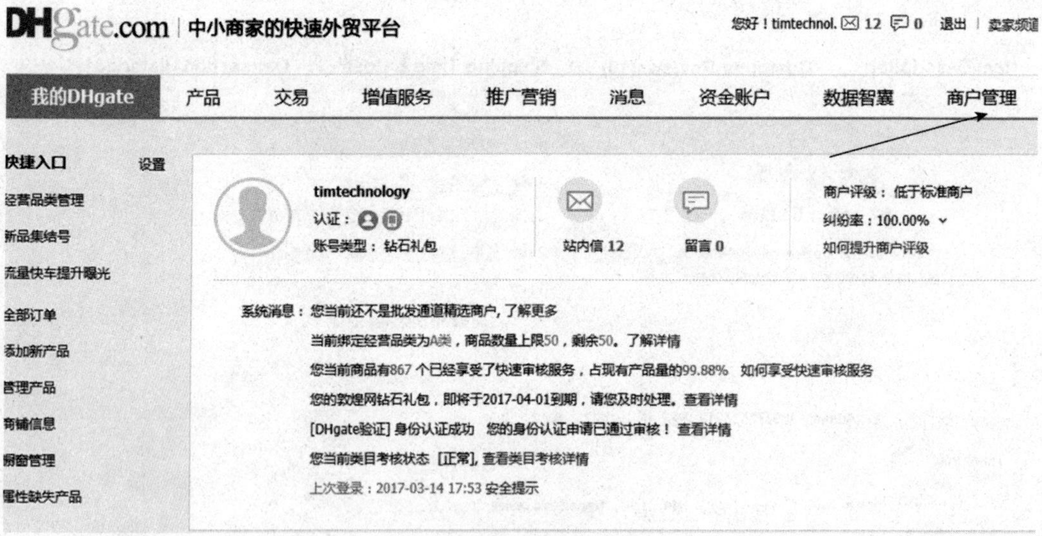
DHgate.com | 中小商家的快速外贸平台
您好！timtechnol. 12 0 退出 | 卖家频道
我的DHgate
产品
交易
增值服务
推广营销
消息
资金账户
数据智囊
商户管理
快捷入口
设置
经营品类管理
新品集结号
流量快车提升曝光
全部订单
添加新产品
管理产品
商铺信息
橱窗管理
属性缺失产品
timtechnology
认证：
账号类型：钻石礼包
站内信 12
留言 0
商户评级：低于标准商户
纠纷率：100.00%
如何提升商户评级
系统消息：您当前还不是批发通道精选商户，了解更多
当前绑定经营品类为A类，商品数量上限50，剩余50。了解详情
您当前商品有867 个已经享受了快速审核服务，占现有产品量的99.88%　如何享受快速审核服务
您的敦煌网钻石礼包，即将于2017-04-01到期，请您及时处理。查看详情
[DHgate验证] 身份认证成功　您的身份认证申请已通过审核！ 查看详情
您当前类目考核状态 [正常]，查看类目考核详情
上次登录：2017-03-14 17:53 安全提示

图 7-10　商户管理

四、卖家评价计算方法

（1）好评加 1 分，差评减 1 分，中评不计分。

（2）评价分数计算公式为：

评价分数 = 好评分数 - 差评分数

（3）“Review Score”分数为历史累计分数，没有时间限制。

温馨提示：单个买家一周内给出的评价结果只能计算一次，例如：买家 Jack 在一周内给了您 3 个好评、1 个差评、2 个中评，那么对您的影响就是 3 好评-1 差评=2 好评，2 好评一周之内计算一次，那么 Jack 在一周之内给您的好评分数为 1 分，此时您的好评分数增加 1 分。

五、卖家服务值计算规则

（1）卖家服务值包括四个方面，分别是产品与描述相符程度、卖家沟通有效性、交付速度、运费。

（2）买家在交易完成后可以针对以上四项服务值进行打分，分值从高到低分别是 5 分、4 分、3 分、2 分和 1 分，平台将显示各项卖家服务值的平均分和评价人数。

六、服务评价行业平均得分（即行业平均得分）计算规则

（1）主营行业判定标准：以卖家成交额最高（以确认订单的成交额为准）的一级类目判定为主营行业。

（2）分数计算规则。

当卖家的主营行业得分大于等于同行业平均分时，计算规则为：卖家的店铺得分 - 同行业平均分。

当卖家的“Service Detail”得分小于等于同行业平均分时，计算规则为：同行业平均分 - 卖家的店铺得分。

平台将显示卖家的主营行业及其得分，同时显示卖家得分与行业平均值的差值（行业平均分数取 12 个月前的数据，每月刷新一次）。服务评价如图 7-11 所示。

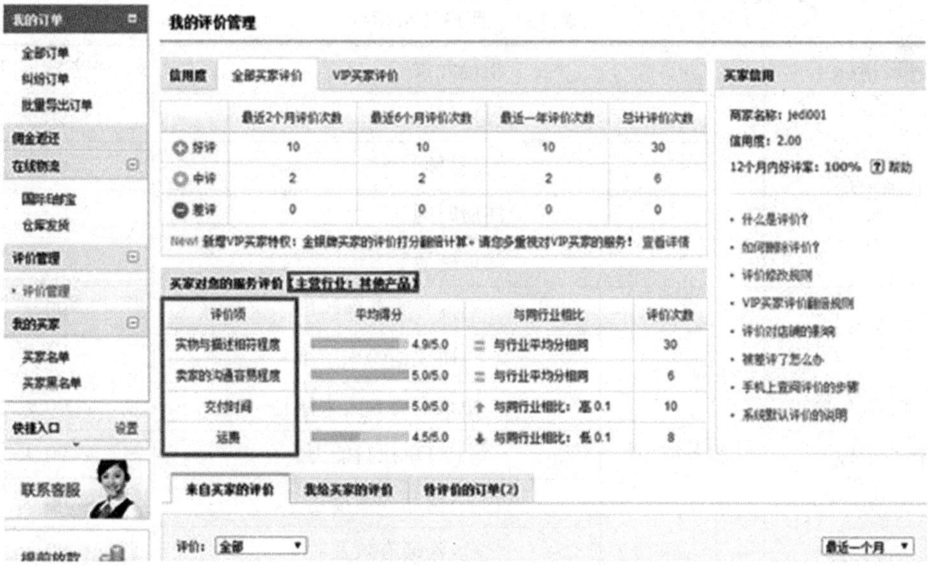
我的评价管理
信用度
全部买家评价
VIP买家评价
最近2个月评价次数
最近6个月评价次数
最近一年评价次数
总计评价次数
好评 10 10 10 30
中评 2 2 2 6
差评 0 0 0 0
买家信用
商家名称：jed001
信用度：2.00
12个月内好评率：100%
评价项
平均得分
与同行业相比
评价次数
4.9/5.0 与行业平均分相同 30
5.0/5.0 与行业平均分相同 6
交付时间 5.0/5.0 与同行业相比：高 0.1 10
运费 4.5/5.0 与同行业相比：低 0.1 8
来自买家的评价
我给买家的评价
待评价的订单(2)
评价：全部
最近一个月
联系客服
快捷入口
设置
买家名单
买家黑名单

图 7-11　服务评价

通过卖家后台的交易——评价管理，点击买家用户名查看其评价信息，查看页面如图 7-12 所示。

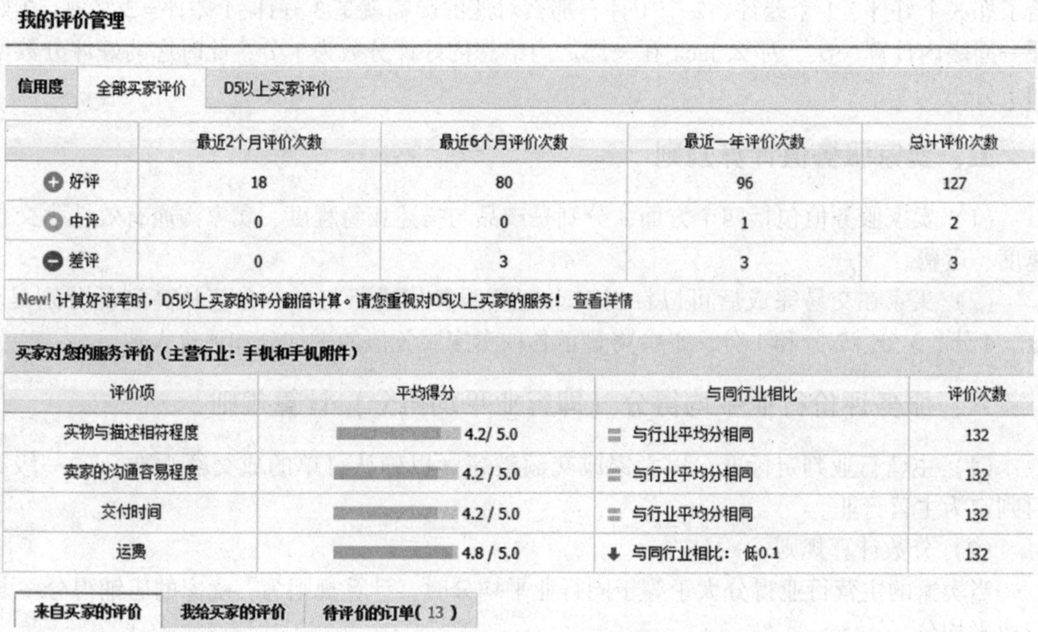
我的评价管理
信用度
全部买家评价
D5以上买家评价
最近2个月评价次数
最近6个月评价次数
最近一年评价次数
总计评价次数
好评 18 80 96 127
中评 0 0 1 2
差评 0 3 3 3
New! 计算好评率时，D5以上买家的评分翻倍计算。请您重视对D5以上买家的服务！ 查看详情
买家对您的服务评价（主营行业：手机和手机附件）
评价项
平均得分
与同行业相比
评价次数
实物与描述相符程度 4.2/ 5.0 与行业平均分相同 132
卖家的沟通容易程度 4.2 / 5.0 与行业平均分相同 132
交付时间 4.2 / 5.0 与行业平均分相同 132
运费 4.8 / 5.0 与同行业相比：低0.1 132
来自买家的评价
我给买家的评价
待评价的订单(13)

图 7-12 查看买家评价

七、商户评级体系

商户评级指标如表 7-1 所示。

表 7-1 商户评级指标

评级指标	指标元素		考核周期
基础指标	订单数		90 天
	交易额		90 天
	注册时间		
	认证资质		
核心指标	服务能力	商户责任纠纷率	90 天
		协议纠纷未解决	90 天
		协议纠纷 5 天未回复	90 天
		订单执行能力	90 天
		商品如实描述	90 天
		沟通有效及时	90 天
		配送合理性	90 天

平台以大量精准数据为依托，通过精确、多维度的分析与计算，每个月都会对商户的整体经营情况、服务能力等进行综合分析，并根据商户逐月累积的经营数据于每月 5 日刷新、评定。根据商户在平台的表现，分为四类，如表 7-2 所示。

表 7-2 不同级别商户指标定义值

顶级商户	优秀商户	标准商户	低于标准商户
①≥90 笔 ②≥20 笔且>5 000 美元	①90 天内订单数≥20 单	除顶级商户、优秀商户和低于标准商户之外的商户，即为平台标准商户	满足以下任意指标： ①90 天内商户责任纠纷率>2. 5%； ②不良购买体验订单率>20%
②注册时间≥90 天	②注册时间≥90 天		
③通过实名身份认证	③通过实名身份认证		
④90 天内商户责任纠纷率≤1%	④90 天内商户责任纠纷率≤1. 5%		
⑤不良购买体验订单率≤3%	⑤不良购买体验订单率≤6%		

备注：

1. 每个考核周期订单个数<20 单不能参评优秀商户和顶级商户；

2. 不良购买体验订单率（Bad Purchase Experience Rate），简称 BPER。

对于新卖家，即在敦煌网新注册的商户，级别为标准商户。新注册商户经过一段时间的经营后，平台将根据新评级体系的评级指标对其进行考核，并对其商户级别进行评定。如不满足以上各级别评级条件，将自动降级。

八、相关标准解释及计算公式

（1）订单数：90 天内实际销售的订单个数。

（2）交易额：90 天内实际销售订单所产生的交易额。

（3）商户责任纠纷率：近 90 天内平台进行裁决且最终判定为商户责任的所有纠纷订单数与商户账户确认订单数之比。新卖家前三单不计入纠纷率。

（4）实名身份认证：通过平台身份认证。

（5）不良购买体验订单率（BPER）：近 90 天内买家不良购买体验订单数/近 90 天内所有确认订单。同一个订单出现多个行为，只算一次。不良购买体验行为如表 7-3 所示。

表 7-3 不良购买体验行为

不良购买体验行为	定义
成交不卖	因卖家原因未发货，导致交易退款行为
虚假运单号	按照不同货运方式，卖家所填写的货运单号在敦煌网所规定的时限内（从卖家第一次填写货物跟踪号开始计算），在货运公司官方网站无法查询任何货运信息；该运单号的货运信息与此订单信息不一致
延迟发货	卖家在备货期内故意使用虚假运单号，真实发货后又修改为真实运单号；超过备货期，仍然未发货
升级平台纠纷	协议纠纷无法达成一致，最终升级到平台的行为
协议纠纷 5 天内卖家不回复	买家提起协议纠纷，卖家在 5 天内未做出任何响应

续表

不良购买体验行为	定义
买家对您的服务评价实物与描述相符程度	实物与描述相符程度在 3 分以下的评价
买家对您的服务评价卖家的沟通容易程度	卖家的沟通容易程度在 3 分以下的评价
买家对您的服务评价交付时间	交付时间为 1 分的评价

九、各级别的资源分配

平台每月底对商户进行等级评定，并根据等级评定结果，对顶级商户和优秀商户进行奖励，对低于标准商户进行惩罚。不同级别商户的资源分配如表 7-4 所示。

表 7-4　不同级别商户的资源分配

资源内容	顶级商户	优秀商户	标准商户	低于标准商户
独立标识展示	“顶级商户”标识	“优秀商户”标识	无标识	无标识
产品搜索排名	搜索排名大幅提升	搜索排名提升	正常排名	搜索排名靠后
免费广告机会	优先	优先	正常	无
平台促销活动	优先	优先	正常	无
站外推广	优先	优先	正常	无
流量快车	9 个	6 个	3 个	0 个
放款	正常放款	正常放款	正常放款	延迟放款 120 天

1. 对顶级商户和优秀商户的奖励说明

顶级商户和优秀商户可享受包括独立标识展示、产品搜索排名等多项特权。顶级商户享有的奖励力度最大，标识更突出、产品搜索排名幅度更靠前，且享有在站内和站外推广的优先权。

2. 对低于标准商户的惩罚说明

商户首次被评为低于标准商户，其订单将被延迟放款 120 天，且不可购买广告；第三次被评为低于标准商户，其产品的搜索排名将靠后；第六次被评为低于标准商户，敦煌网将关闭其账户。

任务五　退货处理

买家可以在卖家填写货运单号后的 5~90 天内（四大快递发起纠纷时间 5~90 天，一般快递为 7~90 天，平邮为 10~90 天），订单未完成状态下，买家可以发起退款 & 退换货协议申请。买家提交退款申请后，将在“我的 DHgate—我的订单—退款 & 纠纷”中查询到该订单。退货处理流程如图 7-13 所示。

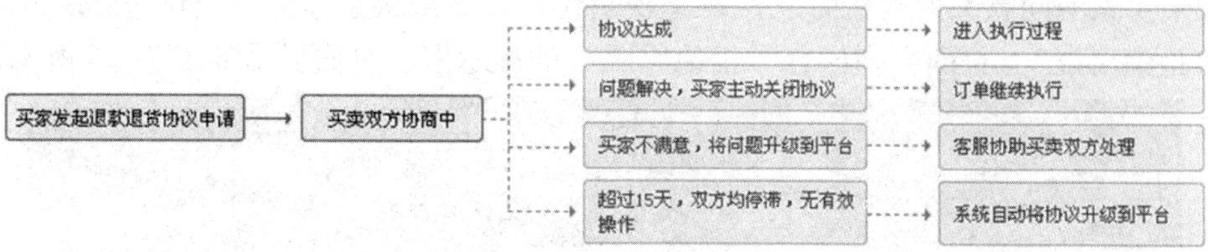

买家发起退款退货协议申请
买卖双方协商中
协议达成
进入执行过程
问题解决，买家主动关闭协议
订单继续执行
买家不满意，将问题升级到平台
客服协助买卖双方处理
超过15天，双方均停滞，无有效操作
系统自动将协议升级到平台

图 7–13　退货处理流程

卖家在收到买家的退货 & 退款协议申请后，可以根据具体情况，选择同意协议或者拒绝协议，具体操作方法如图 7–14 所示。

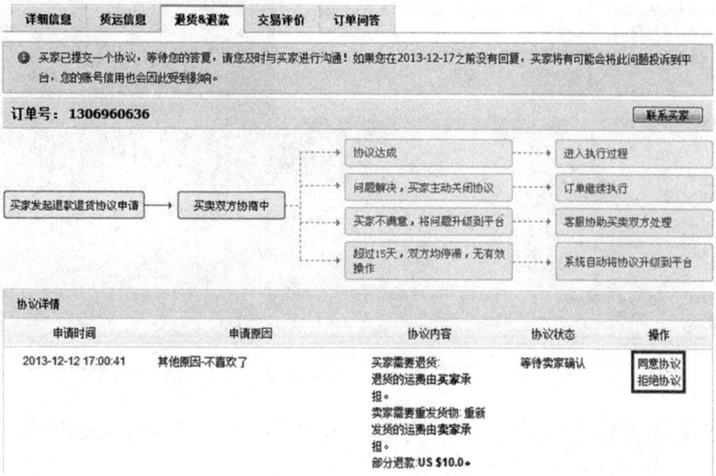

详细信息
货运信息
退货&退款
交易评价
订单问答
买家已提交一个协议，等待您的答复，请您及时与买家进行沟通！如果您在2013-12-17之前没有回复，买家将有可能会将此问题投诉到平台，您的账号信用也会因此受到影响。
订单号：1306960636
联系买家
买家发起退款退货协议申请
买卖双方协商中
协议达成
进入执行过程
问题解决，买家主动关闭协议
订单继续执行
买家不满意，将问题升级到平台
客服协助买卖双方处理
超过15天，双方均停滞，无有效操作
系统自动将协议升级到平台
协议详情
申请时间
申请原因
协议内容
协议状态
操作
2013-12-12 17:00:41
其他原因-不喜欢了
买家需要退货：退货的运费由买家承担。卖家需要重发货物：重新发货的运费由卖家承担。部分退款 US $10.0。
等待卖家确认
同意协议
拒绝协议

图 7–14　卖家确认

如果卖家同意买家提交的退款 & 退货协议，则选择“同意协议”，系统将按照协议执行订单，如图 7–15 所示。

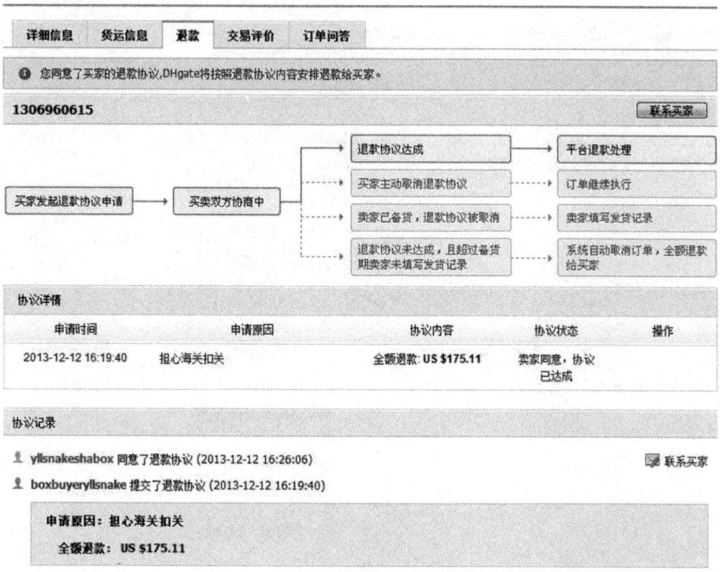

详细信息
货运信息
退款
交易评价
订单问答
您同意了买家的退款协议，DHgate将按照退款协议内容安排退款给买家。
1306960615
联系买家
买家发起退款协议申请
买卖双方协商中
退款协议达成
平台退款处理
买家主动取消退款协议
订单继续执行
卖家已备货，退款协议被取消
卖家填写发货记录
退款协议未达成，且超过备货期卖家未填写发货记录
系统自动取消订单，全额退款给买家
协议详情
申请时间
申请原因
协议内容
协议状态
操作
2013-12-12 16:19:40
担心海关扣关
全额退款：US $175.11
卖家同意，协议已达成
协议记录
yllsnakeshabox 同意了退款协议 (2013-12-12 16:26:06)
联系买家
boxbuyeryllsnake 提交了退款协议 (2013-12-12 16:19:40)
申请原因：担心海关扣关
全额退款：US $175.11

图 7–15　同意退款

如果卖家不同意买家提交的退款 & 退换货协议，希望买家提交一个新的协议，则可以选择“拒绝协议”，页面会弹出有“拒绝原因”的提示框，页面显示如图 7-16 所示。

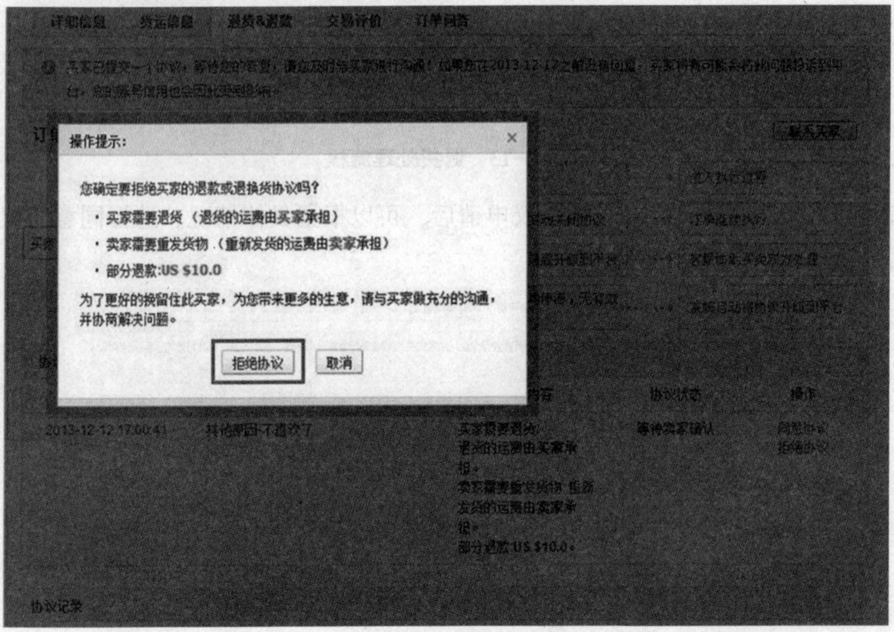
详细信息
货运信息
退货&退款
交易评价
订单问答
操作提示:
您确定要拒绝买家的退款或退换货协议吗?
· 买家需要退货（退货的运费由买家承担）
· 卖家需要重发货物（重新发货的运费由卖家承担）
· 部分退款:US $10.0
为了更好的挽留住此买家，为您带来更多的生意，请与买家做充分的沟通，并协商解决问题。
拒绝协议
取消
2013-12-12 17:00:41
其他原因-不喜欢了
等待买家确认
协议记录

图 7-16　拒绝协议

卖家也可以选择新的协议内容，提交退货 & 退款协议，等待买家确认，页面显示如图 7-17 所示。

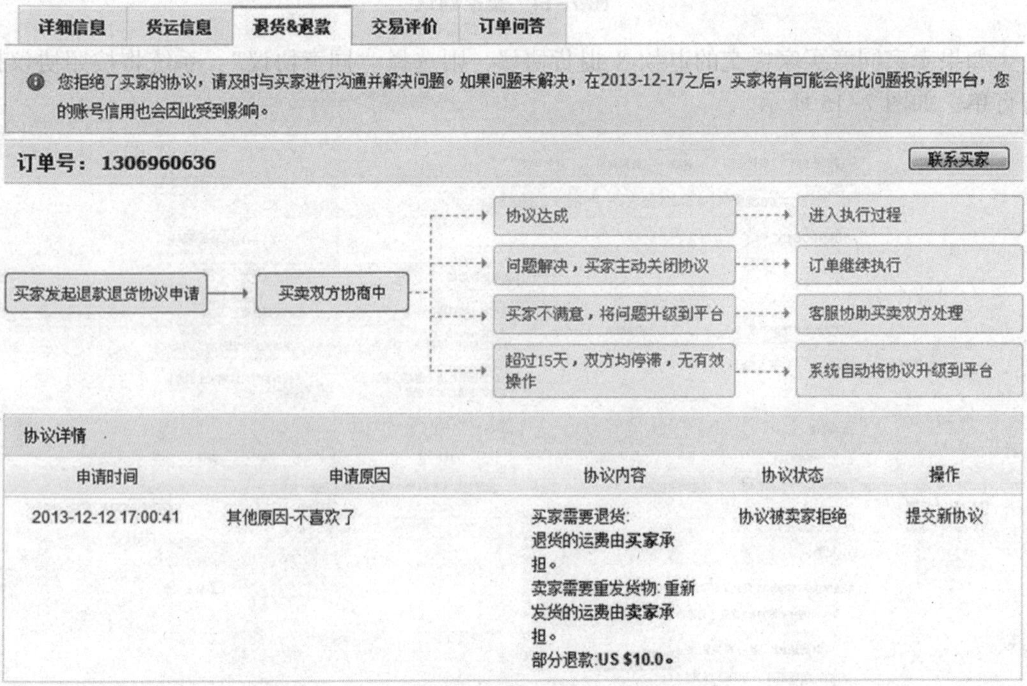
详细信息
货运信息
退货&退款
交易评价
订单问答
您拒绝了买家的协议，请及时与买家进行沟通并解决问题。如果问题未解决，在2013-12-17之后，买家将有可能会将此问题投诉到平台，您的账号信用也会因此受到影响。
订单号：1306960636
联系买家
买家发起退款退货协议申请
买卖双方协商中
协议达成
进入执行过程
问题解决，买家主动关闭协议
订单继续执行
买家不满意，将问题升级到平台
客服协助买卖双方处理
超过15天，双方均停滞，无有效操作
系统自动将协议升级到平台
协议详情
申请时间
申请原因
协议内容
协议状态
操作
2013-12-12 17:00:41
其他原因-不喜欢了
买家需要退货:退货的运费由买家承担。
卖家需要重发货物:重新发货的运费由卖家承担。
部分退款:US $10.0。
协议被卖家拒绝
提交新协议

图 7-17　提交新协议

卖家编辑好新协议内容，点击“提交”按钮，进入等待买家确认页面，如图 7-18 所示。

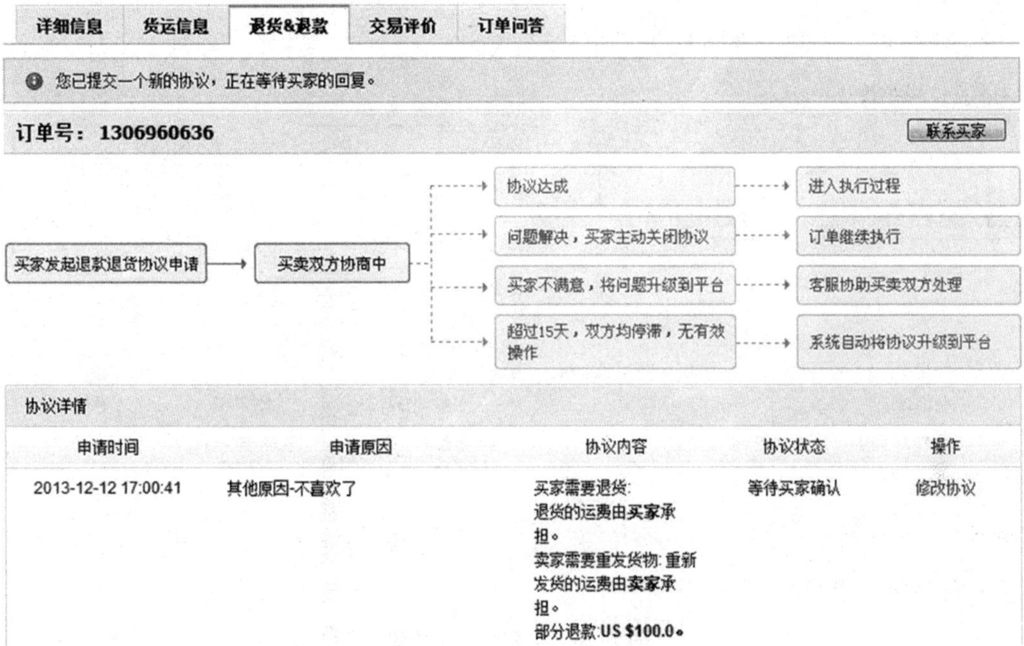
详细信息
货运信息
退货&退款
交易评价
订单问答
您已提交一个新的协议，正在等待买家的回复。
订单号：1306960636
联系买家
买家发起退款退货协议申请
买卖双方协商中
协议达成
进入执行过程
问题解决，买家主动关闭协议
订单继续执行
买家不满意，将问题升级到平台
客服协助买卖双方处理
超过15天，双方均停滞，无有效操作
系统自动将协议升级到平台
协议详情
申请时间
申请原因
协议内容
协议状态
操作
2013-12-12 17:00:41
其他原因-不喜欢了
买家需要退货：退货的运费由买家承担。卖家需要重发货物：重新发货的运费由卖家承担。部分退款：US $100.0。
等待买家确认
修改协议

图 7-18　等待买家确认

若卖家提交新的协议后，协议仍被买家拒绝，页面显示如图 7-19 所示。

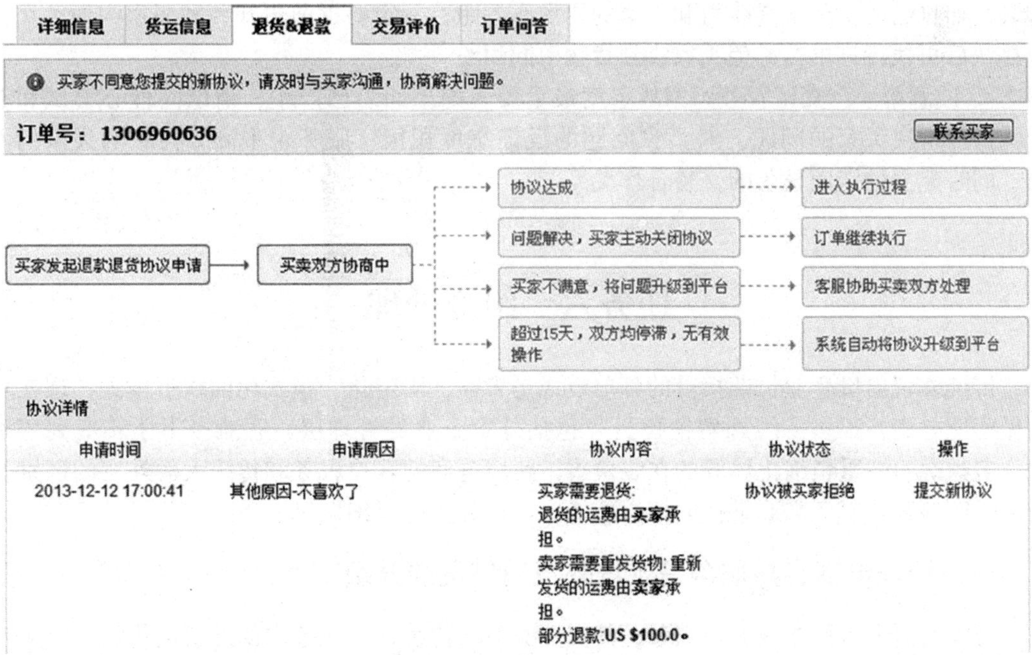
详细信息
货运信息
退货&退款
交易评价
订单问答
买家不同意您提交的新协议，请及时与买家沟通，协商解决问题。
订单号：1306960636
联系买家
买家发起退款退货协议申请
买卖双方协商中
协议达成
进入执行过程
问题解决，买家主动关闭协议
订单继续执行
买家不满意，将问题升级到平台
客服协助买卖双方处理
超过15天，双方均停滞，无有效操作
系统自动将协议升级到平台
协议详情
申请时间
申请原因
协议内容
协议状态
操作
2013-12-12 17:00:41
其他原因-不喜欢了
买家需要退货：退货的运费由买家承担。卖家需要重发货物：重新发货的运费由卖家承担。部分退款：US $100.0。
协议被买家拒绝
提交新协议

图 7-19　新协议被买家拒绝

若买家同意协议，协议达成，则会按照最终达成的协议内容执行订单，页面显示如图

7-20 所示。

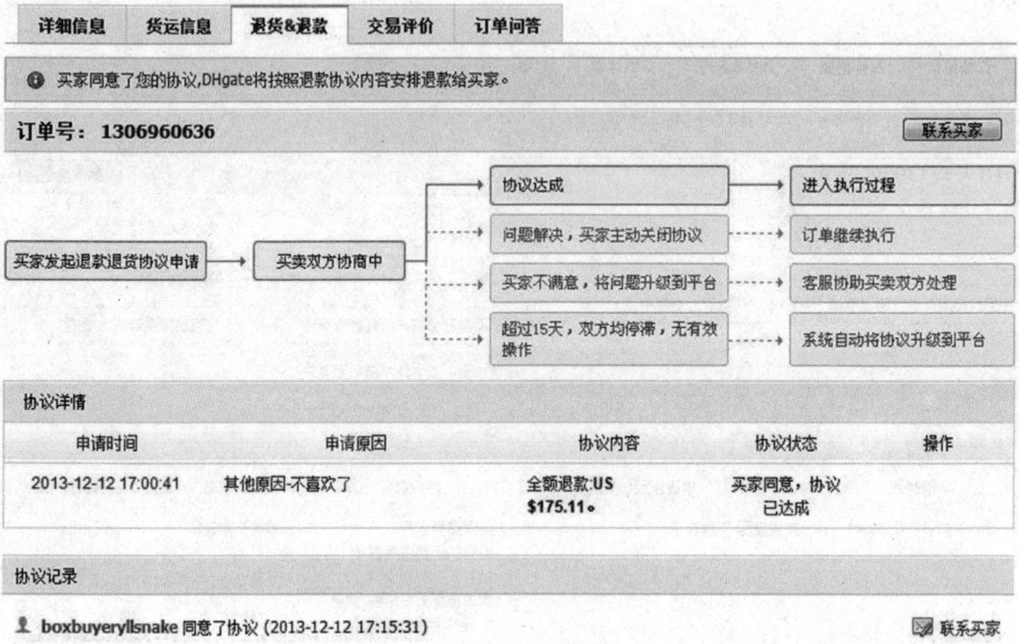
详细信息
货运信息
退货&退款
交易评价
订单问答
买家同意了您的协议,DHgate将按照退款协议内容安排退款给买家。
订单号：1306960636
联系买家
买家发起退款退货协议申请
买卖双方协商中
协议达成
进入执行过程
问题解决，买家主动关闭协议
订单继续执行
买家不满意，将问题升级到平台
客服协助买卖双方处理
超过15天，双方均停滞，无有效操作
系统自动将协议升级到平台
协议详情
申请时间
申请原因
协议内容
协议状态
操作
2013-12-12 17:00:41
其他原因-不喜欢了
全额退款:US $175.11。
买家同意，协议已达成
协议记录
boxbuyeryllsnake 同意了协议 (2013-12-12 17:15:31)
联系买家

图 7-20 买家同意新协议

卖家可以从以下两方面规避纠纷。

① 专业开放的经营态度。关注买家对订单的细节要求，如颜色、大小、尺寸、货期、包装，如自己的实际备货能力和买家的要求有差距，一定要提前告知并和买家沟通，在买家确认后再执行订单，避免买家收到货物引起纠纷。

② 诚意第一，真诚服务买家的态度最重要。如果纠纷已产生，请以同理心尝试和买家沟通并解决买家的问题，对买家问题的反馈态度积极、服务水平高，会影响买家的看法，同时建立稳定而长久的交易合作关系。

任务六 纠纷处理

传统外贸出口企业长期接受的订单模式是大额、固定化、模式化的线下模式，现在转型做跨境电商，很多一线外贸销售员（包括外贸企业的管理层）很难一下子转变到碎片化、多频次、注重精细化体验的在线模式，跨境电商的客户服务和传统大额外贸的区别及跨境电商的客户服务需要掌握的核心技能，本任务进行详细探讨。

一、跨境电商客户服务是传统外贸销售员的升级版

跨境电商平台的在线客户服务，其实更类似于传统外贸业务中的外贸销售员。除了在线的 C 类客户，跨境电商客服也经常会在类似速卖通的跨境电商平台接触到包括小 B 类甚至是在线 B 类客户。跨境电商本质上是传统外贸的升级版，跨境电商很多原理跟传统外贸是相通的。

二、跨境电商在线客户服务和淘宝天猫系、传统外贸的区别

淘宝天猫系的在线客户服务，服务对象更多的是70后到90后的网购群体，且淘系服务的对象更多是中国人，大家思维模式类似，同时中国人处世相对内敛、包容，不张扬。

传统外贸模式下的客户服务，更多的还是线下见面，因为大额订单周期长，除了必要的业务员沟通服务素质，更多依靠工厂规模、产品的价格和品质，与跨境电商的在线服务流程完全不同。

跨境电商服务的对象理论上是全球的客户，碎片化和在线化又让客户的需求和标准变得多层次，海外客户的在线模式更多是通过页面描述、站内信等不交流的方式下单，因为价值观、宗教信仰的区别，若产生售后问题，在退货成本、沟通成本、运营风险方面都会有很大考验。

三、跨境电商在线客服客户纠纷处理方案

跨境电商现在最大的痛点就是客户体验差，原因包括物流跨境、售后难处理、沟通成本大等，争议发生后卖家的压力和损失也非常大，所以在线客服解决订单争议的能力尤为重要。解决客户纠纷一般的流程如下所示。

1. 让客户体会到卖家解决争议的诚意

西方消费者非常注重卖家的态度，因为西方的消费理念非常成熟，西方的消费者也更强调购物的维权主张。若遇到客户对产品不满意、物流体验差、要求退款的争议，首先要做的是体现卖家解决争议的态度，对客户的遭遇表示理解，并且承诺会积极解决问题。

2. 真正了解订单争议的来龙去脉

跨境电商的争议性最容易集中在物流环节，比如说丢件、产品破损。遇到客户争议，首先应该冷静地分析事情的来龙去脉，注意电子格式和证据，比如聊天记录、物流记录，该找物流公司的找物流公司。如果是客户有所误会，通过真实的电子证据与客户真诚沟通，祈求客户理解。电子数据证据是解决订单争议的核心工具。

3. 缓解客户负面情绪的能力

客户对订单有争议，对产品不满意，肯定会产生负面情绪，表现形式包括给予差评、在社交媒体曝光等。这时，好的客户服务会通过自己的专业度、语言能力，通过站内信、APP 软件、电话与客户充分沟通，最终得到客户的再次信任，化解客户负面情绪。

四、跨境电商的纠纷解决技巧

跨境电商纠纷解决绝不仅单纯简单，有以下一些技巧。

1. 全额退款

如发一个美国的跨境快件，很多时候物流价值比产品本身价格高得多，有的跨境电商新人考虑到店铺运营的满意度、店铺好评率和评分，也为了快速解决客户争议，就告知客户：“货不要了，钱全部退给你。”其实这种争议处理方式恰恰证明了在线客户服务的不专业和不成熟，因为这样对于卖家来说成本损失是最大的，很多时候欧美客户反而会感觉卖家没有真诚，因为并未得到真正想要的产品。简单的全额退款不能提升客户的体验感，必

须慎用。

2. 二次免费发货

解决争议的第二种方式就是，免费再给客户发一次货。此时，卖家可以在客户充分原谅的基础上，建议客户承担一次货物的部分价值。比如，一个产品 100 美元，因为破损或者其他不满意须二次免费发货，让客户承担 70 美元，大部分客户会愿意。同时，二次发货加上产品的利润率，有时候可以保本。

3. 给客户折扣

这是最倡导的一种方式。比如，产品破损就直接给客户扣除交易金额，一般来说客户愿意接受。此时，在线客户服务沟通能力，直接决定了客户退让的幅度。

4. 严谨售前服务

把跨境电商客户的争议率控制在非常低的范围，也是考核在线客户服务质量的重要指标。好的在线客户服务，在销售前应该跟客户充分沟通，并且真实理解客户对产品的要求和需求，预判可能产生的争议，发货环节、跨境物流包装做得万无一失，并且选择可靠物流公司，这才是避免纠纷的根本。

任务七　跨境电商外语介绍

一、跨境电商外语需求状况

做跨境电商除了英语，还需要掌握什么语言？那就看卖家还要在什么语种的市场销售产品了。例如，在法国 Cdiscount 平台销售，会点法语总会好些；在拉美的 Linio 平台，会点西班牙语也是优势。此外，会德语、葡萄牙语、日语、阿拉伯语等小语种的，也是跨境电商需求的人才。

大体而言，很多平台都是可以切换成英文的。目前，跨境交易最多、增长最快的，是美国、俄罗斯、巴西、乌克兰及欧洲、东南亚等国家。

对于中小企业卖家，没有多语言背景，聘请对口小语种客服会产生较高的用人成本，而且也不现实。

如何从根本上解决跨境电商面临的信息不对称的难题呢？敦煌网和义乌购开辟了先河，成功和 UTH 国际达成合作共识，利用其公司开发的产品芝麻发布一键式商品发布软件，解决商品发布语言转换的问题，让海外买家更容易理解商品信息。义乌购同时使用 UTH 国际的另一款产品，即芝麻秘语（为多语言即时互译在线客服系统），让通畅的信息流促进跨境电商生态链良性循环。

二、跨境电商需要注意的贸易术语（英语）

B

BAF 燃油附加费 Bunker Adjustment Factor

B/L 海运提单 Bill of Lading

B/R 买价 Bill Rate

C

CFR 成本加运费价 Cost and Freight

CIF 到岸价 Cost Insurance and Freight

CPT 运费付至目的地 Carriage Paid To…

CIP 运费保险费付至……Carriage and Insurance Paid To…

CY/CY 整柜交货（起点/终点）

C. Y. 货柜场，码头 Container Yard

CFS 场 Cargo Freight Station

C/D 报关单 Customs Declaration

C. C 运费到付 Collect

CNTR NO. 柜号 Container Number

C. O 一般原产地证 Certificate of Origin

C. S. C 货柜服务费 Container Service Charge

C/（CNEE）收货人 Consignee

C/O 产地证 Certificate of Origin

CAF 货币汇率附加费 Currency Adjustment Factor

CFS 散货仓库 Container Freight Station

CHB 报关行 Customs House Broker

COMM 商品 Commodity

CTNR 柜子 Container

D

DAF 边境交货 Deliver at Frontier

DES 目的港船上交货 Delivered EX Ship

DEQ 目的港码头交货 Delivered EX Quay

DDU 未完税交货 Delivered Duty Unpaid

DDP 完税后交货 Delivered Duty Paid

DDC 目的港码头费 Destination Delivery Charge

DL/DLS 美元 Dollars

D/P 付款交单 Document Against Payment

DOC 文件、单据 Document

DOC# 文件号码 Document number

D/A 承兑交单 Document Against Acceptance

DOZ/DZ 一打 Dozen

D/O 到港通知 Deliver Order

E

ECRS 紧急回收成本费 Emergency Cost Recovery Surcharge

EXW 工厂交货

ETA 到港日 Estimated Time of Arrival

ETD 开船日 Estimated Time of Delivery
ETC 接管日 Estimated Time of Closing
EBS 澳洲航线燃油附加费
EBA 非洲、中南美航线燃油附加费
EXP 出口 Export
EA 每个 Each
EPS 设备位置附加费 Equipment Possition Surcharges
F
FCA 货运承运人 Free Carrier
FAS 船边交货
FOB 船上交货 Free on Board
FCL 整柜 Full Container Load
FAF 燃油价调整附加费（日本航线专用）
FAC 传真 Facsimile
Form A 产地证（贸易公司）
F/F 货运代理 Freight Forwander
FAK 各种货品 Freight All Kind
FEU 40 柜型
FMC 联邦海事委员会 Federal Maritime Commission
FIO 公司不付装船和卸船的费用 Free In and Out
G
GRI 综合费率上涨附加费 General Rate Increase
G. W. 毛重 Gross Weight
G. S. P 普惠制 Generalized System of Preferences
H
HB/L 货代提单 House Bill of Lading
H/C 代理费 Handing Charge
I
IFA 临时燃油附加费 Interin Fccel Additional
INT 国际的 International
IMP 进口 Import
I/S 内销 Inside Sales
IA 个别调价 Independent Action
M
MB/L 主提单 Master Bill of Loading
MIN 最小的 Minimum
M/V 商船 Merchantvessel
MT 或 M/T 公吨 Metric Ton

M/T 尺码吨 Measurement Ton
Max 最大的 Maximum
MLB 小陆桥 Minni Land Bridge
Mother Vessel 主线船
MTD 多式联运单据 Multimodal Transport Document

N

NOVCC 无船承运人
N/F 通知人 Notify

O

O/F 海运费 Ocean Freight
ORC 广东地区原产地收货费 Original Receiving Charge
OCP 货主自行安排运到内陆点 Overland Continental Point
OP 操作 Operation

P

POD 目的港 Port of Destination
POL 装运港 Port of Loading
PSS 旺季附加费 Peak Season Surcharge
PR 价格 Price
P/P 运费预付 Freight Prepaid
PCS 港口拥挤附加费 Port Congestion Surcharge
PTF 巴拿马运河附加费
PKG 一包，一捆
PCE/PCS 只，个，支 Piece/Pieces
P/L 装箱单，明细表 Packing list
PCT 百分比 Percent
PUR 购买，购货

R

REF 参考，查价 Refrence
RMB 人民币

S

S/O 订舱单 Shipping Order
SEAL NO. 铅封号
S/C 销售确认书 Ssles Contract
SC 服务合同 Service Contract
STL 款式，类型 Style
SPS 上海港口附加费
S. S 船运
S/M 装船标记 Shipping Marks

S/（Shpr）发货人 Shipper

S/R 卖价 Selling Rate

SSL 船公司 Steam Ship Line

SDR 特别提款机 Special Drawing Rights

T

THC 码头费 Teminal Hangding Charge

T/T 电汇 Telegram Transit

T/T 航程 Transit Time

T. O. C 码头操作费 Terminal Operations Option

T. R. C 码头收柜费 Terminal Receiving Charge

T/S 转船，转运 Trans-Ship

TVC/TVR 定期定量合同 Time Volume Contract/Rate

TTL 总共 Total

T/TX/LTX 电传 Telex

V

Vessel/Voyage 船名/船次

VOCC 船公司

W

W 具有 With

WT 重量 Weight

W/T 重量吨 Weight Ton

W/O 没有 Without

W/M 以重量吨或尺码吨中从高收费 Weight or Measurement Ton

Y

YAS 日元升值附加费，码头附加费 Yard Surcharges

三、翻译工具荟萃

（1）谷歌翻译：提供 50 多种语言在线翻译，准确、快速。

（2）有道桌面词典：词汇量相对丰富，例子多，容量小，查询方便。

（3）CNKI 翻译助手：专业翻译网站，很多专业术语都能找到，速度快。

（4）有声网站：可以读英语、日语、法语、西班牙语等多种语言。

项目小结

本项目主要从跨境电商客户服务角度阐释了跨境电商客户服务的基本概念、分类、技能需求，子账号设置与管理，跨境电商信用评价与管理，退货处理步骤，纠纷处理方式，以及跨境电商外语，既有理论，也有具体操作步骤，有利于学生提升跨境电商客户服务水平。

练习题

一、单选题

1. 客户服务在商业实践中一般会分为三类，不包括（　　）。

A. 售前服务　　B. 售中服务　　C. 预售服务　　D. 售后服务

2. 子账户与主账户区别，不包括（　　）。

A. 子账号以及主账号所关联的店铺只有1个，子账号是没有独立店铺的

B. 子账号不可以开通速卖通的商铺，但是在主账号开通以后，子账号即可操作

C. 子账号就是分配给各个客服的有限权力，子账号可以交给客服管理

D. 在一些功能的使用限制上，总账号与子账号没有区别

3. 下列关于评价分数的作用，说法正确的是（　　）。

A. 在产品最终页及店铺产品最终页面显示卖家的评价分数，分数越高，买家下单概率越小

B. 买家的评价留言对其他买家没有任何作用

C. 评价分值会影响到买家搜索时的产品排序

D. 产品评价越多且五星好评越多，不能够提高产品的转化率

二、思考题

1. 客户服务的概念及分类是什么？

2. 客户流失的原因有哪些？如何防范？

3. 跨境电商的纠纷解决技巧有哪些？

4. 退货处理流程包括哪些？

5. 中小企业跨境电商存在哪些困难？如何解决？

项目八　跨境电商法律法规及监管

学习目的

通过本项目的学习，学生应了解目前我国跨境电商相关的法律法规现状，了解我国跨境电商在海关监管和税收制度等方面的相关规定等，要理解跨境电商的欺诈问题及防范对策。

重点难点

本项目重点难点是了解并掌握跨境电商海关和税收的相关规定，以及跨境电商的欺诈手段及防范措施。

案例导入

案例：游戏的著作权

“梦幻西游2”是网易公司一款运营超过10年的游戏。网易公司拥有该款游戏的计算机软件著作权。而且，该款游戏中全部人物、场景、道具形象属美术作品，游戏过程中的音乐属音乐作品，游戏的剧情设计、解读说明、活动方案属文字作品，该款游戏运行过程呈现的连续画面属以类似摄制电影创作方法创作的作品，网易公司同样享有上述作品权利，在国内外同类直播平台直播游戏需经游戏公司授权许可并付费，已是成熟的商业模式。

该款游戏是同时在线人数最多的网络游戏，在普通大众和游戏用户中具有广泛的影响力。从2012年起，华多公司经营的YY直播网站和YY语音客户端上进行“梦幻西游”游戏内容直播、录播或者转播服务。华多公司召集、签约游戏主播，并提供非法注入游戏客户端的代码程序或者动态屏幕截取的工具，供主播抓取游戏内容。同时提供YY直播网站和YY语音客户端平台，供这些游戏主播在该平台上以直播、录播或者转播的方式传播该款游戏内容，还通过出售虚拟道具、发布广告等方式牟取了巨额利益。华多公司提供游戏直播的工具和平台，以利益分成的方式召集、签约主播进行该款游戏内容直播，并以此牟利，侵害了网易公司的著作权。经多次书面发函、口头交涉，华多公司不予理会，反而煽动主播人员对抗网易公司。华多公司得知无权使用该款软件后，仍然继续使用，利用网易公司关于该款游戏的市场竞争优势为其带来利益，同时构成不正当竞争。网易公司在开发原创游戏的道路上付出了大量精力，耗费了巨大成本。华多公司窃取了网易公司的原创果实，极大损害了网易公司的合法权益，分流网易公司的用户，给网易公司带来巨大损失。

针对华多公司提出的网易公司可监控网游产品的意见，网易公司认为，网易公司只能对发现直播的主播进行处罚，让其无法使用正在进行直播的游戏账号进入游戏。华多公司的主播在直播过程中，大多数选择部分截屏方式，不截取显示游戏账号部分，不显示玩家信息，在这种情况下，网易公司无法了解主播人员所使用的游戏账号，故而无法对其采取措施。实际上，有经验的主播人员还会注册购买多个游戏账号，在一个账号被处罚后更换另一账号进行直播。而且，网易公司尊重他人的隐私权，包括游戏用户的IP地址，从而监控所有用户的直播行为。

“梦幻西游2”案例是典型的侵犯知识产权案。2017年11月15日，广州知识产权法院对网易诉华多公司（YY）侵害著作权案作出一审判决，判决YY停止通过网络传播“梦幻西游”“梦幻西游2”的游戏画面，并赔偿网易经济损失2 000万元。

广州知产法院认为，未经游戏公司允许，游戏直播属于侵权行为，不属于著作权法意义上的合理使用，直播公司应当承担侵权责任。

法院认为，诸如涉案电子游戏的创作凝聚了开发者的心血，游戏画面作为网络游戏这个“综合体”的组成部分也不例外。如不保护创作者对其作品进行许可传播或不许可传播的排他性权利，不利于对开发者形成权利激励，从而在全社会促进智慧产品的产出，不符合著作权法规定的立法宗旨。

任务导入

小李在“双11”期间，在一家跨境电商平台的网店买了一部苹果手机，价格5 800元。使用了一个月后手机出现黑屏现象，找了商家，商家说是厂家责任，后面厂家又说是电商平台的责任。请你根据相关法律法规，界定手机黑屏是谁的责任？责任客体是谁？

任务一　跨境电商法律法规

从电子商务“十二五”规划开始，我国针对跨境电商制定了相关的法律规范，但是与我国跨境电商规模快速发展形成鲜明对比的是，目前我国尚未建立针对跨境电子商务的完整法律法规体系。因此，继续构建和完善跨境电子商务法律法规体系十分迫切。一方面，在跨境电子商务法律法规的制定过程中，既要以确定性的安排弥补技术和信用的不足，又要给跨境电子商务发展创造相对宽松的法制环境，避免过度监管。另外，构建跨境电子商务法律法规体系，不仅需要制定专门的法律法规，也要合理解释原有法律和制定有利于跨境电子商务发展的配套法律规范。

一、国内跨境电商立法现状

跨境电子商务需要借助完备的法律制度来保障市场主体、消费者及企业创新的权益。目前，我国跨境电子商务领域的法律法规体系正在逐步构建，但仍在诸多方面存在漏洞。比如，通关方面，跨境电子商务多是小额交易，但是我国对于小额交易通关还没有相关的监管规定，网上交易普遍缺乏合同文本、购物凭证或服务单据，这很容易引发纠纷；而在消费者保护方面，规定不清晰，有时与发达国家的规定不能接轨，引发消费者的不信任。此外，跨境电子商务所衍生的许多问题，如通关、商检、退税、结汇、消费者权益、交易纠纷、知识产权和个人信息保护等方面的新问题，都需要法律法规予以保障。中国跨境电商政策发展历程如图 8-1 所示。

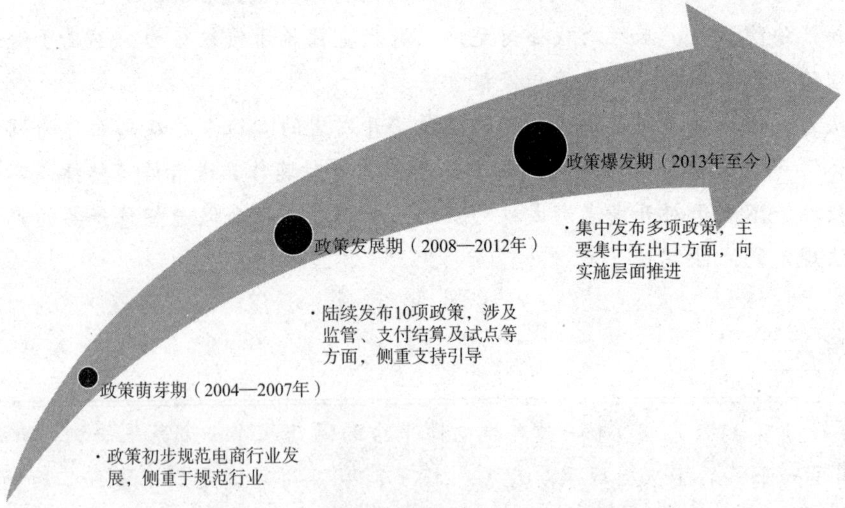
政策爆发期（2013年至今）
·集中发布多项政策，主要集中在出口方面，向实施层面推进
政策发展期（2008—2012年）
·陆续发布10项政策，涉及监管、支付结算及试点等方面，侧重支持引导
政策萌芽期（2004—2007年）
·政策初步规范电商行业发展，侧重于规范行业

图 8-1　中国跨境电商政策发展历程

资料来源：前瞻产业研究院

针对现状，我国不仅在政策方面促进跨境电商发展环境，同时还提出建设和完善跨境电商相关法律规范的要求。例如，2021 年的《电子商务“十四五”发展规划》提出完善有利于电商发展的法律环境，倡导开放共赢，加快海外仓发展，完善适应跨境电子商务特点的政策、监管和数据标准等体系，提高贸易各环节便利化和通关一体化水平。

从2020年开始，我国有关跨境电商的立法情况汇总如表8-1所示。

表8-1　2020—2022年我国有关跨境电商立法情况汇总

发布时间	发布部门	政策名称	重点内容解读	政策类型
2022年2月	国务院	《关于同意在鄂尔多斯等27个城市和地区设立跨境电子商务综合试验区的批复》	同意新增鄂尔多斯市、扬州市等27个城市和地区为跨境电子商务综合试验区	支持类
2022年1月	国家发展改革委	《“十四五”现代流通体系建设规划》	促进跨境贸易多元化发展，培育外贸新动能+深入推进跨境电商综合试验区建设，研究调整跨境电商零售进口商品清单范围，支持发展保税进口、企业对企业（B2B）出口等模式，鼓励跨境电商平台完善功能	支持类
2021年12月	国务院	《“十四五”数字经济发展规划》	大力发展跨境电商，扎实推进跨境电商综合试验区建设，积极鼓励各业务环节探索创新，培育壮大一批跨境电商龙头企业、海外仓领军企业和优秀产业园区，打造跨境电商产业链和生态圈	支持类
2021年11月	商务部	《“十四五”对外贸易高质量发展规划》	引导市场主体行为，积极扩大进口、优化出口，推动对外贸易高质量发展，服务构建新发展格局，开拓合作共赢新局面。支持加快发展贸易新业态，包括促进跨境电商持续健康发展，推进市场采购贸易方式、发展、发挥外贸综合服务企业带动作用，加快海外仓发展，推动保税维修发展，支持离岸贸易发展等	支持类
2021年9月	国家发改委等	《“十四五”电子商务发展规划》	倡导开放共赢，支持跨境电商和海外仓发展	支持类
2021年7月	商务部	《“十四五”商务发展规划》	推动外贸创新发展，开展跨境电商“十百千万”专项行动、规则和标准建设行动、海外仓高质量发展专项行动等。到2025年，使跨境电商等新业态的外贸占比提升至10%	支持类
2021年7月	国务院	《国务院办公厅关于加快发展外贸新业态新模式的意见》	在全国适用跨境电商B2B直接出口、跨境电商出口海外仓监管模式，便利跨境电商进出口退换货管理，优化跨境电商零售进口商品清单，扩大跨境电商综试区试点范围。到2025年，力争培育100家左右在信息化建设、智能化发展、多元化服务、本地化经营等方面表现突出的优秀海外仓企业	支持类

续表

发布时间	发布部门	政策名称	重点内容解读	政策类型
2021年3月	全国人民代表大会	《中华人民共和国国民经济和社会发展第十四个五年规划和2035年远景目标纲要》	加快发展跨境电商，鼓励建设海外仓，保障外贸产业供应链运转	支持类
2020年11月	国务院	《关于推进对外贸易创新发展的实施意见》	促进跨境电商等新业态发展	支持类
2020年11月	中国等15方成员	《区域全面经济伙伴关系协定》	第十二章详细列出了“电子商务”的具体条款	支持类
2020年6月	海关总署	《关于开展跨境电子商务企业对企业出口监管试点的公告》	自2020年7月1日起，跨境电商B2B出口货物适用全国通关一体化，也可采用“跨境电商”模式进行转关。首先在北京、天津、南京、杭州、宁波、厦门、郑州、广州、深圳、黄埔海关开展跨境电商B2B出口监管试点，根据试点情况及时在全国海关复制推广，有利于推动外贸企业扩大出口，促进外贸发展	支持类

资料来源：前瞻产业研究院

国家制定和出台的跨境电商法律法规，以立法形式明确了跨境电商合法的地位。部分重要的政策文件有以下一些。

（1）商务部的《关于利用电子商务平台开展对外贸易的若干意见》（商电发〔2012〕74号），提出电子商务平台开展对外贸易过程中的通关、退税、融资、信保等政策性问题。该文件明确，将为电子商务平台开展对外贸易提供政策支持，以及对重点平台企业给予资金支持。

（2）国务院办公厅发布了商务部等九个部委联合制定的《关于实施支持跨境电子商务零售出口有关政策的意见》（国办发〔2013〕89号，以下简称89号文），该意见对海关监管模式、出口检验、收付汇、跨境支付和税收等方面提出了总体方针和政策。

（3）商务部《关于促进电子商务应用的实施意见》（商发函〔2013〕911号），提出探索发展跨境电子商务企业对企业（B2B）进出口和个人从境外企业零售进口（B2C）等模式，加快跨境电子商务物流、支付、监管、诚信等配套体系建设。

（4）海关总署《关于跨境贸易电子商务服务试点网购保税进口模式有关问题的通知》（署科函〔2013〕59号），明确网购保税进口模式中的试点进口商品范围、购买金额、数量、征税、企业管理等问题。

（5）国家质检总局《关于加强跨境电子商务进出口消费品检验监管工作的指导意见》（国质检验〔2015〕250号），提出建立跨境电商进出口消费品监管新模式，建立跨境电商消费品质量安全风险监测机制，建立跨境电商消费品质量安全追溯机制，明确跨境电商企业的质量安全主体责任，建立跨境电商领域打击假冒伪劣工作机制。

除了国家层面的各种政策文件，各地方政府为了促进其跨境电商发展、完善跨境电商发展环境等也相应制定了相关的政策。举例如下。

（1）2017 年 3 月 1 日发布的《杭州跨境电商促进条例》是国内首个由地方制定的跨境电商地方法规，对杭州跨境电商发展的管理体制、发展规划、平台服务和体系建设、促进措施等进行了明确的规定。这也是国内首次以立法的形式，对跨境电商相关政府部门的职责做了明确分工。

（2）在广东，2021 年 12 月 2 日，推出《关于推进跨境电商高质量发展的若干政策措施》。

（3）2016 年 3 月 18 日，内蒙古自治区人民政府办公厅发布《关于发展跨境电子商务的实施意见》。提出：①制定完善政策措施；②培育跨境电子商务经营主体；③健全跨境电子商务业务体系；④建设跨境电子商务服务体系；⑤建立和完善跨境电子商务管理机制。

（4）2015 年 6 月 11 日，上海出入境检验检疫局的《上海出入境检验检疫局跨境电子商务检验检疫管理办法》，规范上海跨境电子商务检验检疫监督管理工作，促进跨境电子商务发展。

二、跨境电商主体的界定

国家质检总局于 2015 年发布的《跨境电子商务经营主体和商品备案管理工作规范》认为，跨境电商经营主体，是指从事跨境电商业务的企业，包括跨境电商商品的经营企业、物流仓储企业、跨境电商交易平台运营企业和跨境电商相关的企业。跨境电商商品则指通过跨境电商交易平台销售的进出口商品。跨境电商经营主体和商品备案信息实施一地备案、全国共享管理，跨境电商及所售商品应向检验检疫机构提供备案信息。备案信息发生变化的，跨境电商经营主体应及时向检验检疫机构更新备案信息。

跨境电商的经营主体，从货物进出境的层面包括跨境电商出口和跨境电商进口，关于跨境电商出口的经营主体，首次由 89 号文进行了明确的界定，即经营主体分为三类：一是自建跨境电子商务销售平台的电子商务出口企业，二是利用第三方跨境电子商务平台开展电子商务出口的企业，三是为电子商务出口企业提供交易服务的跨境电子商务第三方平台。

跨境电商进口的主体，目前则并无明确界定，但浙江省人民政府办公厅于 2014 年 4 月出台的《关于印发浙江省跨境电子商务实施方案的通知》（浙政办发〔2014〕59 号）则将跨境电商的经营主体直接界定为 89 号文规定的三类主体，不区分出口和进口。

根据 89 号文的规定，经营主体要按照现行规定办理注册、备案登记手续。在政策未实施地区注册的电子商务企业可在政策实施地区被确认为经营主体。

三、跨境电商企业的代收代缴法律义务

海关总署的相关文件进一步明确了跨境电商企业、电商平台、物流企业等代收代缴义务人的法律义务和责任范围。其中，在海关注册登记的电子商务企业、电子商务交易平台企业或物流企业作为跨境电商零售进口商品税款的代收代缴义务人，代收代缴义务人可概

括为承担如下七大法律义务。

1. 对税号、价格等申报要素的如实申报义务

代收代缴义务人应当如实、准确地向海关申报跨境电子商务零售进口商品的商品名称、规格型号、税则号列、实际交易价格及相关费用等税收征管要素。为审核确定跨境电子商务零售进口商品的归类、完税价格等，海关可以要求代收代缴义务人进行补充申报。

2. 如实向海关传输交易、支付、物流等电子信息义务

跨境电子商务零售进口商品申报前，电子商务企业或电子商务交易平台企业、支付企业、物流企业应当分别通过跨境电子商务通关服务平台如实向海关传输交易、支付、物流等电子信息。进出境快件运营人、邮政企业可以受电子商务企业、支付企业委托，在书面承诺对传输数据真实性承担相应法律责任的前提下，向海关传输交易、支付等电子信息。

3. 代为履行纳税义务

在海关注册登记的电子商务企业、电子商务交易平台企业或物流企业作为税款的代收代缴义务人，代为履行纳税义务。

4. 汇总纳税情况下的交保义务

海关对满足监管规定的跨境电子商务零售进口商品按时段汇总计征税款，代收代缴义务人应当依法向海关提交足额有效的税款担保。

5. 核实订购人身份信息义务

电子商务企业应当对购买跨境电子商务零售进口商品的个人（订购人）身份信息进行核实，并向海关提供由国家主管部门认证的身份有效信息。

6. 配合海关查验义务

电商企业以及其他主体（如监管场所经营人、仓储企业）有配合海关查验的义务。海关实施查验时，电子商务企业或其代理人、监管场所经营人、仓储企业应当按照有关规定提供便利，配合海关查验。

7. 主动报告违规或走私行为义务

电子商务企业或其代理人、物流企业、监管场所经营人、仓储企业发现涉嫌违规或走私行为的，应当及时主动报告海关。

任务二 跨境电商海关、税务监管

一、关于跨境电商的海关监管模式

2014 年 7 月 23 日，海关总署发布了《关于跨境贸易电子商务进出境货物、物品有关监管事宜的公告》（总署公告〔2014〕56 号，以下称 56 号文），明确规定了通过与海关联网的电子商务平台进行跨境交易的进出境货物、物品范围，企业注册和备案要求，同时明

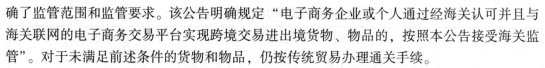

确了监管范围和监管要求。该公告明确规定“电子商务企业或个人通过经海关认可并且与海关联网的电子商务交易平台实现跨境交易进出境货物、物品的，按照本公告接受海关监管”。对于未满足前述条件的货物和物品，仍按传统贸易办理通关手续。

56 号公告所确立的跨境电商通关模式，采取“清单核放、汇总申报”方式办理电子商务进出境货物报关手续，在该模式下，企业无须每进（出）口一票货物就要办理报关、结汇、退税等一系列手续，而是只要按该公告的规定提交《中华人民共和国海关跨境贸易电子商务进出境物品申报清单》（以下简称《货物清单》）办理报关手续，再于每月 10 日前将上月结关的《货物清单》按规定进行归并，汇总形成《进出口货物报关单》向海关申报。由于跨境电商普遍具有单笔货物金额小、单量多的特点，56 号文所确立的新型通关模式将极大地便利电商企业。

56 号文还进一步规定了电商企业如需办理报关业务，应按照海关对报关单位注册登记管理的相关规定，在海关办理注册登记。未进行登记注册的企业和个人将不能按此规定进报关和办理收付汇和退税手续。

二、关于跨境电商的检验检疫制度

为进一步推动跨境电商产品检验检疫的便利化，国家质检总局于 2015 年 5 月 14 日发布《关于进一步发挥检验检疫职能作用促进跨境电子商务发展的意见》，提出加快构建跨境电子商务发展的检验检疫工作体制机制，建立跨境电商清单管理制度，实施跨境电子商务备案管理。该意见列出了八大禁止以跨境电子商务形式入境的包裹。此外，该意见提出了构建跨境电商风险控监控体系和质量追溯体系。同时，进一步明确对跨境电子商务商品实行全申报管理，对出境跨境电子商品实行集中申报、集中办理放行手续，不断完善质量安全监督抽查机制，加大第三方检验鉴定结果采信力度。

三、关于跨境电商的税收制度

根据海关总署统计，2020 年我国跨境电商进出口 1. 69 万亿元，增长 31. 1%，其中出口 1. 12 万亿元，增长 40. 1%，进口 0. 57 万亿元，增长 16. 5%。即使在新冠疫情肆虐、经济低迷的 2020 年，跨境电子商务业务也逆势蓬勃发展。近年来，多部委陆续出台一系列的税收政策，体现了国家对跨境电商业规范发展的鼓励与重视。

以下对与跨境电商相关的税收政策进行了分类梳理，供读者参考。

（一）跨境出口税收政策

1. 全国性政策

财政部、国家税务总局于 2013 年发布《关于跨境电子商务零售出口税收政策的通知》（财税〔2013〕96 号），规定自 2014 年 1 月 1 日起，全国范围内的电子商务出口企业出口货物（财政部、国家税务总局明确不予出口退（免）税或免税的货物除外），同时符合下列条件的，分别适用增值税、消费税退（免）税和免税政策，如表 8-2 所示。

表 8-2 全国适用的退（免）税政策

对象	适用退（免）税政策	适用免税政策
电子商务出口企业	属于增值税一般纳税人并已向主管税务机关办理出口退（免）税资格认定	已办理税务登记
出口货物	1. 取得海关出口货物报关单（出口退税专用），且与海关出门货物报关单电子信息一致 2. 出门货物在退（免）税申报期截止之日内收汇	取得海关签发的出口货物报关单
购进货物凭证	电子商务出口企业属于外贸企业的，购进出口货物取得相应的增值税专用发票、消费税专用缴款书（分割单）或海关进口增值税、消费税专用缴款书，且上述凭证有关内容与出货物报关单（出口退税专用）有关内容相匹配	购进出口货物取得合法有效的进货凭证

电子商务出口企业，是指自建跨境电子商务销售平台的电子商务出口企业和利用第三方跨境电子商务平台开展电子商务出口的企业。为电子商务出口企业提供交易服务的跨境电子商务第三方平台，不适用上述退（免）税、免税政策。

2. 综试区政策

综试区即经国务院批准的跨境电子商务综合试验区，是中国设立的跨境电子商务综合性质的先行先试的城市区域。2015 年 3 月，国务院正式设立中国（杭州）跨境电子商务综合试验区，财政部、国家税务总局为杭州综试区专门发布《关于中国（杭州）跨境电子商务综合试验区出口货物有关税收政策的通知》（财税〔2015〕143 号），规定对在中国（杭州）跨境电子商务综合试验区“单一窗口”平台登记备案且注册在杭州市的企业，出口未取得合法有效进货凭证的货物，同时符合下列条件的，在 2016 年 12 月 31 日前试行增值税免税政策：

（1）出口货物纳入中国（杭州）跨境电子商务综合试验区“单一窗口”平台监管。

（2）出口企业在“单一窗口”平台如实登记其购进货物的销售方名称和纳税人识别号、销售日期、货物名称、计量单位、数量、单价、总金额等进货信息。

截至 2018 年，国务院共批准包括北京、上海、深圳海口在内的 3 批共 35 个综试区，财政部、税务总局、商务部、海关总署联合发布适用于所有综试区的《关于跨境电子商务综合试验区零售出口货物税收政策的通知》（财税〔2018〕103 号），规定自 2018 年 10 月 1 日起（以出口商品申报清单注明的出口日期为准），对经国务院批准的跨境电子商务综合试验区（综试区）电子商务出口企业出口未取得有效进货凭证的货物，同时符合规定条件的，试行增值税、消费税免税政策。相较于全国适用的免税政策，综试区政策细化了对企业的平台登记要求，但对于出口货物和购进货物凭证的要求大幅放宽。免税政策比较如表 8-3 所示。

表 8-3　免税政策比较

对象	全国适用免税政策	综试区适用免税政策
电子商务出口企业	已办理税务登记	在综试区注册，并在注册地跨境电子商务线上综合服务平台登记出口日期、货物名称、计量单位、数量、单价、金额
出口货物	取得海关签发的出口货物报关	1. 通过综试区所在地海关办理电子商务出口申报手续 2. 不属于财政部和税务总局根据国务院决定明确取消出口退（免）税的货物
购进货物凭证	购进出口货物取得合法有效的进货凭证	未取得有效进货凭证

截至目前，国务院已经批准包括芜湖、福州、雄安新区、安庆、延安、乌鲁木齐在内的 5 批共计 105 个综试区。

随着对跨境电商扶持政策的不断加码，国家税务总局于 2019 年发布《关于跨境电子商务综合试验区零售出口企业所得税核定征收有关问题的公告》（国家税务总局公告 2019 年第 36 号），规定自 2020 年 1 月 1 日起，综试区内的跨境电子商务零售出口企业，同时符合下列条件的，试行核定征收企业所得税办法，企业应准确核算收入总额，采用应税所得率方式核定征收企业所得税，应税所得率统一按照 4% 确定：（1）在综试区注册，并在注册地跨境电子商务线上综合服务平台登记出口货物日期、名称、计量单位、数量、单价、金额的；（2）出口货物通过综试区所在地海关办理电子商务出口申报手续的；（3）出口货物未取得有效进货凭证，其增值税、消费税享受免税政策的。

（二）跨境进口税收政策

我国除了颁布跨境电商出口政策之外，还颁布了跨境电商进口税收政策，主要是财政部、海关总署、国家税务总局于 2016 年发布《关于跨境电子商务零售进口税收政策的通知》（财关税〔2016〕18 号），规定如下。

（1）自 2016 年 4 月 8 日起，以跨境电子商务零售（企业对消费者，即 B2C）方式从其他国家或地区进口的、《跨境电子商务零售进口商品清单》范围内的符合条件的商品，单次交易限值为人民币 2 000 元，个人年度交易限值为人民币 20 000 元。在限值以内进口的跨境电子商务零售进口商品，关税税率暂设为 0%；进口环节增值税、消费税取消免征税额，暂按法定应纳税额的 70% 征收。

（2）跨境电子商务零售进口商品自海关放行之日起 30 日内退货的，可申请退税，并相应调整个人年度交易总额。

（3）跨境电子商务零售进口商品购买人（订购人）的身份信息应进行认证；未进行认证的，购买人（订购人）身份信息应与付款人一致。

（4）跨境电子商务零售进口商品按照货物征收关税和进口环节增值税、消费税，购买跨境电子商务零售进口商品的个人作为纳税义务人，实际交易价格（包括货物零售价格、运费和保险费）作为完税价格，电子商务企业、电子商务交易平台企业或物流企业可作为代收代缴义务人。

2018 年，财政部、海关总署、国家税务总局发布《关于完善跨境电子商务零售进口税收政策的通知》(财关税〔2018〕49号),规定自2019年1月1日起,单次交易限值从人民币2 000元提高至5 000元,个人年度交易限值从人民币20 000元提高至26 000元。完税价格超过5 000元单次交易限值但低于26 000元年度交易限值,且订单下仅一件商品时,可以自跨境电商零售渠道进口,按照货物税率全额征收关税和进口环节增值税、消费税,交易额计入年度交易总额,但年度交易总额超过年度交易限值的,应按一般贸易管理。

(三)行邮税

行邮税即进境物品进口税,是对进境物品关税和进口环节海关代征税的合并。这并不是针对跨境电商的新政策,因跨境电商实务中常有以行邮方式处理跨境商品,在此一并介绍。

行邮税的纳税义务人为携带物品进境的入境人员、进境邮递物品的收件人以及以其他方式进口物品的收件人,纳税义务人可以自行办理纳税手续,也可以委托他人办理纳税手续。

海关应当按照《进境物品进口税税率表》及海关总署制定的《中华人民共和国进境物品归类表》、《中华人民共和国进境物品完税价格表》(以下简称《完税价格表》)对进境物品进行归类、确定完税价格和确定适用税率,进口税税额=完税价格×进口税税率。实际购买价格如是《完税价格表》列明完税价格的2倍及以上,或是《完税价格表》列明完税价格的1/2及以下的物品,进境物品所有人应向海关提供销售方依法开具的真实交易的购物发票或收据,并承担相关责任。

2019年4月8日,国务院关税税则委员会发布通知,自4月9日起,调降对个人携带进境的行李和邮递物品征收的行邮税税率,对食品、药品等的税率由15%调降为13%,并将税目1"药品"的注释修改为"对国家规定减按3%征收进口环节增值税的进口药品(目前包括抗癌药和罕见病药)",按照货物税率征税;对纺织品、电器等由25%降为20%,对第三档贵重物品税率保持50%不变。行邮税的免税和适用政策按照个人邮寄进境和进境携带进行区分。

2020年8月5日,财政部、海关总署、税务总局联合发布《关于不再执行20种商品停止减免税规定的公告》(2020年第36号)。自该日起,进境旅客携带20种商品范围内的物品进境,也可以在规定的限值内予以免税。

四、关于跨境电商的跨境支付和收付汇制度

1. *加强跨境支付强监管*

长期以来,国家外汇管理局和中国人民银行鼓励银行机构和支付机构为跨境电子商务提供支付服务。支付机构办理电子商务外汇资金或人民币资金跨境支付业务,应分别向国家外汇管理局和中国人民银行申请并按照支付机构有关管理政策执行。完善跨境电子支付、清算、结算服务体系,切实加强对银行机构和支付机构跨境支付业务的监管力度。

2019年7月5日,央行支付结算司召集银联、网联两大清算组织及部分支付机构召开了一场跨境业务研讨会,再次重申了跨境业务持牌经营的重要性,表示"凡是没有取得监管许可而为中国境内居民提供跨境支付结算服务的,都属于跨境无证经营",与此同时,强调"境内机构6个月内必须停止与无证跨境机构进行合作"。

多家无证从事跨境支付公司也被监管约谈,监管要求限期进行整改并解决其业务合规性,据某跨境支付公司内部人士爆料,公司正积极收购第三方支付牌照。随着强监管的到

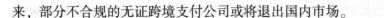

来，部分不合规的无证跨境支付公司或将退出国内市场。

2. 加强跨境电商收付汇监管

在全国范围内开展支付机构跨境外汇支付业务试点。我国规定，支付机构办理“贸易外汇收支企业名录”登记后可试点开办跨境外汇支付业务，跨境支付的单笔交易限额为5万美元；允许支付机构集中办理收付和结售汇业务，事后完成交易信息逐笔还原，从而更加提高支付机构的办理效率，以满足跨境电子商务巨量的支付需求。

任务三 跨境电商欺诈及防范

一、跨境电商卖家遇到的欺诈及其防范

1. 欺诈的手段

随着跨境电商规模的不断扩大，利用跨境电商平台进行欺诈的事件也层出不穷。欺诈的手段主要有以下一些。

(1) 在网上实施诈骗的买家和传统外贸中骗货者有不少相似之处：只要货不问价。他们在下单时更关心产品是什么、是不是他们想要的东西；基本不与卖家沟通，不关心产品质量、型号、功能等，不关心产品价格高低，不会讨价还价；他们不计较运费，不计较哪种寄送方式，只关心什么时候发货。

根据敦煌网统计，欺诈买家的名字也具有一定的规律性。比如，账户名称一般为多个字母的无序拼写，无实际意义，或者账户名为字母+数字的序列形式，而且这些关联账户的运送地址都是一样的。

(2) 信用卡欺诈风险高。在跨境电商领域，信用卡是重要的支付方式，目前全球平均信用卡欺诈损失比率为1%。除此之外，第三方支付平台也有一定的风险。

(3) 单价高的产品容易被盯上。跨境电商欺诈者一般会选择单价高、不易破损、备货周期短、容易转手的产品。

2. 常见的欺诈迹象

常见的欺诈迹象还有以下一些。

(1) 新买家在很短的时间内进行多笔交易。

(2) 比平时大得多的交易额。

(3) 有几个相同的订单。

(4) 订单送货要求“加急”或“24小时内”，不计较运输成本。

(5) 不同的买家用户名，订单却运到同一个地址。

(6) 交易使用类似的账户号码，比如bestbuyer1、bestbuyer2、bestbuyer3等。

(7) 下单后要求更改地址。

(8) 有多次信用卡拒付记录。

3. 识别和防范措施

为了减少损失，跨境电商卖家可以采取以下相关措施来识别和防范相应欺诈风险。

（1）多销售安全产品。敦煌网认为，制作周期长、利润小的产品，再次销售的可能性较小，所以欺诈的比例会相应降低，比如婚纱礼服产品。当然，把控风险，关键还在于卖家对买家的甄别能力。

（2）与买家充分沟通。看到客户下单或客户在咨询时，应该充分了解客户的信息，尤其是寄送地址，如果对方的收货地址类似于酒店等公共场所，需引起注意。不过也有例外，例如美国周边国家，如委内瑞拉、巴拿马、墨西哥等，由于本国关税较高，买家通常会将货物寄到美国海岸城市的货运公司。

如果再专业点，可留心买家的 IP 地址，看其是否与发货国家一致。诸如越南、印尼、南非等国的买家，会使用一些安全国家的代理 IP。卖家平时可多观察。

（3）需要更改 Shipping 地址的，建议买家在系统中进行更改。

（4）在发货前检查买家的 Shipping 地址。

（5）记录不良买家记录与订单。

（6）保留订单相关资料（如货运底单）至少 10 个月。

（7）培训并提高整体员工的风险意识。

最后，和在国内购物一样，跨境电商卖家也不能轻易打开陌生人提供的链接，以免误入钓鱼网站，致使电脑被植入木马病毒。无论是卖家还是买家，都要保持必要的戒心。

二、跨境电商买家遇到的欺诈及其防范

跨境电商买家（消费者）通过各种跨境电商方式购买境外商品，由于跨境电商模式和产品自身存在不足，可能会碰到以下问题。

（1）假货。部分电商平台对货源的把控力相对较弱，由此产生了假货、仿货现象，给整个跨境电商进口行业造成了不小的负面影响。

（2）适用程度较低。由于跨境电商进口产品基本都是直接或间接从境外电商平台购买，其产品必然存在使用环境和文字等方面的差异，典型代表是电器产品的电压不符、保健品以及食品无中文标识等，对消费者而言这些产品不仅使用不便，甚至还有可能带来安全隐患。

（3）质量问题。近年来，国内对进口产品的检验检测结果不容乐观，2014 年度全国检验检疫机构检出进口服装检出质量安全不合格的有 1 785 批，不合格原因主要为纤维成分含量、色牢度及 pH 值、甲醛含量、可分解芳香胺染料不合格，发现不合格批次最多的是意大利，占不合格总批次 18.7%。

（4）维权问题。在面对海外商家、买手时，消费者很难鉴别到底该向谁进行索赔维权，如何索赔维权。这在司法实践中也发生了争议。造成索赔维权困难的主要原因有：①运费的担负责任不明确，运费过高，交涉时间太长，手续烦琐。②沟通不畅，存在语言障碍。比如，购买前未充分理解网站上关于商品的说明，购买后未对说明书进行阅读，影响产品的使用，以及买卖双方的协商沟通和售后服务。③退货产品通关缺乏明确税收规定。④缺乏具有公权力或国际间的纠纷解决机制。

为进一步解决消费者保护问题，应当通过制定交易规则的方式预先规范消费者与经营者的权利与义务，使消费者权益保护及纠纷处理有明确的依据。无论是采取自营模式还是第三方平台模式，均应当制定完善的服务协议，约定账户设置、交易流程等基本内容，同时制定退货规则，以明确退货条件及流程。在此基础上，应进一步拟定责任限制及不承诺

担保规则、交易争议处理规则等业务规则，并在网页上以明显的方式向消费者进行告知。

中国知识产权保护工作和西方国家仍有较大差距，这正是中国商户进入世界市场必须面临的问题。中国商户在进入跨境电子商务活动前，应充分认识到中外知识产权保护法律的不同之处，有效规避法律风险。尽快成立跨境知识产权诉讼组织。建议尽快成立应对跨境知识产权诉讼组织，实现跨境诉讼的信息共享、“抱团”应诉。商户在收到跨境商标权起诉书后，应该积极应诉，及时共享应诉信息，有效降低诉讼成本。

三、跨境电商监管的风险管理

许多国家增强风险监控能力，加快电商通关速度。澳大利亚立足于高效的风险管理系统，将国际邮包数据以电子形式报送，增强风险甄别能力，进行有效风险布控。

1. 与检验检疫相关的风险

与检验检疫相关的风险主要有以下三方面。

（1）产品质量安全风险。跨境电商主要商品有食品、婴幼儿产品、小家电等，存在产品质量、安全卫生环保项目不合格、夹带有害生物、携带疫病疫情等风险。如 2015 年通过跨境电商渠道进口的儿童用品（包括玩具、服装、纸尿裤、餐厨具、湿巾等）质量不合格率高达 33%。许多跨境电商经营企业不重视中国有关产品标签、标识的法规和标准要求，有 26%的产品没有加贴中文标识及说明书，或没有在销售网站上提供电子标识说明书。

（2）检验检疫流程风险。跨境电商业务执法工作强度大，前置审批操作难，从而导致检验检疫流程管理存在风险。

（3）检验检疫主体责任风险。如果检验检疫人员责任心不强、行为不当、应对不当，就会留下隐患。

2. 建立跨境电商监管新模式

在促进贸易便利化与提高把关成效的双重要求下，检验检疫机构要适应新态势，建立基于风险管理的便捷高效的跨境电商监管新模式，促进跨境电商的健康有序发展。具体措施主要包括以下一些。

（1）建立高效的风险信息管理机制。主动参与建设一体化跨境电商信息综合服务平台，实现数据对接和信息共享，将检验检疫备案、申报、放行和检出不合格信息转变为企业信用、质量保证能力数据，作用到企业资质核准与分级分类等。鼓励电商建立产品质量安全追溯网络平台，掌握消费者投诉、评价和产品召回等信息，查找产品质量安全风险，加大对产品源头、渠道、区域的管控力度。

（2）建立科学的风险评估研判机制。应用风险评估技术手段，对各类过程、产品风险确定管控优先次序，实施分级分类管理。例如，根据跨境电商信用等级、质量安全控制能力以及产品质量安全历史数据，对产品风险进行评估定级，实行差异化放行。科学研判检测项目的筛选方案，把重心放在涉及安全、卫生、健康、环保等的项目上，其他项目交由生产者、消费者或第三方检测机构负责，提升高风险项目的拦截能力，既节约检测成本，又加快验放速度，做到检得出、管得住。

（3）建立完善的风险监测与预警机制。根据情况的变化、风险控制的成效，监测检验检疫机构行政执法及日常管理中的薄弱点，密切监控相关风险变化，调整风险等级和风险控制策略。发现重大风险临界状态，应及时向消费者、跨境电商、监管部门发出预警，保护消费者权益，降低跨境电商的质量安全风险，提升检验检疫机构服务效能。

（4）建立有力的风险应对处置机制。通过前置备案化解流程时间较长的风险，对意向进口的商品实施产品准入、重点检测项目前置性审查、检验以及新产品评估。允许跨境电商模式的企业使用电子中文标签。同时还要加强部门间的跨界合作、试点城市间的跨区域合作以及国际跨境合作，把握跨境电商发展先机，争取话语权，助力我国在新型国际贸易中站稳脚跟。

由于跨境电子商务交易具有全球性特征，需要不同国家和地区之间进行跨区域、跨文化、跨体制的监管合作。因此要探索针对跨境电子商务的新型国际合作监管方式和方法，更好地维护消费者在使用跨境电子商务服务中的权益，促进跨境电子商务的健康发展。同时，要积极参与跨境电子商务多边谈判，在国际跨境电子商务规则制定中争取话语权。此外，跨境电子商务行业的发展，离不开国家政策的规范指导以及法律的规范和约束，也需要行业的自我约束。相关行业企业要强化自律，切实加强商品质量安全风险防控，加快适应规范的监管要求，共同营造有利于跨境电商零售进口健康发展的社会环境，为实现监管模式的平稳过渡做好充分准备。

项目小结

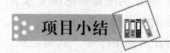

本项目主要介绍了我国目前跨境电商相关的法律法规和政策，介绍了跨境电商海关监管、检验检疫制度、税收制度、跨境支付和收付汇制度，介绍了跨境电商卖方和买方遇到的欺诈问题和相应防范对策，介绍了跨境电商监管的风险管理，并配合具体政策文件内容和案例。

练习题

一、选择题

1. 与检验检疫相关的风险主要有（　　）。

A. 产品质量安全风险　　B. 检验检疫流程风险

C. 检验检疫客体责任风险　　D. 检验检疫主体责任风险

2. 由于跨境电商模式和产品自身存在不足，买家可能会碰到的问题有（　　）。

A. 假货问题　B. 质量问题　C. 适用程度较低　D. 维权问题

二、思考题

1. 跨境电商的主体有哪些？

2. 作为跨境电商卖家，在和客户沟通时应该注意哪些问题？

3. 作为跨境电商买家，通过不同的跨境电商模式购买境外商品时应该注意什么问题？

4. 跨境电商的消费者索赔维权该如何进行？

参考文献

[1] 薄晓东. 跨境电子商务驱动中国外贸创新发展研究 [J]. 现代管理科学，2018 (1)：51-53.

[2] 刘晓. 跨境电子商务对我国中小企业国际贸易的影响及思考 [J]. 商场现代化，2018 (1)：60-61.

[3] 朱博晨. 基于博弈论的跨境电子商务监管问题探究 [J]. 现代商业，2018 (2)：61-63.

[4] 王红平. 跨境电子商务物流模式创新与发展趋势 [J]. 中国市场，2021 (9)：164-165.

[5] 刘德华，柴郁. 电子商务与国际贸易 [M]. 长沙：中南大学出版社，2013.

[6] 褚俊椋. 电子商务技术发展的问题及相关改进策略探讨 [J]. 电子商务，2013 (4)：40-51.

[7] 刘文江. 移动电子商务技术研究 [J]. 信息与电脑，2012 (14)：83-84.

[8] 鄂立彬，黄永稳. 国际贸易新方式：跨境电子商务的最新研究 [J]. 东北财经大学学报，2014 (2)：22-31.

[9] 王杏平. 跨境电子商务与跨境第三方支付管理探究 [J]. 中国信用卡，2013 (3)：59-61.

[10] 杨军安. 外贸新常态下跨境电子商务的发展研究 [J]. 商业经济，2018 (1)：107-108.